网络舆论引导艺术与领导干部谈识网用网

WANGLUO YULUN YINDAO YISHU
YU LINGDAO GANBU TANSHIWANGYONGWANG

刘伯贤◎著

新 华 出 版 社

图书在版编目（CIP）数据

网络舆论引导艺术：与领导干部谈识网用网／刘伯贤著．—北京：新华出版社，2015.2

ISBN 978-7-5166-1526-3

Ⅰ.①网… Ⅱ.①刘… Ⅲ.①互联网络—舆论—研究 Ⅳ.①G219

中国版本图书馆CIP数据核字（2015）第031191号

网络舆论引导艺术：与领导干部谈识网用网

作　者：刘伯贤

出 版 人：张百新　　**丛书策划：**黄春峰

责任编辑：赵怀志　　**责任校对：**刘保利

责任印制：廖成华　　**装帧设计：**李尘工作室

出版发行：新华出版社

地　址：北京石景山区京原路8号　　**邮　编：**100040

网　址：http://www.xinhuapub.com　http://press.xinhuanet.com

经　销：新华书店

购书热线：010-63077122　　**中国新闻书店购书热线：**010-63072012

照　排：李尘工作室

印　刷：北京文林印务有限公司

成品尺寸：170mm×240mm

印　张：21.25　　**字　数：**281千字

版　次：2015年3月第一版　　**印　次：**2016年6月第三次印刷

书　号：ISBN 978-7-5166-1526-3

定　价：48.00元

图书如有印装问题，请与出版社联系调换：010-63077101

目 录
contents

危机应对篇

引 言

一

20世纪90年代初，随着“WWW”技术[①]的出现，国际互联网（Internet）逐渐在全球范围普及开来。人类自此开启了信息时代的新纪元。

作为一个全球性的信息系统[②]，国际互联网为世界各地用户获取信息、沟通交流提供了极大便利。近20年来，国际互联网的快速发展和广泛应用令人惊讶。迄今为止，世界上大约有230多个国家和地区接通了国际互联网，全球网民已超过27亿人[③]，网站超过5亿个。

1994年4月20日，中国全功能接入国际互联网，成为互联网大家庭中的第77位成员。此后，中国的互联网事业一直发展迅猛。早在2008年6月底，中国网民即达到2.53亿人，超过美国跃居世界第一位。截至2014年12月，中国网民达6.49亿，互联网普及率为47.9%；网站总数为335万个。据市场研究机构统计，2013年中国网络经济规模已逾6000亿元人民币，电子商

---

① “WWW”，即“World Wide Web”的缩写，又称万维网，其发明者是被誉为“互联网之父”的英国计算机科学家蒂姆·伯纳斯·李（Tim Berners-Lee）。万维网是无数个网络站点和网页的集合，由超级链接连接而成，其核心价值在于为全球范围的网络用户提供便捷的信息交流、查询服务。

② 1998年国际电信联盟对“什么是互联网”的界定是：“互联网，在逻辑上可以定义为通过一个全球唯一的地址、基于TCP/IP协议连接在一起的全球信息系统。”

③ 国际电信联盟2014年5月5日公布的一份名为《2014年的世界：信息数字技术事实与数字》的报告预计，到2014年底，全球互联网用户有望达到30亿，全球互联网用户普及率将达到40%。

务交易总额突破10万亿元人民币；2014年电子商务交易额超过12万亿人民币，同比增长20%。网络经济正在深度影响中国的经济格局和商业模式。诸多应用数据显示，中国现已成为举世公认的网络大国。

二

如果今天我们仍然只是从技术属性或工具属性着眼，认为互联网仅仅是信息传播的一种载体、平台、工具，那显然过于肤浅。事实表明，互联网的勃兴堪称人类历史进程中一件极具里程碑意义的大事，它给公众生活和社会运行带来了一场前所未有的深刻革命。

享誉世界的互联网预言家尼葛洛庞帝（N.Negroponte）在其著作《数字化生存》中开宗明义地写道："计算不再只和计算机有关，它决定我们的生存。"如今，这一预言已成为现实。一根网线、一只鼠标，抑或一个移动终端，揭开了人类数字化生存的序幕。生活网络化逐渐成为公众生活的新常态。对许多人来说，互联网与水、电、空气、阳光同等重要。从信息传播、意见表达、资讯查询、交友聊天、游戏娱乐、购物支付，到"拇指政治"、"拇指经济"、"拇指文化"……互联网几乎无所不能、无时不在、无远弗届。

可以断言，互联网已经渗透社会生活的方方面面，内化为公众生活和社会运行不可或缺的重要元素。其不仅对媒介生态、舆论格局、话语环境带来了直接而强劲的冲击，而且对政治、经济、文化、外交、军事、科技等各个领域以及公众的思想观念、价值取向、生产生活方式、日常行为模式均产生了并仍在产生着广泛而深远的影响。

三

由于互联网的应用普及为政治活动提供了全新的空间和渠道，对现代政治环境、政治理念、政治运作形态等影响甚巨，网络政治时代随之而来。这里所说的“网络政治”，概指领导干部群体借网理政、广大公众借网参政、二者之间密切互动而形成的政治景象。

在很大程度上说，网络政治是一种建立在互联网平台上的政治形态，是传统政治在互联网时代的一种新发展、新形式。较之于传统政治，网络政治具有开放性、便捷性、虚拟性、平等性、自主性、多元性等鲜明特征。在网络空间中，公众参政议政的门槛大大降低，表达政治诉求的自由度空前提高，政治参与的受控感明显弱化，而官方也可以更便捷、更真实地了解公众的政治意愿，更科学、更高效地治国理政。有学者曾经预言：“21世纪的人，是网络人”、“21世纪的政治，是网络政治”。[①]

作为时代发展的产物，网络政治因“网”而生，与“网”俱进。它有别于传统政治，又同传统政治有着千丝万缕的联系。它是现代政治的重要组成部分，对政治文明建设具有日益强大的现实影响力。近十年来，在各方力量的助推下，网络政治大潮席卷全球，而中国正在这一时代浪潮中顺势而为，急流勇进。

四

本书所说的“领导干部”，泛指体制内人士，又可称为“官方人士”，既包括党、政、军机关和事业单位、国有企业的领导成员，也包括享受国家津贴和福利待遇的一般工作人员。从广义上讲，无论行业性质、职位高低，只要是置身体制之内、端着“铁饭碗”的公职人员，通常均被民众视为“领导干部”。从现实情况看，人数甚众的公务员队伍是这一群体的主体。[②]

在社会结构中，领导干部占据了非常重要的位置，具有十分特殊的位

① 殷安阳：《论网络政治时代》，载《中州学刊》2002年第3期。

② 据媒体报道，截至2013年底，中国公务员总数为717.1万人；2014年中国计划招录公务员15.9万人。

能。尤其是在政治领域，领导干部群体历来是参与政治生活、主导政治话语、推动政治变革、决定政治动向的核心力量。从政治与媒介的关系角度看，领导干部不仅是大众传媒聚焦的重要对象，而且也是政治传播的主导者、媒介发展的引领者。在政治舞台上，领导干部是治国理政、设置议程的主角；在互联网等新兴媒体的建设、运用和管理中，领导干部是能够产生导向性、关键性影响的特殊力量。

进入网络政治时代，中国的政治生态、舆论环境以及公民参政意识、官民沟通形式等出现了诸多明显变化，所有领导干部无一例外地面临“网络风暴”的洗礼与考验，“为官不易”广为人知。对于互联网这柄悬立头顶、直逼心灵的双刃剑，许多领导干部又爱又怕。如何强化互联网思维，提高识网、用网和治网能力，如何化解各类网络舆情危机，正确引导社会舆论，如何在玻璃缸式的社会环境中接受公众监督，构建良好形象，如何规范网络传播秩序，维护网络空间安全，最大限度地发挥互联网的正向作用，等等，已成为领导干部必须直面、亟待破解的时代命题。

五

1949年3月，中共中央领导离开西柏坡前往北平时，毛泽东形象地喻之为“进京赶考”。实际上，自1921年诞生以来的90多年里，中国共产党一直在忙着“赶考”。2013年7月，中共中央总书记、国家主席习近平身临西柏坡重提“进京赶考”，意味深长地指出“党面临的‘赶考’远未结束”。[①]从某种意义上说，当今之世，共产党人面临的一堂至关重要的考试就是互联网。

中国共产党对互联网带来的机遇与挑战相当清醒。进入21世纪以来，江泽民、胡锦涛、习近平等中国领导人基于形势发展需要，反复强调领导

①《习近平：党面临的“赶考”远未结束——再访西柏坡侧记》，载2013年7月14日《人民日报》。

干部必须提高媒体驾驭能力，特别是要重视学习互联网知识，加强对互联网等新兴媒体的建设、运用和管理。中共十七届四中全会明确要求：“要把运用新型媒体的能力作为加强领导班子和领导干部领导能力培养。”中共十八大报告强调指出，要“牢牢掌握意识形态工作领导权和主导权”，“加强网络社会管理，推进网络依法规范有序运行”。

时下，互联网已成为政治交锋、思想渗透和舆论斗争的主战场，成为世界各国竞相角逐的战略新高地和“第五空间”[①]，成为中共执政面临的“最大变数”和许多领导干部的“心腹之患”。在面向未来的执政事业中，来自互联网上的政治较量、政治博弈必将愈演愈烈，维护政治秩序、确保政治稳定的压力越来越大。特别是在创新舆论引导方式，提高舆论引导水平、增强舆论引导实效方面，党和政府面临的种种考验日趋严峻。能否保持不断“赶考”的精神状态、顺利通过互联网这堂考试，能否应势而谋，迎难而上，切实取得网上舆论斗争的胜利，把握网络舆论主导权，无疑关乎政权安全和国家安全，关乎全局和未来。

六

政治运作离不开政治传播，政治传播离不开代表先进生产力的新兴媒体。随着网络政治时代的演进，网络媒体在政治传播和舆论引导中的重要价值日益凸显。从很大程度上说，网络传播力建设不啻是政权建设和综合国力建设的重要组成部分，积极谋求网络传播优势十分重要。

今日中国正在高举民族复兴大旗加速向“世界中心”挺进。无论是从促进国内的改革发展、推动国家治理转型来看，还是从树立良好国际形象、增强中国的国际影响力来说，加强网络阵地建设、提升政治传播力均显得意义重大而深远。对领导干部而言，只有顺应时代潮流，增强政治意

① 早在2005年，美国国防部即明确将“网络空间”视为与陆、海、空、天（太空）同等重要的“第五空间”。

识、大局意识和阵地意识，熟谙网络舆论引导艺术，善于借助网络媒体治国理政，才能担当重任，勇往直前。

近年来，网络安全及其治理问题日渐成为世界各国共同面临的重大战略议题。许多国家将网络安全与粮食安全、能源安全、经济安全、国防安全同等视之，“将网络安全和网络空间发展工作作为国家的‘一把手工程’”[①]。中国拥有全球最大的网络应用市场，“也是信息窃取、网络攻击的主要受害者，面临着巨大的网络安全压力。”[②]2014年2月，中国成立了由最高领导人领衔的中央网络安全和信息化领导小组，提出了建设网络强国的宏伟目标。习近平极其精辟地指出：“没有网络安全就没有国家安全，没有信息化就没有现代化。”[③]这无疑为全面开创中国互联网事业的新局面指明了方向，同时也对深入推进网络建设治理工作提出了新要求。

本书主要以上述宏观认识为背景，侧重以“网络政治”和“舆论引导”为视角，从战略认识、危机应对、形象构建、建设治理等四大方面入手，展开对识网、用网、治网问题的探讨，以期对提升领导干部的网络媒介素养和治国理政能力有所助益。

---

① 张垚：《网络安全是重大战略问题——访国家互联网信息办公室副主任王秀军》，载2014年5月18日《人民日报》。

② 邬贺铨：《维护网络安全必须有过硬技术》，载2014年5月18日《人民日报》。

③ 新华社北京电：《习近平主持召开中央网络安全和信息化领导小组第一次会议强调 总体布局统筹各方创新发展 努力把我国建设成为网络强国》，载2014年2月28日《人民日报》。

战略认识篇

“谁掌握了信息，控制了网络，谁就拥有了世界。”

——（美）阿尔文·托夫勒

第1章　中国已进入网络政治时代

互联网对中国社会发展的影响是全方位的。在政治领域，互联网的兴起直接催生并大大加剧了传统政治形态的变革，掀开了现代政治文明的新篇章，推动中国进入了一个充满机遇而又极具挑战的网络政治时代。

一般认为，中国的网络政治肇始于20世纪90年代中期，兴起于2003年前后。自20世纪90年代中期以来，迅猛发展的互联网日益成为助推现代政治发展的强大引擎，其不仅深刻影响了当今中国政治生态的嬗变与建构，而且在一定程度上推导着中国政治的未来走势，促使整个政治运作正在朝着日趋开放、民主、清明和法治化的方向加速迈进。在这一情势中，中国的领导干部群体展现了高度的清醒与自觉，他们以开放的姿态识网、用网，“适应网络的成功程度超出了大多数西方观察家的想像”[①]。

本章探讨的主要内容有三：一是互联网兴起后中国政治生态出现的新变化；二是互联网对现代政治文明的推动作用及其对未来政治走势的主要影响；三是网络政治对于领导干部治国理政的内在要求。

① 丽贝卡·麦金农：《中国：巨大屏障》，载2010年11月17日英国《金融时报》。

第一节 互联网正在深刻影响中国的政治生态

作为一种新的信息应用技术，互联网能在短短的二十年里广泛而深刻地影响中国社会各个领域的发展，着实让人难以想象。然而，这却是活生生的事实。

从政治视角看，互联网的“无形之手”已经强有力地搅动了中国的政治运作形态，牵引着整个政治发展环境悄然嬗变，为中国的传统政治生活注入了诸多新内涵。在网络效应的影响下，人们的思想观念、意见表达和政治参与方式发生了深刻变化，官民之间的政治互动日益活跃，政治社会化的步伐明显提速，中国的政治生态因之呈现出前所未有的新气象。

一、互联网为官民互动打开了一扇天窗

◎互联网带来的“天窗效应”极大地提高了社会透明度，推进了官民之间的交流互动和信息共享，促使当下中国的公共舆论空前活跃，政治空间日趋开放。

毫不夸张地说，国际互联网的出现和勃兴，犹如一扇天窗被渐渐打开，它所投射的光芒无远弗届地透过各类明障暗礁，为世人展呈了一场亘古未有的数字文明盛宴。随着网络应用广泛普及，世界各国各地区之间的信息疆界正在逐步消失，传播全球化的构想和“地球村”的预言渐成现实，整个人类社会的行进轨迹因之而日趋透明化。

在此背景下，中国社会各个领域的信息透明度和对外开放度骤然提升，互联网带来的“天窗效应”日见显明。就政治生活而言，互联网这扇天窗带来的影响是令人震惊的。它在很大程度上敞亮了传统政治的神秘夜

空，强有力地推倒了千百年来横亘于官民之间的那堵厚重、无形的“城墙”，为官民互动创设了极佳的便利通道。

最为明显的是，互联网不仅极大地拓展了信息传播的途径和手段，丰富了信息容量的内涵和外延，赋予了每个用户一双“千里眼”和“顺风耳”，而且有效地促进了不同社会阶层之间的沟通交流和信息共享，终结了“潜水艇夹三明治”现象[①]，促使一种“自上而下”与“自下而上”相结合的政治互动模式逐渐成型。

在传统政治生活中，信息资源特别是官方资讯通常是权贵阶层垄断的珍稀资源，官方信息的传递大都是自上而下、从高到低地逐级进行，不同地区之间、不同社会群体之间的信息交流甚为不便，且颇不对称。由于信息传播渠道有限，加之诸多行政壁垒和人为障碍所致，只有少数职位特殊的领导干部才能真正享有比较充分的信息配置权、话语权和知情权，草根阶层[②]的“声音”很容易被沉没，不同政见很容易被屏蔽，普通民众想要知晓官方事务、表达政治诉求、影响政治决策，难度甚大，因此，政治权力运行中出现暗箱操作、敏感信息被有意封锁、官民之间的沟通存在“鸿沟”等现象相当普遍。而在互联网时代，这种状况发生了重大改观。正如未来学家约翰·奈斯比特（John Naisbitt）在《大趋势》中所言：“网络组织可以提供一种官僚制度永远无法提供的东西——横向联系。”互联网的多向贯通、注重互动的特性必将促使传统的社会结构和管理体制逐步向扁平化、交互化、多维化方向演进，导致各方力量的沟通交流日益便捷。

伴随现代信息科技的迅猛发展，互联网已经成为广大官民共创信息与

---

① 历史学家黄仁宇认为中国历史上多次改朝换代的一个重要原因在于中国社会的结构问题，即国家上层和下层民众之间缺乏有效的沟通管道，有利的政令无法遍施于民，而民生疾苦又难以为上层所知晓。其将这种状况比喻为“潜水艇夹三明治”现象。

② 草根（grassroots）一词，始于19世纪的美国，概指远离权力中心的基层民众。

共享信息的重要平台。其突破了各类信息屏障和行政壁垒，扩展了信息传播渠道，加速了信息的生产与传递，促使人类社会真正进入了多向沟通、信息爆炸的新时代。在网上各类资讯平台和论坛、贴吧、博客、微博、微信、即时通信等互动类空间中，信息的传受是实时进行、多向互动的，信息空间的海量性、传播路径的多样性、平台利用的廉价性以及网络结构的开放性使每个网民都能比较便捷地传播信息、获取信息。

美国学者斯坦利·米尔格姆（Stanley Milgram）提出的“六度分割理论”告诉我们，在互联网上，最多只需通过6个人，你便可认识世界上任何一个陌生人。显然，这种现况为公众获取目标资讯、参与政治生活、实现交流互动提供了绝好条件。在这种信息传播环境中，“蝴蝶效应”①应时而现——发生在某个偏僻角落里的一桩小事，转瞬即可被无限放大，产生轰动性影响，受到外界人士的广泛关注；即便是看似遥不可及、密不透风的政治秘闻，在互联网上也经常变得近在咫尺、一览无余。特别是随着博客、微博和大量社会化媒体的兴起，不同阶层不同地区间信息不对称、官民之间存在沟通“鸿沟”等问题出现了明显改观。在这种环境下，隐私难隐，藏无可藏，任何组织和个人对敏感热点问题、公共突发事件即使有掩盖真相、秘不示人的“心”，也没有封锁消息、阻止传播的“力”，传统政治生活的神秘色彩因之渐渐消褪，官民之间的信息共享度明显提升。

事实上，互联网不仅带来了信息传播模式的革新，而且还深刻影响并逐步改变着公众的思想观念、交往方式、价值取向和政治运作形态。众所周知，没有互联网之前的政治运作通常是在相对封闭、单向传播的信息环

① “蝴蝶效应”是著名气象学家洛伦兹（Lorentz）1963年提出来的，该现象起始于物理学领域，意指在动力系统中，一个微小的变化能带动整个系统的长期的巨大的连锁反应。为了形象地说明这种现象，洛伦兹打了个比方：南美洲亚马逊河流域热带雨林中的一只蝴蝶，偶尔扇动几下翅膀，可能在两周后引起美国得克萨斯州的一场龙卷风。

境中进行的，而在互联网时代，公众的政治视野豁然开朗，参政议政的热情空前高涨，辨真断伪的能力不断增强，这些因素客观上促使官方操控信息资源的理念和治国理政的方式发生了巨大变化。置身于网络语境中，人们越来越清晰地看到，大力打造“阳光政府”、尽量满足公众的知情权、自觉接受社会监督、积极寻求官民之间的良性互动，已成为时之所须、势之所趋。近年来，中国政府大力推进政务信息公开工作，明确要求把“公开透明”的原则贯穿于政务工作的各个环节，加大决策公开程度，推动行政权力朝着日趋公开、透明的方向运行，有些地方还在推进政务公开的过程中探索“网上晒账”、“阳光管理”，越来越多的地方领导干部对于敏感问题和突发事件不再简单采取一味封堵抑或听之任之、消极对待的“鸵鸟”方式，而是及时“发声”、公告真相，积极引导网上舆论，主动回应社会关切，这显然对提高政治生活的透明度、促进官民之间的良性互动大有裨益。

与此同时，互联网带来的“天窗效应”，还表现在社会舆论的空前活跃与政治空间的日趋开放上。如果说报刊、广播、电视等传统媒体是在一定程度上解放了人们的眼、耳、手、脚，让人们看到、听到了手脚不及的地方的情况，那么，互联网则是解放了人们的嘴巴，为人们表达意见、交流思想提供了绝好工具。有了互联网，每个人手里便有了一个麦克风。特别是由于网络传播具有传统媒介难以比拟的便捷性、隐蔽性、超疆域性、信息海量性等传播优势，加之国民心态已进入利益诉求高涨期，因此，网上的民意表达一直如火如荼、方兴未艾，公众在网上参政议政空前活跃，互联网已成为当今中国规模最宏大、尺度最开放、参与门槛最低、互动性最强、思想观念最多元的公共舆论场。在这个舆论场里，蚂蚁可以与大象对话，普通网民可以与政界高层互动，“鸡毛蒜皮”可以与国家战略并存，人人都可以比较自由地阐发见解、挥洒个性、绽放激情，任何一件发生在山旮旯里的事情、任何一个“草根”的声音，均已不再需要历经重重门槛、层层阻隔、道道关卡，即可轻而易举地“直通中南海”，直达最高决策层的桌面，甚至成为影响全局的政治议题。2008年6月20日，时任中共中央总书记、国家主席的胡锦涛在考察人民日报社时指出：“互联网已成为思想文化信息的集散地和社会舆论的放大器”，这的确是符合实情的精辟论断。随着互联网进入Web2.0、Web3.0时代，交流互动已成为网络应用中最为突出的特征，执掌公共权力的领导干部也必将受其影响，与时俱进。

可以说，互联网堪称公共舆论场中最为理想的沟通媒介，其所带来的“天窗效应”助推传统的官民关系发生了明显的变化和转型，促使官民互动迎来了前所未有的黄金期。这扇天窗一旦被打开，便将一往无前、不可逆转。它从根本上改变了传统的教堂式的单向传播形态，大大拓宽了上下互通、左右相连的政治通道，推动政治空间日趋开放，必将催生中国民主政治建设出现诸般新气象。

二、借网理政成为中国政坛新风尚

◎中央高层领导和众多党政领导干部高度重视网上舆情，积极借助网络平台倾听民声、了解民意、汇集民智，借网理政之风扑面而至，网络政治渐入佳境。

1994年中国全功能接入国际互联网之后，不少党政部门和领导干部开始“触网”，网络政治逐渐拉开了序幕。有资料显示，1999年被称为“中国政府上网年”。当时，全国许多县级以上党政部门纷纷创办网站，探索借助网络平台推进工作。随着网络应用不断普及，互联网逐渐成为活跃程度越来越高、社会影响力越来越大的舆论场，中央高层对其日益重视。在2001年年初召开的全国宣传部长会议上，时任中共中央总书记、国家主席的江泽民敏锐地指出：“要高度重视互联网的舆论宣传，积极发展、充分运用、加强管理、趋利避害，不断增强网上宣传的影响力和战斗力，使之成为思想工作的新阵地，对外宣传的新渠道。”这是中央高层第一次公开提出要积极利用互联网为政治建设服务。同年7月，中共中央高瞻远瞩地强调：“各地各部门的领导干部必须加紧学习网络化知识，党的建设工作、思想政治工作、组织工作、宣传工作、群众工作，也都应适应信息网络化的特点。”受此感召，各地各部门的领导干部日渐兴起了识网学网、借网理政的热潮。

一般认为，中国的网络政治兴起于2003年前后。其时，不少党政干部尝试在网上开设博客，抒写自己的见闻感受，或通过论坛、QQ、访谈等方式倾听民声、了解民意，与网友进行在线交流。2003年1月19日，时任深圳市长的于幼军与网友“我为伊狂”见面讨论深圳城市发展问题，被媒体誉为“世纪对话”，这大概是政府领导干部最早通过互联网公开与普通群众开展政治互动，开创了中国领导干部与网民直接对话的先河。特别值得注意的是，2003年4月，时任中共中央总书记、国家主席的胡锦涛视察广东时，对一位参与防治“非典”的一线医生说：“你的建议非常好，我在网上已经看到了。”时任国务院总理的温家宝考察北大抗击“非典”工作时说：“我在网上看到同学们在留言中表达了同全国人民一起抗击‘非典’的决心，令人感动。”经媒体报道后，“总书记、总理也上网”，一度成为广大网友热议的话题。党和国家主要领导人高度重视网上舆情，对于各级党政领导干部知网、用网，无疑是一个特殊的信号，具有鲜明的政治导向意义。

2004年9月，中共十六届四中全会做出了《中共中央关于加强党的执政能力建设的决定》，明确指出“要高度重视互联网等新型媒体对社会舆论的影响”。在中央精神的推动下，互联网迅速成为各级党政机关和领导干部联系群众的重要平台、听取民意的重要窗口，越来越多的党政部门和领导干部关注网上舆情动态，开展网络问政和在线访谈活动，通过网络平台发布党务、政务资讯，不少地方还在网上“晒”出拟出台的政策法规和人事任免等，广泛征询网友意见。与此同时，电子政务建设也备受重视。2006年1月1日，中国政府网（www.gov.cn）正式开通。该网站作为国务院和各省级政府在互联网上发布政务信息、提供在线服务的综合平台，对于促进政务公开，改进公共服务，提高行政效能，便于公众知情、参与和监督，具有重要意义。有网友评价称，中国政府网为各地政府与广大老百姓直接沟通搭建了一条高速路。

2007年1月23日，中共中央政治局集体学习时专题研究“世界网络技术发展和我国网络文化建设与管理”，指出“加强网络文化建设和管理，有利于提高全民族的思想道德素质和科学文化素质，有利于扩大宣传思想工作的阵地，有利于扩大社会主义精神文明的辐射力和感染力，有利于增强我国的软实力”，“能否积极利用和有效管理互联网，关系到社会主义文化事业和文化产业的健康发展，关系到国家文化信息安全和国家长治久安，关系到中国特色社会主义事业的全局”，强调必须从中国特色社会主义事业总体布局和文化发展战略出发，以积极的态度、创新的精神加强网络文化建设和管理，切实把互联网建设好、利用好、管理好，不断满足人民群众日益增长的精神文化需要。[①]毫无疑问，这是中国互联网发展和政治文明建设中一件意蕴深远的大事，预示中国的网络文化建设和网络政治从此驶入了快车道。

2008年6月20日，时任中共中央总书记、国家主席胡锦涛亲赴人民网与广大网友在线交流，网络为之沸腾。胡锦涛同志在回答网友提问时说：“平时我上网，一是想看一看国内外新闻；二是想从网上了解网民朋友们关心些什么问题、有些什么看法；三是希望从网上了解网民朋友们对党和国家工作有些什么意见和建议。”这说明中央高层已经把互联

①《胡锦涛在中共中央政治局第三十八次集体学习时强调 以创新的精神加强网络文化建设和管理 满足人民群众日益增长的精神文化需要》，载2007年1月25日《人民日报》。

网作为接地气、察实情、晓民意、汇民智的有效渠道。境外媒体就此评论称，在一言一行皆有章法的中国政治文化里，最高领导人破天荒地与公众进行网上互动，无疑是一种政治意向的表达。2009年2月28日，温家宝总理赴中国政府网、新华网与网友进行在线交流，回答网友关于应对金融危机、教育改革、医疗卫生改革等各类问题，再次引起广大网友的强烈反响。

在胡锦涛、温家宝等主要领导人的示范、带动下，借网理政之风迅速席卷全国，成为中国政坛的一种新风尚。诸多高层领导先后就重视网络舆情、借助网络改进工作做出重要指示，提出明确要求，利用网络平台倾听民声、指导工作，备受网友称赞。比如，汪洋被认为是第一个有QQ号的省委书记，网友可通过QQ留言与他沟通；张春贤曾在红网论坛用实名注册发帖，被网友誉为“亲民书记”、“互联网上的明星书记”；强卫倡导地方领导干部应当把上网作为除读书、看报、听广播、看电视之外的“第五习惯”来培养；刘奇葆、郭声琨、卫留成等都曾坦承自己也是网友，几乎每天都会挤出些时间上网，了解网络舆情。据《人民日报》报道，仅2009年，即有15位正省部级以上领导参加人民网的在线访谈，回答网民关注的问题。截至2014年6月，累计有53位省级主要负责同志、近500位地市级“一把手”和1000多位县委书记先后在人民网《地方领导留言板》[①]对网友留言做出公开回复。

显然，高层领导干部的表率作用是巨大的。在这种表率作用的推动下，越来越多的党政部门和领导干部投身于借网理政的热潮之中，“群众工作网上做”成为一种政坛新风尚。许多地方大力推进网络问政工作，通过互联网了解民众的诉求和愿望，邀请网友“拍砖”、“灌水”、建言献策，旨在优化决策、改进工作；不少领导主干部动与网友进行“零距离”

① 该留言板系人民网于2006年8月创办的覆盖全国、影响较大的官民互动平台。

接触，广开言路、问计于民，注重发挥网上“意见领袖”在舆论引导中的作用；有些领导把互联网作为政策宣讲平台，针对热点难点问题，解疑释惑、析事明理；有些领导将上网“潜水”、在线问询视为“微服私访”的新方式，积极开展网上探访、接访工作，认真对待网友反映的问题；还有一些领导密切跟踪网络新技术新应用的发展，率先借助博客、微博、微信等促进工作，成为网友热捧的“网络达人”。尤其值得一提的是，许多党政部门还对借网理政活动进行了制度化探索。比如，对于人民网《地方领导留言板》上的留言回复工作，时下已有吉林、辽宁、四川、广西、安徽、河南等近20个省份下发了“红头文件”，明确规定必须建立健全工作机制，切实予以规范化办理。在大力开展网络问政中，许多地方政府和党政部门积极开设政务微博、政务微信，利用官微平台发布资讯、引导舆论、推动工作，并对如何规范信息发布、提高工作实效出台了明确规定。最近几年，不少地方政府设立网络新闻发言人制度，健全工作机制，成效显著。

纵观近十年来广大领导干部积极用网、借网理政的生动图景，一种政治新风扑面而至。作为广大领导干部治国理政的新平台，互联网为中国的政治生活注入了诸多新内涵，对政治生态产生的影响难以估量。而于其中，广大领导干部积极用网、借网理政的态度和能力可圈可点、令人欣喜，体现了一种深刻的清醒、高度的自觉，以及较强的适应能力和创新能力。2010年11月17日，英国《金融时报》发表研究中国互联网的专家丽贝卡·麦金农（Rebecca MacKinnon）一篇题为《中国：巨大屏障》的文章，称中国共产党正在因势利导运用互联网，其“适应网络的成功程度超出了大多数西方观察家的想像”。不管怎么评说，事实已经表明，广大领导干部借网理政已超逾姿态性、象征性的试水阶段，走上了日趋常态化、普遍化的实质推进之途，中国的网络政治已渐入佳境。

三、网上参政议政助推政治社会化

◎互联网拉近了普通公众与决策高层的距离，激发了人们的政治参与意识和意见表达欲求，促使网上的参政议政活动空前活跃，助推中国政治日益社会化。

随着各级党政部门和领导干部借网理政蔚然成风，广大公众在互联网上参政议政的活动也空前活跃，网络政治不断拓展、官民互动普泛化的趋势日渐彰显。

2004年11月，温家宝总理根据网上信息，对建筑商拖欠农民工的工资问题做出批示，表明社会弱势群体的呼声通过网络传递得到了中央高层的重视。2005年全国“两会”期间，新华网策划了“总理记者招待会，你有何问题问总理？”活动，网友踊跃参与、争相发言，一连提出几百个问题，温总理一一浏览，并动情地告诉记者：“他们对国事的关心，深深感动了我。他们许多建议和意见是值得我和我们政府认真考虑的。”时至2006年全国“两会”，温总理在会见中外记者的开场白中说：“两会受到广大群众的关注……单是人民网、新华网、搜狐网、新浪网和央视国际网不完全统计，给政府提出的意见和针对总理本人提出的问题就多达几十万条。我从群众的意见中感受到大家对政府工作的期待和鞭策，也看到了一种信心和力量。”

从温家宝总理与网友的双向互动中，我们既可深切体会到中央高层对网络舆情的重视、对网上沟通形式的认可，又可强烈感受到广大公众表达诉求、参政议政的巨大热情，以及互联网对于推动政治社会化的强大作用。

实际上，广大领导干部借网理政的积极态度和公众通过网络参政议政的巨大热情恰如一个硬币的两面。公众的种种诉求对领导干部理政提出了相关命题，而领导干部的回应态度为公众诉求的满足、官民互动的实现提供了重要保证。胡锦涛总书记、温家宝总理亲自与网友在线交流，无疑表明网上沟通和网络民意得到了国家最高决策者的充分尊重。各级党政干部高度重视网络舆情、积极借网理政，显然为广大公众参政议政营造了良好的话语环境。换个角度说，广大公众乐于通过互联网参政议政，无疑也是对广大领导干部积极态度的认同和回应。有观察人士曾经指出：“党的十六大以来，一些关系民生问题的重要方针政策的制定，一些关系百姓衣食住行的重要措施的出台，都曾通过网络广泛征集人民群众的意见和建议；我国经济社会发展中的许多重要事件，往往是通过网络在第一时间报道和反映，在网民的积极参与之下引起党和政府的重视，并最终得到解决”。[①]这显然说明广大官民之间的网上互动局面已全面铺开。

当然，在助推官民互动的过程中，互联网所起的作用居功至伟。**首先，互联网为广大公众表达诉求、参政议政提供了成本最低、速度最快、便捷高效的途径**。作为一种全新的政治沟通形式，互联网帮助人们绕过了各种烦琐的公文程序和有形无形的行政壁垒，促使普通公众可以直接与党政部门乃至决策最高层实现“零距离”沟通。不难看到，广大公众正是通过“民意直通车”、“直通中南海”、“我向总理报民生”、“对部委领导说”、“对书记省长说”、“地方领导留言板”、“××发展留言板”等网上平台，不断掀起一轮又一轮的参政议政热潮。时下，传统的“市长信箱”、“市长热线”正在逐渐向网上互动平台过渡。值得注意的是，随着微博、微信和各种社交类网站的兴起，人们已快速进入了“自媒体时代”、“社会化媒体时代”。微博、微信、即时通信工具和各种社交类网站更加方便了官民之间的沟通交流，为广大公众参与政治生活创造了更好条件，提供了更多路径。可以断言，信息科技的进步必然促使互联网成为民情上达官方、官意下传民间的最重要的渠道，促使网络表达成为参与性

① 肖木：《让网络政治更具“中国特色”》，载《人民论坛》2008年第13期。

最强、最为大众化的话语方式，它必将不断推动官民之间的对话交流和良性互动，加快中国政治生活的社会化进程。

其次，互联网激发了广大公众的政治参与意识和意见表达欲求，催生了民权理念和大众政治的勃兴。由于网络传播极大地开阔了人们的政治视野和言论空间，丰富了人们的参与渠道和表达方式，加之网络表达的自由性、开放性、平等性、交互性在很大程度上活跃了民主政治的氛围，因而广大公众关注政治、评议政治、参与政治的意识骤然上升，自主意识、权利意识、民主意识普遍觉醒，要求参与政治生活、维护自身权利、追求公平正义的诉求日渐高涨。同时，网络应用的大众化使政治生活的参与者不再局限于社会精英，传统的精英政治因之逐渐演变为大众政治。近年来，许多网友热衷于讨论社会事务和公共话题，喜好指点江山、臧否时事，宣扬民主自由和民权理念，还有不少网友借助互联网从事各种维权活动，信奉“上访不如上网”，即是明证。完全可以说，当今的互联网已成为汇聚民意、民智，展现民主、民权的重要平台，成为广大网民论时事、谈问题、提建议、拉家常的民声场。正是在网络政治环境的促动下，公众参政议政的热情越来越高，介入政治事务的范围越来越广，由之引发的舆论事件越来越多，其对政治运作产生的影响也越来越大。

最后，网上舆论对党政部门和领导干部编制政治议程、决策行政事务，具有重要的干预力。随着互联网对经济社会发展各个领域的影响日益增深，网络舆论对公共事务和政府决策的干预力不断增强，网上民意对政府议程设置的影响越来越明显。从某种程度上说，广大网友已成为公共事务议程设置的又一主体。近年来，厦门、大连等地PX项目的流产，西安药家鑫案、云南李昌奎案、河南赵作海案等司法案件的改判，中央对各地强拆行为的叫停，等等，莫不说明网络舆论直接影响政府决策乃至司法工作。不难看到，征地拆迁、养老保险、房价物价调控、贫富差距、医疗改革、教育公平、社会保障、反腐倡廉等网上热点话题一直或显或隐地牵引着政府决策的方向，影响着政治议程的编制。由于互联网为匿名传播和舆论监督提供了诸多便利，且具有巨大杀伤力，故不少人士通常视其为民间反腐的曝光台，网络监督因而成为公众参政议政的重要内容。据媒体报道，2010年最高人民法院共受理各类信访举报35763件，其中网络举报24428件，占受理信访举报总数的68.3%。这显然昭示了互联网在推进官民互动、影响政治事务中的特殊作用。

在互联网的强力推动下，“草根”阶层与政治家们的距离明显拉近，公众意愿与官方意志日渐交融，许多原本看似简单、孤立的问题一经网友评议和辗转传播，便经常被沾染上浓厚的政治色彩，甚至成为广泛参与、万众瞩目的政治议题。正因如此，我们清楚地看到，在互联网这条民意汹涌的河道上，广大公众的参政议政之势波澜壮阔，滚滚向前，它深刻影响中国的政治生态发生了并仍在发生诸多变化，促使官民之间的政治协商和对话沟通日益社会化。

第二节 互联网开启了现代政治文明的新篇章

互联网的崛起，拓宽了公众的参政渠道，丰富了民主形式，促进了政治体制的改革，为推动传统政治的现代化提供了强大助力。在网络平台的支撑和广大网民的助推下，社会主义民主政治得到了快速发展，中国的法治进程得到了有效推进，传统的不合时宜的政治运作方式在互联网浪潮的冲击下渐行渐远。

在很大程度上说，互联网开启了中国政治文明的新篇章。其不仅对当下的政治生活产生了巨大影响，促使社会主义民主政治和法制建设出现了诸多新风貌，而且深刻影响中国政治的未来走势，促使整个政治运作朝着日趋开放、民主、清明和法治化的方向加速迈进。

一、互联网促使中国的民主政治快速发展

◎互联网丰富了民主形式，拓宽了民主渠道，对于保障公众的知情权、参与权、表达权、监督权，推动领导决策和政治运作的透明化、科学化、民主化，促进政治体制改革，具有巨大的正向作用。

发展社会主义民主政治历来是中国共产党孜孜以求的奋斗目标。中共十七大政治报告强调指出要“坚定不移发展社会主义民主政治”，“健全民主制度，丰富民主形式，拓宽民主渠道，依法实行民主选举、民主决策、民主管理、民主监督，保障人民的知情权、参与权、表达权、监督权。”近二十年来，互联网对于发展社会主义民主政治、保障人民实现政治权利，发挥了不可或缺的重要作用。从丰富民主形式、拓宽民主渠道、保障民众权利、促进政治改革、推动政治进步等角度看，互联网不啻为推进民主政治架设了一把天梯。

互联网的广泛应用催化了网络政治的兴起。作为民主政治的一种新形式，网络政治是在较为自由、宽松的生态环境中成长发展起来的。开放、平等、互动、共享的互联网精神为发展民主政治提供了天然的土壤和内在的动力，促使网络政治甫一开始，便烙上了民主的印记。纵观近20年来的生动实践，人们不难看到，网络科技的进步和网络政治的兴起对于社会主义民主政治建设具有巨大的促进作用。

首先，互联网的普及和网络政治的兴起，有利于保障公众的知情权、参与权、表达权、监督权。西方著名政治学家塞缪尔·P. 亨廷顿认为，政治现代化的实质内容主要体现在政治参与的扩大。在中国，民主政治的核心就是人民当家做主。而互联网恰恰为扩大公众的政治参与、真正让人民当家做主提供了新平台，为公众参政议政、表达意见、维护权益、鞭挞腐败提供了新途径。在互联网上，广大公众可以越来越便捷地获取政务资

讯，参与政治活动，阐发政治主张，表达政治意愿，监督政治事务，获得一种前所未有的民主体验。注重交互性、便捷性的网络技术不仅为公众知政、参政、议政、监政，实现官民之间的政治互动提供了有力支持，而且还大大刷新了广大官民的民主理念和政治觉悟，为民主政治的发展注入了生机活力。在网络语境的促动下，许多地方以全景监控式的技术手段“倒逼”政治理念的革新和政治规制的完善，促使各类信息通报机制、沟通对话机制、公众参与机制、民主监督机制等日臻成熟，这无疑对保障公众的政治权利、推进民主政治的发展大有裨益。

其次，互联网的普及和网络政治的兴起，有利于领导决策和政治运作的透明化、民主化、科学化。互联网为构建政务公开的“电子政府”、实现官民之间的信息共享提供了强大的技术支撑，促使各类“阳光政务”不断涌现。在这种环境中，政务信息的发布日趋公开、规范，公众可以通过网络及时、准确、全面地了解政治事务，知晓政府在想什么、做什么，领导决策和政治运作因之变得日益透明。同时，由于互联网汇聚了广大公众的意见和智慧，网友的参政议政、建言献策对党政部门优化决策、改进工作、创新服务，作用显明。通过网络听取民意、汇聚民智，党政部门可以不断完善决策部署，创新工作思路，最大限度地减少决策失误，进而实现科学执政和民主执政。近年来，党政部门借助网络问计于民、集思广益、调整工作部署的事例举不胜举。比如，厦门PX项目的流产、广州番禺生活垃圾焚烧发电厂选址问题的搁置、四川什邡钼铜项目的停建等，无不展示了广大公众参与公共治理的热情和睿智，展现了当地政府重视民意、虚心纳谏的姿态和胸怀。随着网上参政议政和网络监督日益活跃，党政部门必将摒弃“关门决策”的行政思维，充分考虑公众利益，其科学决策能力和社会治理水平也必将不断提升。

其三，互联网的普及和网络政治的兴起，有利于推进政治体制改革。近20年来，互联网已成为公众参与政治生活、开阔政治眼界、推动政治改革、创新政治体制的助推器。伴随网络政治的演进，官民之间的沟通交流与平等互动逐渐形成了常态化、规范化的工作机制，公众参与的扩大和党内民主的深化大大推动了民主集中制的完善，各种专制思想、威权观念和官僚主义作风渐行渐远；各地政府着力转变职能、创新治理模式，建立阳光型政府和服务型政府的步伐明显提速；民主监督机制日益健全，“让权力在阳光下运行”、“学会在公众的监督和批评声中开展工作”等理念深入人心。显然，这种政治生态必定会促动行政管理体制层面的改革，以形成权责统一、分工合理、决策科学、执行顺畅、监督有力的新型管理体制，必将促使中国的政治权力体系从传统的高度集中的金字塔型组织结构向权力科学分布的扁平化组织结构转变，最终形成决策权、执行权和监督权既相互制约又相互协调的权力结构和运行机制。可以确信，在互联网的助推作用下，中国的政治体制改革必将更加稳健，更加深入，更加富有成效。

二、“草根”力量推动了中国的法治进程

◎互联网赋予“草根”阶层的巨大力量，无形地影响了当下的立法导向、司法判决和执法工作。其对于维护社会正义、完善司法制度、提升执法水平、加速中国的法治化进程，具有强大的推动力。

在互联网上，单个“草根”网民的力量或许是比较孱弱的，然而千千万万的“草根”一旦连缀起来集体“发声”，汇聚成汹涌沸腾的网络民意和舆论风暴，却能强有力地推动法治进程。在很大程度上说，互联网在中国的迅猛崛起，无形地牵引着中国的法治建设快速发展，促使中国的民主法治水平不断提升。

近年来，“草根”们积极借助互联网发力，因“草根”网民介入“围观”、评议引发舆论热潮，进而影响立法导向、司法判决和执法工作的事

件频频发生。兹举几例——

“孙志刚事件”：2003年3月，27岁的湖北青年孙志刚在广州街头因缺少暂住证，被强行收容，后遭毒打，惨死在收容所里。经网络曝光后，该事件迅速引起广泛关注，广大网友义愤填膺，除了怒斥有关工作人员的违法违规行为外，民怨直指当时的收容遣送制度，最终促成了《城市流浪乞讨人员收容遣送办法》的废止和《城市生活无着的流浪乞讨人员救助管理办法》的出台。

“刘涌改判案”：2002年4月，沈阳黑帮头目刘涌一审被判死刑。2003年8月，二审改判为死缓。宣判之后，网上顿时舆论大哗，各种质疑、不满之声充斥坊间。在网络民意的推动下，该案成为“新中国成立以来最高人民法院首次对一起普通刑事案件进行提审”的案件，2003年12月再次判处刘涌死刑并立即执行。网友闻之大快，称其“不仅仅是法律的胜利，也是民意的胜利”。

“最牛钉子户事件”：2007年3月，重庆市九龙坡区杨武、吴苹夫妇因拒绝拆迁，在开发商将周围房屋拆除后仍坚守孤楼，并在楼顶升起国旗以示抗议。之后，网上热传《史上最牛的钉子户》的帖子和图片，网友呈“一边倒”的态势支持杨、吴夫妇，称其为“一个伟大的标志性的事件”。该事件随后引发了广大公众对《物权法》和拆迁法规的广泛讨论，最终促成了当地政府和开发商与“钉子户”的和解。

“开胸验肺事件”：2009年7月，河南省新密市农民工张海超因从事杂工、破碎等工作患上尘肺，但用工企业拒绝为其提供相关资料，多次向上级主管部门投诉未果后，为证明自己真患了职业病，不惜开胸验肺。该事件经网络热传后引起强烈反响，不但摆上了省委的专题会议，为当事人争取了赔偿，还促使政府部门启动领导干部问责程序，推动了立法部门对职业病法律法规的进一步完善。

类似事件还有很多，如湖北“邓玉娇案”、陕西“药家鑫案”、云南

“李昌奎案”、河南“赵作海案”、广州“许霆案”、成都“唐福珍自焚事件”、江西“宜黄强拆事件”……透过这些事件，人们可以强烈地感受到网络民意对于维护社会正义、完善司法制度、改进执法工作、推进法治进程，具有不可估量的重要作用。

时下，广大公众的法律意识、公民权利意识和自我保护意识不断增强，越来越多的“草根”习惯于把借网“发声”视为最佳的维权方式之一，这对公开立法、阳光执法、遏制司法腐败、提升法治水平，显然是有一定积极意义的。**首先，在立法环节，网络民意颇具智囊价值**。实践表明，广泛征求网民意见、认真吸取其合理化建议，对于确保法律法规的科学性、推动民主立法是大有助益的。从中央到地方，此类做法已成共识。比如，广东省人大常委会在编制2008～2012年的立法规划中，有60多个立法规划项目的征求意见稿通过互联网等媒体向社会公布，鼓励公众发表意见，网友的许多意见和建议后来成为修改相关法规的重要依据。

其次，对于推进阳光执法，网络民意具有强大的监督作用。置身于网上舆论的聚光灯下，司法实践中曾经存在的暗箱操作、不公不廉、推诿拖拉、粗暴专横等不良现象得到了较大改观。陕西的“周老虎案”、云南“躲猫猫案”、贵州习水“领导干部嫖宿幼女案”、杭州“富家子弟飙车肇事案”、上海“钓鱼执法案”等一系列案件之所以能得到及时、公正的审理，相关人员被迅速问责，这与广大“草根”网友的“围观”、诘问、监督、“施压”是密切相关的。不难看到，网络民意对于政府部门依法行政、施行善政、维护正义、彰显正气，具有强大的约束力和推动力。

当前，行政、司法部门对“草根”阶层的意见日益重视，积极借网理政、提升法治水平的创新之举不少。比如，检察机关、法院系统、监察部门等普遍重视网络舆情，分别在网上设立专门的举报电话及申诉信访平台，视之为推进法治建设的新通道、新途径。2009年6月22日，检察机关全国统一举报电话“12309”和最高人民检察院举报网站正式开通，全天候受理反映国家工作人员职务犯罪的举报和反映人民检察院工作人员违法违纪行为的控告，还可查询举报处理结果，备受网友热捧。

2011年8月2日，湖南省公布实施《法治湖南建设纲要》，要求全面推进司法公开，建立健全公共权力行使的程序规则，旨在“把权力关进笼子里”。湖南省委政研室主任、《纲要》起草组组长贺安杰在接受媒体采访时说：“今后，湖南党委和政府的决策要通过互联网广泛听取意见，制定法规规章的草案要全部在互联网上进行公布，司法听证、司法裁判文书要在互联网上公开发布，重要案件的庭审要实行电视和网络直播。”此语一出，网上一片叫好之声。

2011年9月26日，山东省济南市两级法院全面开通“网上法院”，网上“自助诉讼”成为现实。借助网络在线服务平台，当事人足不出户便可打官司。此前当事人必须亲自到法院办理的咨询、立案、送达、查档等诉讼程序，均只需轻点鼠标，即可在家中实现网上自助办理。这种依托于网络平台的服务模式，极大地方便了公众，省时、省力、省钱，也加强了民意沟通，提高了工作效能，堪称法治建设进程中的一大进步。

随着微博、微信、微视等网络新应用快速普及，网上各类“微表达”、“微反腐”、“微直播”相当活跃，其对法治工作带来的干预性影响十分明显。2013年薄熙来一案审判的微博直播，显示出中国的司法工作已经发展到了前所未有的开放程度。据媒体报道，最高人民法院为加大庭审公开力度，积极推进阳光司法，特意建成中国法院庭审直播网，仅2013年，各级法院直播案件庭审达4.5万次。这种情形，无疑有利于增进公众对司法裁判的理解和支持，有利于彰显法治的文明和尊严。

放眼近年来国内出现的较受公众关注的法治事件，网络和“草根”的力量不可估量。可以说，任何一件影响稍大的事件都会呈现于互联网上，都能看到“草根”们活跃的身影。而于其中，许多当事人本身就是“草根”阶层和舆论风暴中的一分子。从张海超的开胸验肺到孙中界的断指抗争，从邓玉娇的持刀向恶到唐福珍的引火自焚，无不颇具悲剧感，又极富震憾力。他们用“草根”的方式展示了人的尊严，彰显了法的神圣。正是这股力量，推动着法治的进步，加速了中国的法治化进程。

三、网络发展影响着中国的政治走势

◎互联网的迅猛发展深刻影响着中国政治的未来走势，促使整个政治运作正在朝着日趋开放、民主、清明和法治化的方向加速迈进。积极建设开放政府、民主政府、廉洁政府、法治政府，已成为时之所须、势之所趋。

互联网的迅猛发展和广泛普及不仅对中国社会各个领域带来了巨大冲击，致使政治生态环境发生了诸多变化，而且深刻影响着未来的政治走势，促使整个政治运作正在朝着开放、民主、清明和日益法治化的方向加速迈进。

互联网的发展促使政治运作日趋开放。人类社会发展的基本规律之一是从封闭走向开放。开放是现代政治文明的一个重要标志。在信息传播日益畅达、整个社会透明度不断提升的互联网时代，增强政治运作的开放性既是广大公众的迫切要求，也是执政者与时俱进、革故鼎新、推进政治改革的内在需要。随着网络政治深入发展，建设开放性政党和开放性政府乃大势所趋。2005年3月，中共中央颁布了《关于进一步加强中国共产党领导的多党合作和政治协商制度建设的意见》，明确提出要加大政府职能部门党外人士的选配力度，这无疑是增强政治体系开放性的一个重要信号。近年来，打造“透明政府”、“阳光政府”、“开放政府”，提升执政透明度，推行党务、政务公开化，已成为各地党委、政府设定的政治目标。在这种趋势中，有些地方探索建立公众旁听制度，敞开大门，允许公众直接听取政府决策；有些地方探索构建以信息公开和公众参与为原则的制度体系，形成了公众参与、专家论证、政府决定、群众监督相统一的综合治理机制；有些地方致力于为公众提供立体化、开放式的服务平台，并将网友评议纳入党政部门网站考核内容，以之促进官方网站在信息公开、在线办事、公众参与等方面的工作。从现实发展的角度看，促进政治体系的良性开放，不仅是现代政府广纳良才、广聚民智，实施高效治理，提高行政效能的内在需要，也是保持政治稳定、推动政治发展的必然要求。历史经验表明，施政越透明，公众的认同度则越高；公众的认同度越高，政治稳定则越有保障。互联网的发展促使封闭、僵化、保守的传统政治时代一去不复返，取而代之的必将是日渐浮出水面的开放型政党、开放型政治体系和开放型的政治运作模式。

互联网的发展促使政治运作日趋民主。民主与开放唇齿相依，密切关联。抗日战争胜利前夕，毛泽东在与著名民主爱国人士黄炎培谈及“历史周期率”时，称中国共产党摆脱历史周期率困扰的办法即“民主建设”。改革开放之初，邓小平指出：“没有民主就没有社会主义”、“社会主义愈发展，民主也愈发展。”江泽民在中共十六大报告中提出“党内民主是党的生命”。胡锦涛在中共十七大报告中提出“人民民主是社会主义的生命”。习近平在庆祝全国人民代表大会成立60周年大会上说“人民民主是中国共产党始终高举的旗帜”。历届党和国家主要领导人有关“民主”的论断一脉相承，构成了党内政治生活中的共同追求和鲜明主线。在社会开放度日益提升、公众的权利意识和参政意识不断高涨的互联网时代，极权政治、寡头政治的影响必定渐行渐远，独断专行、一手遮天的官僚作风必定难以为继，政治运作日趋民主乃必然趋势。首先，扩大党内民主势在必行。对一个拥有八千多万成员的大党而言，没有党内民主是行不通的。要保持党的先进性和凝聚力，必须保障广大党员的民主权利，完善党内的决议制度、选举制度和干部任免制度，积极推进党内民主，充分调动每个党员的积极性和创造性。其次，必须高扬人民民主的旗帜，拓宽民主渠道，扩大公民的政治参与形式，完善政治协商制度，建立平等互动的新型沟通机制，最大限度地保障公民的知情权、参与权、表达权、监督权，努力形成团结和谐、群策群力的民主局面。而互联网恰恰为推进党内民主和人民民主、扩大民主的程度和范围，提供了有效平台和良好环境。随着网络问政、网络参政、网络监政的逐渐深入和党务、政务乃至整个社会透明度的提升，政治运作的民主性必将不断增强，整个社会的民主氛围必将日益浓厚。

互联网的发展促使政治运作日趋清明。在许多公共事务中，互联网的应用可以有效地省时、省力、省钱，压缩流转环节，减少人力投入，降低行政成本，提高工作效能，有助于形成清简、高效的政治风气。特别是互联网丰富了公众的监督手段，完善了传统的监督体系，拓展了群众监督渠道，对于遏制政治腐败、推进政治清明、形成风清气正的政治生态环境，具有重要的促进作用。人们常说，有了互联网，党政部门和广大干部的头顶仿佛安设了一台监视器。说什么话、开什么车、住什么房、穿什么衣、戴什么表、抽什么烟、与什么人交往……言行举止、衣食住行，莫不受到网友的全天候监督。南京江宁区房产局原局长周某“抽名烟”事件、内蒙古某贫困县原检察长刘某的“豪车”风波以及郑州市城市规划局原副局长逯某质问记者“准备替党说话还是替老百姓说话”的雷人之语等，充分显示了网络监督的强大功能，其所产生的警示作用非常明显。作为一种新型的最具代表性的社会监督形式，网络监督具有以往任何时代、任何监督形式无法比拟的开阔视野和约束效力，真正掀开了公民监督的新篇章。时下，许多领导干部患有“网络恐惧症”，对互联网心存畏惧，谈“网”色变，许多人称互联网为“反腐利器”、“大规模杀伤性媒体”，这恰恰从另一角度展示了网络监督的威慑力。正是在网络监督的积极推动下，中国的社会监督体系和综合惩防机制日益完善，廉政建设稳步推进，党政部门和广大干部的工作作风、服务态度、道德品质、执政水平发生了诸多改观。许多地方借助网络监督的威力，加强干部职工的理想信念和廉洁从政教育，深入开展公正执法工作，大力整治少数干部的违法乱纪行为，成效显著。这对于加强队伍建设、树立清新政风、促进政治运作日益清明，无疑具有深远意义。

与之同时，互联网的发展还必将促使当下的政治运作日趋法治化。毋庸讳言，漫长的封建社会所形成的国体、政体和权力结构，使传统的政治形态一直带有鲜明的人治色彩。新中国成立后特别是改革开放以来，依法治国、依法执政，努力使政治运作在法治精神的框架下前行，已成为中国民主政治发展的基本走势。中共十八届四中全会之后，全国上下兴起了全面加快社会主义法治建设的热潮。作为推动中国法治进程的重要力量，互联网对于弘扬法治精神、保障公民权益、维护社会正义、促进民主法制建设更好、更快地向前发展，具有不可估量的积极作用。在网络语境和全球化浪潮的推动下，未来的政治运作必将逐步走上法制化、规范化、科学化的良性轨道。这种发展态势，对于中国民主政治的推进和现代政治文明的发展显然是一个福音。

第三节　知网用网是领导干部的必修课

网络驾驭能力是现代领导干部领导能力和执政能力的重要组成部分。2007年1月，时任中共中央总书记、国家主席胡锦涛在中央政治局第三十八次集体学习时明确要求各级领导干部要重视学习互联网知识，提高领导水平和驾驭能力，努力开创中国网络文化建设的新局面。2009年3月，时任中共中央政治局常委、国家副主席习近平在中央党校春季学期开学典礼上强调指出各级领导干部要努力提高六个方面的能力，其中包括

“同媒体打交道的能力”。[①]事实上，在新技术新应用不断涌现的互联网时代，领导干部同媒体打交道的能力主要体现在识网、用网和治网等方面。

随着互联网对经济社会发展各个领域的影响不断增强，其双刃性也日益彰显，对各级领导干部的识网水平、用网能力和治网方略提出了更高要求。在网络政治深入发展的今天，如何趋利避害、善用网络，已成为考验执政智慧的时代命题，成为广大领导干部提高执政能力、推进执政事业的必修课。

一、互联网是执政者手中的双刃剑

◎互联网既为领导干部治国理政提供了有利条件，又对领导干部者加强舆论调控、创新社会管理、维护社会稳定、巩固执政安全带来了巨大挑战。能否建设好、运用好、管理好互联网，关乎党和国家的兴衰存亡。

互联网是一柄双刃剑。一方面，它给人们的工作、学习和生活带来了极大便利，为领导干部更好地治国理政提供了重要的平台和工具，对于促进民主建设、推动社会进步创设了有利条件；另一方面，它又对领导干部创新执政方式、提高执政能力、维护社会稳定、巩固国家政权，带来了巨大挑战。实践表明，网络应用越普及、越活跃，其对现代政治生活的双重影响则越明显。

从加强舆论调控和规范信息管理的角度看，互联网对执政者提出了诸多新要求。互联网改变了传统的信息传受方式和媒体格局，促使舆论引导和信息管理面临许多新情况、新挑战。比如，网络传播速度快，实现了

① “六个方面的能力”是指统筹兼顾的能力、开拓创新的能力、知人善任的能力、应对风险的能力、维护稳定的能力以及同媒体打交道的能力。

真正意义上的即时传播，这对网上敏感舆情调控工作的时效性要求明显提高，尤其是随着微博、微信和各类即时通信工具的兴起，突发事件处置工作已由以往的“黄金24小时法则”提速为“黄金4小时法则”、“黄金1小时法则”。如果不能适应这种形势变化，则极易诱发舆论风暴乃至社会危机。又如，网络传播范围广，超疆域、无国界，因而敏感舆情和有害信息一旦广为扩散，管控起来则十分困难，这对消除负面影响、防止恶意炒作显然是一大考验。再如，网络传播互动性强，便于网友之间的沟通交流，可是一旦被不法分子用于煽风点火、聚众闹事，抑或滥用“人肉搜索”、曝晒他人隐私，则会对社会和个人造成巨大危害。此外，互联网的高度开放性为个人发布信息、表达意见提供了便利渠道，但是由于有些网站在信息把关方面形同虚设，加之“网络水军”、“民主哄客”作祟，因而不良信息、有害信息经常喧嚣尘上，各种无中生有、肆意恶搞的网络谣言屡禁难止，许多攻击党和政府、丑化领导干部群体的言论时有所见，这无疑对净化网络文化环境、维护执政者良好形象提出了更高要求。特别令人担忧的是，互联网的去中心、反权威、多元化的传播特性难免会催生出诸多非理性主义以及非法政治参与现象，这与统一思想、凝聚力量的主流价值追求显然构成了内在冲突，同时对以层级结构和统一规范为特征的政治调控机制和社会管理体制也产生了强大冲击。在网络语境的影响下，广大公众的接受心理和价值取向正在悄然变化，党政部门的公信力和权威性受到了一定程度的削弱，整个社会的诚信度和向心力每况愈下，“舆论一律”的意旨在“众声喧哗”中难以为继，这对加强舆论引导、规范信息管理而言，无疑颇为不利。在很大程度上说，现代信息科技越发达，公众的网络普及程度越高，执政者对网上信息和网络舆论的控制力则会面临越严峻的挑战。

从意识形态安全和未来竞争发展的角度看，互联网带来的冲击相当明显。作为一种张扬个性、注重自我、包容性极大的平台，互联网的兴起加速了社会思潮的多元化发展趋势，加剧了意识形态领域的斗争，加大了用社会主义核心价值体系引领民众的难度。时下，互联网已成为正确思想与错误思想交锋的平台、健康文化与腐朽文化较量的场所、意识形态渗透与反渗透的战场。在互联网上，各种与主流价值观念相悖的噪音杂音此消彼涨，各类与现行制度疏离的观点、主张不时冒现，这对以价值引导为旨归的意识形态工作冲击甚大。境内外敌对势力搞乱一个国家、颠覆一个政权总是先从意识形态领域打开缺口，而互联网恰恰为境内外敌对势力对我实施西化、分化与和平演变提供了便利工具。通过网络传播，各种极具危害性、破坏性的噪音杂音可以轻而易举、源源不断地直抵广大网络用户面前。近年来，以美国为首的一些国家凭借自身在互联网领域的诸多优势，大肆兜售资本主义世界的政治理念和价值取向，千方百计实施思想文化渗透，竭力开辟与己有利的“思想战场”，甚至公然诋毁中国的政治制度和社会主义价值观，对我意识形态安全危害极大。美国前国务卿奥尔布赖特（Albright）曾说：“有了互联网，就有了对付中国的办法。”继其之后的国务卿希拉里（Hillary）先后于2010年和2011年连续两次发表名为《互联网自由》的演讲，打着“网络外交”的幌子，刻意鼓吹网络信息的“自由流动”，矛头直指中国、朝鲜等国家的网络管理政策，其用心所在昭然若揭。针对中国网民主体乃青少年的状况，美国政府曾推出所谓的“树根战略”，意欲在互联网上与我展开对青少年的争夺。由此看来，日趋复杂尖锐的网上斗争不啻是一场争夺未来、没有硝烟的软刀子之战，它对中国意识形态安全的冲击及其对未来竞争发展的消极影响必将日渐显现。

从维护社会稳定和巩固国家政权的角度看，互联网产生的正负影响显而易见。一方面，互联网为社会各阶层表达利益诉求提供了便捷渠道，有利于推动官民互动和多向沟通，对畅通民意、疏导民怨、理顺情绪、化解矛盾、创新管理、维护稳定、巩固政权具有鲜明的积极作用，堪称“减压阀”、“预警器”。另一方面，互联网又极易成为社会矛盾的“催化剂”和“放大器”，对社会稳定和国家政权的破坏性影响不容小觑。近年来，随着网络监督、网络维权、网络举报等活动日趋活跃，由之引发的舆论热点和危机事件也明显增多。在拉萨“3·14”事件、新疆“7·5”事件、贵州瓮安事件、湖北石首事件、大连PX项目事件、浙江钱云会案、天津蓟县某商厦火灾等一系列危机事件中，互联网被少数人用作煽风点火、推波助澜、混淆视听、制造事端的工具，在误导舆论、激化矛盾、加剧冲突等方面产生了巨大的负面影响。特别值得注意的是，由于境内外敌对势力视互联网为扰乱公共秩序、促动政权更替的“无形之手”，蓄意借助互联网从事政治颠覆活动，利用各种热点难点问题和突发事件放大问题、挑拨矛盾、制造冲突，策划组织各类形形色色的所谓“草根运动”、“松土运动”，因而社会稳定和国家政权面临的风险不断攀升。近几年来，中东、北非一些国家出现的“茉莉花革命”及推特（Twitter）、脸谱（Facebook）、优兔（Youtube）等美国社交网站在其中扮演的特殊角色，即充分说明了互联网对于社会稳定和政治安全的巨大威胁性。在互联网的组织动员功能日益彰显、各种社会化媒体广泛普及的新形势下，互联网引发的各类群体性事件和社会危机事件必将不断增多，这对维护社会稳定和执政安全无疑是一种严峻考验。

透过互联网对现代政治生活的双重影响，人们可以清楚地看到互联网具有鲜明的双刃性。用好了，它是政府形象的“梳妆台”、社会预警的“瞭望塔”；用不好，则可能变成扭曲形象的“哈哈镜”、滋生乱象的“潘多拉魔盒”。从战略高度和长远意义看，能否建设好、运用好、管理好互联网，直接关乎执政形象的建构，关乎党和国家的兴衰存亡。美国媒体曾刊文称：“中国共产党在残酷的内战中战胜了国民党，在朝鲜战争中战胜了美国，……但最终遇到了真正的对手——互联网。”“过去百战百胜的中共，将在这场互联网的大战中败北。”[①]这一臆断无疑振聋发聩，让人警醒。对当今的党和政府来说，互联网堪称考验执政智慧的试金石。面对互联网带来的挑战和风险，拒绝之、回避之，显然不合时宜，亦无可能。唯有积极顺应网络发展潮流，清醒辨识互联网的双刃性，趋利避害、主动“赶考”，才是不二之选。

二、知网用网才能善政善治

◎在整个社会生活日益网络化的今天，各级领导干部的网络应用水平已成为衡量执政能力的一把标尺。提高知网水平和用网能力，既是网络政治时代赋予广大领导干部的基本要求，也是广大领导干部不可推卸的政治责任。

当下中国已成为名副其实的互联网大国，公众的网络普及率及其应用水平不断提高，人们对社会问题和官方行为的关切，越来越多地习惯于选择网络平台。与许多网络发达国家迥然不同的是，中国网民热衷于借助网络评议时政、表达诉求。在网络舆论场中，各级领导干部是备受关注的群体。然而由于种种原因，现实生活中较为强势的领导干部在互联网上容易成为网友调侃、嘲弄、揭批的弱势群体，领导干部“惧网”现象因之较为突出。2010年5月，《人民论坛》杂志在人民网、腾讯网等网站做了一次关于“当代中国领导干部的‘网络恐惧’”的问卷调查，结果显示，70%的受调查者认为当下中国领导干部患有“网络恐惧症”。互联网的应用与普及，仿佛在广大领导干部头顶结织了一张无处不在的天网，又似在领导干部面前悬系了一把达摩克利斯之剑，让众多领导干部心存忌惮。实际上，领导干部“惧网”现象的一个重要原因，乃在于许多领导干部对互联

① 纪思道（Nicholas D.Kristof）：“Death by a Thousand Blogs”，载2005年5月24日“NewYork Times”。

网缺少必要的了解和正确的认知，网络媒介素养不高，知网水平和用网能力有限，对网上舆情危机和热点事件缺少应对办法和处置经验，害怕在民意汹汹的网络监督中开展工作。

随着网络政治时代的演进，各级领导干部的网络应用水平已成为衡量执政能力的一把标尺。历史证明，执政党能否运用好代表先进科技和生产力发展水平的传媒工具，直接反映其执政能力的高低，直接关乎其公众形象的建构和执政事业的兴衰。在互联网深刻影响政治生态和执政方式的当今时代，知网用网对广大领导干部来说不仅非常必要，而且相当急迫。不难看到，在互联网大潮的裹挟和冲击下，有些领导干部顺势而为、与时俱进，展示了良好的适应能力，而有些领导干部惊慌失措、落水挨呛甚至遭遇灭顶之灾。不少领导干部因“雷语”、“雷行”成为网民爆炒的对象和舆论事件的主角，不仅自己受到网友的“舆论审判”和党纪政纪处分，而且损害了地方形象，败坏了党和政府的声誉，对执政基业造成了不可低估的负面影响。2008年年初，陕西省绥德县某校长找县长签字被拘事件备受网友关注，当地一位宣传部长在接待记者采访时感叹：“以前没有网络的时候多好啊，想让他们怎么说就怎么说。”此语一出，网上舆论一片哗然。这句轰动一时的雷人之语实际上道出了不少领导干部的心声，暴露了他们落后的思想观念和低下的网络媒介素养。最近几年来，国内不少领导干部在网上“触礁”，身陷“日记门”、“短信门”、“裸聊门”、“开房门”、“艳照门”、“微笑门”等诸般闹剧之中，遭到网络“围观”和舆论谴责，弄得狼狈不堪，还有少数领导干部为泄己私愤，公然在网上捏造事实、造谣中伤，严重侵害他人权益，最终也使自己身败名裂。这些事件既暴露了当事方的丑行劣迹，也充分说明了提高广大领导干部网络媒介素养的必要性和紧迫性。

时下，不懂网、不用网的“网盲”型领导干部仍然不少，他们看不到互联网的强大功能和战略价值，不会借助网络平台推进工作，面对网络媒体“不会说话”；有些领导干部把宝贵的执政资源看成“烫手的山芋”，认为互联网是专门给领导出难题的“麻烦制造者”，对其采取排斥态度，漠然视之。更有甚者，有些领导干部视互联网为“洪水猛兽”，将网络监督看作“心腹大患”，动辄对不利于己的网上信息进行粗暴封堵，甚至利用公权肆意对监督者采取“网上通缉”、“跨省追捕”，深受网友诟病。毫无疑问，这种认识、心态和行为反映了当事方视野狭隘、思想僵化、识见浅陋、素质较差。可以断言，此类领导干部在公众心目中必定认同度不高、感召力不强，其履职能力也必定不强。实际上，现代领导干部的网络应用水平与其执政能力是成正比的。领导干部应用网络水平之高低，直接关系执政能力之强弱、公众形象之优劣、事业发展之顺逆。2011年6月，四川省会理县发生了一起涉及当地领导的“悬浮照”风波；同年7月，河南省南阳市出现了一个“留言门”事件。前者的处置坦诚低调、应对合理，网上恶搞迅速得到了控制；后者因回复网友方式“强硬”，引起网友纷纷“拍砖”，导致单位形象受损、当事人离岗。这些事例一再警示人们：身处网络政治时代，不重视网络建设的领导干部必定行之不远，不会善用网络的领导干部必将被时代所抛弃；提升网媒素养，已成为现代领导干部提高执政能力的应有之义。

事实上，提高知网水平和用网能力，既是时代赋予广大领导干部的基本要求，也是广大领导干部不可推御的政治责任。中共十七届四中全会通过的《中共中央关于加强和改进新形势下党的建设若干重大问题的决定》明确指出，加强领导班子和领导干部领导能力培养，必须注重增强新形势下新兴媒体运用的能力。原青海省委书记强卫曾说：“今天，不上网、不重视网络建设、不会利用网络的领导，不能算是一个现代化的领导。”时任湖南省委书记的张春贤也曾说：“领导干部懂不懂网、上不上网、用不用网，是具不具有现代意识、能不能跟上时代潮流的一个重要体现。”从履职尽责、推进工作的意义讲，知网用网无疑是现代领导干部善政善治之必需。一个现代领导干部如果不具备基本的网媒素养，要想在高度网络化的社会环境中带领民众顺应时势、开拓创新，谋求较大作为，这是难以想象、不可思议的。当前，互联网对经济社会发展的影响越来越广泛、越来越深刻，网上和网下的各种问题、矛盾错综复杂，互联网自身的建设和管理也面临诸多新情况、新挑战。在这种形势下，如何借助互联网提高执政能力、如何发挥互联网在构建和谐社会中的积极作用、如何适应在日益常态化的网络监督中开展工作、如何科学处置各类网络舆论热点事件、如何提高网络舆论引导水平、如何促使社会管理创新与“网”俱进、如何搞好网上维稳工作，以及如何确保自身在用网过程中的信息安全，如何规避网络应用风险，等等，均已成为现代领导干部不能回避的时代命题和必须担当的重要责任。

时任中共中央政治局委员、广东省委书记的汪洋曾经指出：“信息网络的发展是当今世界的重大革命性事件……谁重视网络、谁培育网络、谁让网络能够尽早地渗透到经济社会生活的各个方面，谁就占领了二十一世纪的重要制高点。”[①]换言之，现代领导干部如果对互联网不能真知善用，则很难与民众进行网上良性互动，很难在了解民情、通晓民意、汇聚民智、服务民众、引导舆论、化解矛盾、维护稳定、创新管理、推动发展等各个方面有新举措、新突破，很难担负起“先锋队”、“领头雁”的职责和使命，很难维护好党和政府的良好形象，很难在推动政治文明建设、促进社会全面进步、积极参与国际竞争中做出更大贡献。只有真正认识到互联网对个人、对社会、对国家的重要意义和战略价值，充分发挥互联网的正向功能，积极应对互联网带来的挑战，熟谙网络传播规律和舆论引导艺术，了解广大网民的接受心理，洞晓互联网的发展趋向，掌握先进的应用技能，争做善用网络的先行者，领导干部才可能永葆先进性，永立时

① 汪洋：《顺应网络发展规律　构建网络民主平台》，载2008年4月25日《南方日报》。

代潮头，切实担当起自身的政治责任，大力推行善政善治，不负时代和人民之重托。

三、领导干部应当通晓网络发展基本情势

◎近年来，作为“第四媒体”的互联网正从“追跑者”变为“领跑者”；互联网已成为舆论斗争的主战场；微博的异军突起和移动互联网的快速发展促使舆论生态日趋复杂；网络舆论热点频发已成为当今时代的一大突出特征。

广大领导干部要适应网络政治环境，提高网络应用水平，首先应当在宏观上通晓当前网络发展的基本情势。从当前情况看，以下几种情势值得特别注意。

作为“第四媒体”的互联网正在从“追跑者”成为“领跑者”。1998年5月，联合国新闻委员会将互联网确定为继报纸、广播、电视之后的“第四媒体”。近10年来，互联网在世界各国普遍呈现出蓬勃发展之势。从全球媒体的发展态势看，互联网在信息传播、舆论影响、应用普及等方面后来居上，大有取代“第一媒体”之势。2010年有着160年辉煌历史的《纽约时报》宣布将择期停印纸质版、“弃报投网”，2011年“美国之音”中文版的“走”与“推特网”的“来”，即在某种意义上昭示了传统媒体的衰颓和网络媒体的锐势。在中国，这种势头也已逐渐显现。2007年之前，网络媒体在中国媒介方阵中尚处于比较边缘的位置，在舆论事件中一直扮演“追跑者”的角色。然而历经中共十七大、拉萨“3·14”事件、汶川特大地震、北京奥运会、上海世博会等一系列重大活动，网络媒体日益彰显了强大的传播力和影响力，其在媒介方阵和舆论事件中明显呈现出从边缘向主流迈进、从“追跑者”向“领跑者”转换的态势。从组织主题宣传、扩大舆论影响的角度看，互联网堪称传播速度最快、传播范

围最广、传受互动性最强、公众参与度最高、信息容量最大、查找复制最方便的媒体，具有其他媒体难以比拟的独特优势。从舆论热点生成的角度看，互联网已成为舆论热点的主要策源地，促使“事情发生→传统媒体报道→网民围观/议论→公众热议→舆论热点”的传统路径变更为“事情发生→网民爆料/围观/议论→传统媒体报道→公众热议→舆论热点”。有关研究资料显示，2009年我国出现的77起舆论热点事件中，有23起（约30%）是由网络爆料引发的；2010年我国影响较大的危机舆情事件中，网络首发比例达67%。随着微博、微信和各类即时通讯工具的兴起，这种比例不断攀升。从信息科技发展的角度看，互联网作为一种“全媒体”、“融媒体”，基本涵括了报纸、广播、电视、杂志等各种传播手段。完全可以说，时下的互联网已成为应用范围越来越广、社会影响力越来越大的主流媒体，社会各界对其重视程度正与时俱增。

互联网已成为舆论斗争的主战场。从1999年中国驻南斯拉夫大使馆被炸引发网上抗议热潮开始，网络媒体在国内外舆论场中的聚合力和影响力日益增强。时下，互联网已成为思想文化信息的集散地和社会舆论的放大器，成为意识形态斗争的角力场和文化宣传工作的新阵地。在互联网上，各种思想观点和政治主张鱼龙混杂，各类伪马克思主义、反马克思主义的社会思潮潜滋暗长，特别是西方敌对势力一直妄图利用互联网“扳倒中国”，它们将互联网视为传输政治理念和价值取向，实现意识形态渗透的最佳工具，通过网络渠道大肆传播扩散涉华负面信息，甚至企图借助互联网进行组织动员，在中国煽动“街头政治”，推行“颜色革命”，妄想颠覆现行政治制度。由于种种原因，网上的仇官情绪和反政府倾向仍在蔓延。只要是涉官话题，许多网民不问青红皂白、真假对错，一律先对官方进行一阵负向猜测和“舆论轰炸”再说。在这种环境中，有些别有用心的人经常抓住一些热点敏感话题和突发事件进行炒作，发表攻击党和政府的言论，造谣惑众，误导舆论。中共中央总书记、国家主席习近平在2013年“8·19”讲话中强调指出：“互联网已成为舆论斗争的主战场”，“要把网上舆论工作作为宣传思想工作的重中之重来抓。”这一切中时务的精辟论断值得广大领导干部深思。从现实情势看，能否赢得互联网上这场舆论战，直接关系国家的意识形态安全和政权安全。

微博、微信的异军突起和移动互联网的快速发展促使舆论生态日趋复杂。自2010年以来，微博在中国异军突起，不到两年时间，微博用户即超过3亿。微博的井喷式发展深刻影响了人们的信息传播方式和交流沟通方式，对传统的媒介生态和舆论格局形成了巨大冲击。中国传媒大学网络舆情（口碑）研究所发布的研究报告显示：时至2011年上半年，微博已超过网络论坛成为中国第二大舆情源头，仅次于新闻媒体报道；尽管新闻媒体报道仍是网络热点和重大突发公共事件的主要舆情源头，然其在舆情源头首发方面的绝对优势地位已经随着微博平台的出现而被削弱；网络舆论的重心迅速向微博转移，网民爆料的首选媒体更多转向微博，此前论坛、博客和新闻跟帖作为最主要的网络舆论载体的格局已被打破。[①]作为一种网络新应用，微博集媒体、社交、应用于一身，具有传播快、覆盖广、影响大、社会动员能力强等鲜明特点，契合许多用户对即时信息、网络社交和个性化应用的需求，其影响力正不断扩大，并在一定程度上引领主流媒体舆论，成为中国最重要的舆论场之一。最近两三年，微信的应用迅速普及，截至2014年7月底，微信月活跃用户数已接近4亿，微信公众账号总数达580万个。[②]与此同时，随着中国的手机上网用户快速增长，中国大致自2012年起进入了移动互联网时代。截至2014年12月，中国的手机网民达到5.57亿，较2013年底增加5672万人，网民中使用手机上网人群占比由2013

① 见2011年7月18日中国传媒大学网络舆情（口碑）研究所发布的《2011上半年中国网络舆情指数年度报告》。

② 晓研：《数字传媒》，载2014年8月12日《中国出版传媒商报》第15版。

年的81.0%提升至85.8%。[①]移动互联网的广泛应用进一步降低了信息传播的门槛，更大程度地突破了时空限制，使得网络舆论空间更加开放，各类意见倾向更为多元，这无疑使舆论生态日趋复杂，网络舆论导控工作因之面临诸多新的挑战。

舆论热点频发已成为网络政治时代的一大突出特征。当下中国既处于战略机遇期、黄金发展期，又处于问题多发期、矛盾凸显期，现实世界的诸多热点难点问题备受广大公众关注，而互联网恰恰为广大公众发表见解、表达诉求、扩大声音提供了绝好平台，加之各类自媒体的兴起和“网络推手”、“网络水军”的介入，各种舆论热点接踵而至、急剧上升自然成为必趋之势。从舆论源头看，以下几类话题最易形成网上舆论热点：一是涉“官”类事件；二是涉“富”类事件；三是涉“星（名人）、腥（暴力）、性（绯闻）”类话题；四是涉及公共安全、重大事故、群体性事件、自然灾害等方面的话题；五是涉及百姓切身利益、社会公平正义以及伦理道德等方面的事件；六是涉及民族主义、宗教信仰以及中外关系等方面的事件。而于其中，涉“官”类事件尤其引人注目，许多原本与“官”无关的敏感舆情最终亦可能牵涉党政领导干部，具有鲜明的泛政治化色彩。有人指出网上存在“四公现象”，认为公权力大、公益性强、公众关注度高的政府部门及公职人员，极易成为网络炒作焦点；还有人称公务员、警察、城管、医生、教师为“网上黑五类”。这些判断不一定准确，却在一定程度上反映了官方人士备受关注的客观现实。值得注意的是，网上舆论热点之“热”也存在真伪之分。由于有些“网络推手”和“网络水军”不时为了商业利益、政治利益或其他利益兴风作浪，加之网上的“集体围观现象”、“沉默螺旋现象”和“群体极化现象”所致，网络舆论热点中的“伪民意”和非理性情绪极易混淆视听，误导决策，这无疑需

① 引自中国互联网络信息中心（CNNIC）2015年2月3日发布的《第35次中国互联网络发展状况统计报告》。

要理性对待。

作为现代科技文明的产物，互联网的发展情势与信息传播技术的不断更新息息相关。随着信息传播技术日新月异，近年来传统互联网正在向移动互联网迅速延伸，3G手机、智能手机、平板电脑、手持阅读器等便携式移动终端正在广泛普及。实际上，就在3G（第三代移动通信技术）方兴未艾时，4G（第四代移动通信技术）在中国的部署又马不停蹄地以超出预想的速度扑面而来。有媒体报道称，2014年被认为是中国第四代移动通信元年。截至2014年3月底，中国第四代移动通信基站总规模已超过25万个，移动通信产业链快速发展。在业内人士看来，如果说第三代移动通信技术开启了移动互联网时代，那么第四代移动通信技术则让移动互联网驶入了真正的“快车道”。[①]显然，这不仅关乎中国移动通信产业在未来全球4G标准上的话语权，而且必将影响中国互联网的发展走势，以及中国的媒介生态和舆论格局，进而也必将影响中国网络政治的未来发展。

① 张意轩、吕婷：《移动互联网驶入“快车道”》，载2014年5月8日《人民日报》。

第2章　网络政治大潮席卷全球

近20年来，世界各国普遍经历了一场由互联网引发的深刻革命，随之而来的网络政治大潮已席卷全球。在这一时代浪潮中，美国政界表现得尤为活跃，以奥巴马（Obama）总统为首的美国领导人极其重视互联网的工具作用和战略价值，将互联网视为赢取民心、治国理政的重要法器。而在国际政治舞台上，美国政府大打“网络外交”牌，并得到了英国、加拿大、日本等不少国家的应和与效仿，其结果不仅推动了美国网络政治的深入发展，而且在一定程度上刺激和带动了全球网络政治的勃兴。

从主要内因上看，全球网络政治的勃兴一则源于网络应用的广泛普及，二则源于各国政府对网络空间的战略认识的全面提升。早在2005年，美国国防部即明确将网络空间看作与陆、海、空、天（太空）同等重要的“第五空间”。2009年美国军方提出：“21世纪掌握制网权与19世纪掌握制海权、20世纪掌握制空权一样具有决定意义。”[①]尽管美国在当今的网络空间里拥有其他国家无法比拟的绝对优势，然而其对于“制网权”的竭力维护却须臾未曾松懈，且在政治、外交、军事等诸多领域不断采取攻势性措施，以牢牢巩固网络霸主地位。与之同时，其他国家着眼于战略利益

① 李大光：《美军网络战概念“升级”的背后》，载2011年6月16日《解放军报》。

和未来发展，纷纷奋起直追，促使网络空间格局逐渐呈现出从单极化向多极化演变的趋势。正因如此，当今的互联网已成为全球政治明星们热心追逐、各擅其胜的时代新舞台，成为世界各国拼力争夺、竞相角逐的战略新高地。

本章探讨的主要内容有二：一是奥巴马团队对于美国网络政治的推动作用、希拉里鼓吹“互联网自由”的真正用意，以及美国政府推行“网络外交”的根本目的；二是各国政要的“触网”情况，美国谋求“制网权”的战略举措，以及未来网络空间格局的发展趋势。

第一节 “网络总统”奥巴马及美国的网络外交

美国是互联网的发源地，网络科技高度发达，也是当今世界网络政治走在前面的国家。互联网促推奥巴马入主白宫，而奥巴马也在一定程度上推动了美国网络政治的深入发展。近几年来，美国政府高调鼓吹“互联网自由”，大打“网络外交”牌，对国际政治、经贸、外交、军事等产生了不容忽视的影响。

一、奥巴马推动美国网络政治深入发展

◎奥巴马是美国第一位“网络总统”，其成功竞选堪称网络政治营销中的一件杰作。奥巴马阵营对互联网的高度重视和娴熟运用，推动了美国网络政治的深入发展。

探析美国的网络政治，不能不先谈一谈奥巴马。事实表明，奥巴马堪称美国第一位“网络总统”，其对推动美国网络政治深入发展发挥了不容忽视的重要作用。

借助媒介工具进行政治营销，历来是美国政治家的一个传统。尤其是在竞选活动中，新闻媒体通常成为候选人传播政见、争取选民的重要工具。托马斯·杰斐逊（Thomas Jefferson）是美国第一位“报刊总统”，其“宁要没有政府的报纸，不要没有报纸的政府”的名言影响深远。富兰克林·D. 罗斯福（Franklin Delano Roosevelt）是美国第一位“广播总统”，其以广播形式进行“炉边谈话”，宣传施政纲领和政府政策，给世人留下了深刻印象。约翰·F. 肯尼迪（John F. Kennedy）是美国第一位“电视总统”，其首次采用电视直播方式阐述政见、发布新闻，英俊潇洒、干练自信的形象赢得了诸多选民的欢心。而奥巴马，则是成功地借助互联网赢得了举世瞩目、意义深远的大选，成为美国历史上首位黑人总统，谱写了美国政治生活的新篇章。

奥巴马的成功竞选堪称网络政治营销中的一件杰作。许多人认为，网络科技的发达，促成了奥巴马的成功；没有互联网，就没有今天的奥巴马。其实，早在奥巴马参加竞选前的2006年，Google公司CEO埃里克就曾预言：“能够发挥互联网全部潜力的候选人，将会在下一次总统大选中脱颖而出。”《纽约时报》也有评论称：“2008年，决定总统大选结果的关键因素不是谁更懂政治，而是谁更懂网络。”①不难看到，在竞选和执政期间，奥巴马一直高度重视网络沟通的积极作用，其利用互联网进行政治营销的能力可谓娴熟而高超。

竞选之初，奥巴马就招揽了一批知名的网络营销专家，组建一个强大的网络筹款团队，其中包括克里斯·休斯（当今世界上最大的SNS网站Facebook的创始人之一）、史蒂夫·卫斯礼（全球著名网上购物网站eBay的创始人之一）等。首先，奥巴马在筹措竞选款项方面别出心裁，他拒绝接受大面额的公共资金，而是通过互联网、以网络小额支付的形式，构

① 转引自王娜：《网络在美国总统大选中的作用——以2008年美国总统大选为例》，载《新闻世界》2010年第9期。

建了一个庞大的草根性筹款网络，大量吸收公众50美元、25美元的小额捐款，奇迹般地募集了超过6亿美元的政治捐款。据媒体报道称，奥巴马筹措的竞选款项超过85%来自互联网，来自总计310万名捐款人，65%都是小额捐助者，其中绝大部分是不足100美元的小额捐款。实际上，这种筹款方式更容易培育支持者的忠诚度。

其次，奥巴马高度重视利用互联网拉近与年轻人的距离，善于争取年轻人的支持。其竞选团队为他建立了内容丰富、形式新颖的官方网站，全方位地介绍候选人及团队的相关情况，通过文字、视频、音频、图片等多种手段，宣传奥巴马的施政纲领及其对重要议题的立场和主张，还在最热门、最具人气的社交网站（如MySpace、Facebook、Flickr等）树立直接代表奥巴马的虚拟主体，让选民以自己最便捷的方式连接到“奥巴马”，在自己最熟悉的网络社区与奥巴马的其他支持者建立联系。在竞选过程中，奥巴马曾持续通过微博网站Twitter上的BarackObama账号发布信息，展开形式多样的政治宣传。这些举措，让“无处不在的奥巴马”理念成为现实，使奥巴马赢得了大量年轻选民追星式的崇拜和力挺。有调查资料显示，在30岁以下的选民中，奥巴马赢得了三分之二的支持率，而攻击其“缺乏经验”的约翰·麦凯恩（John McCain）只赢得32%的支持率。

完全可以说，奥巴马及其团队的胜利在很大程度上取决于他们对互联网的高度重视和高超的驭网能力。在发布竞选信息、刊登政治广告、开展民意调查、组织互动交流等各个方面，互联网均发挥了重要作用。奥巴马的崛起让人们更加清楚地看到了互联网和“草根”阶层的力量，其对未来竞选活动乃至整个政治运作的影响是十分深远的。美国著名网站“在线政治”（Politics On-line）的主编菲尔诺贝尔曾感慨地说：“网络已经成为如今总统竞选的基础。”[①]

① 胡瑛、陈力峰：《从奥巴马当选看新媒体对美国总统大选的渗透》，载2008年12月18日人民网。

就任总统之后，奥巴马仍然把网络平台作为手中的一个重要法器，原来他在Twitter网站的账号仍旧使用，且经常保持与Facebook、MySpace上的“粉丝”进行互动，不时发布总统行踪、未来打算等方面的信息，以和蔼可亲的形象和平易近人的方式消褪了总统生活的神秘感，进一步赢得追随者们的支持。与此同时，他还频频现身于YouTube等网络视频，立体化地展现其强大的亲和力和全方位拉近与民众距离的政治姿态。执政期间，奥巴马除了理所当然地将白宫官网（whitehouse.gov）作为美国政府提供政务资讯、发表时事评论的官方平台外，他还始终保持更新自己的个人博客，特别是在一些时政热点问题的讨论上，其博文跟进频率仍然较高。比如，在2010年备受关注的医疗改革问题上，奥巴马就用了10页、近20天的博文来宣传新政府的医改理念和相关举措，呼吁民众为通过医疗改革法案做出自己的贡献。

不仅如此，奥巴马在利用网络开展公共外交（Public Diplomacy）①、促进美国政府与其他国家民间力量的沟通互动方面也相当活跃。上任后，他致力于利用社交网站推广美国的公共外交，曾多次邀请来自世界各地的媒介机构代表、记者、博主和网络专家与美国政府领导干部进行面对面的交流，主动介绍美国情况，旨在加深他们对美国政治、经济、文化、社会等各个领域的了解和认同。2009年奥巴马访问中国前夕，美国驻华使馆专门在上海、北京、广州等地邀请网友举行座谈会，解释奥巴马访华的目的，探测这些网友的关注重点，同时，还通过各种社交网站搜集意见，包括在腾讯网开设中文博客，呼吁中国网民提交自己最想询问奥巴马的问题。在奥巴马及其团队看来，这是一种非常有利于加强

① “公共外交”是国际关系领域的一个术语，由美国学者埃德蒙德·古里恩（Edmund A. Gullion）于1965年首次提出。简言之，“公共外交”是相对“政府外交”而言的，它是以公众为对象而不是以领导干部为对象的外交。其基本方式即通过接触外国公众，告知外国公众，进而说服和影响外国公众。

交流、增进相互了解的方式。

毫无疑问，作为一位职业政治家，奥巴马的用“网”行为始终具有鲜明的政治意味。无论是在竞选过程还是在执政期间，无论是在本国借“网”执政还是对外开展网络外交，奥巴马一直把网络媒体作为宣传政治主张、传播施政理念、开展政治互动、构建良好形象、争取公众支持的重要工具。当然，奥巴马的高明在于他本人及其团队善于运用网络平台，娴熟地操纵网络政治。他们巧妙设置的政治议程淡化了意识形态的宣传色彩，让公众在生活化气息浓厚的博文、微博、音视频节目中被潜移默化，这无疑对网络政治运作带来了诸多启示。换个角度看，奥巴马阵营对互联网的重视和运用，客观上也有利于其改善政府与公众的关系，提高政务透明度，推进信息技术创新，有利于推动美国乃至世界各国的网络政治深入发展。

二、希拉里强势鼓吹“互联网自由”

◎希拉里强势鼓吹的“互联网自由”，实质上是一种以美国利益划线、带有强烈的单边主义色彩的说辞，其根本目标是要强化美国在网络空间的霸主地位，为其借助网络传播实现自身战略意图扫除障碍。

2010年1月21日，时任美国国务卿希拉里（Hillary）在华盛顿新闻博物馆发表题为《互联网自由》的演讲，高调鼓吹要保障信息在互联网上自由流动而不受国家主权的约束，多次点名批评中国、越南等国家的网络监管，指责中国、朝鲜等国家限制互联网自由。时至一年后的2011年2月15日，希拉里再次在华盛顿大学发表题为《互联网的是与非：网络世界的选择与挑战》的演讲，重申“互联网自由”，并公然宣称将斥巨资研发“破网”、“翻墙”技术，帮助他国民众摆脱政府对互联网的封锁。

希拉里关于“互联网自由”的两次讲演，引起世界各国的广泛关注和强烈反响。其实，两次事出有因、背景复杂的演讲莫不散发着浓郁的政治气息，具有明晰的政治意图。

希拉里第一次发表演讲时，正是“谷歌公司声称退出中国”事件最受世人关注的时候。2010年1月12日，谷歌公司副总裁、首席法律官大卫·德鲁蒙德（David Drummond）通过博客发布“不再应中国要求过滤信息，并有可能撤离中国”的消息。希拉里当天即就此声称：“谷歌公司已就有关指称向我们简要地通报了情况。这些指称引起了非常严重的关切和疑问。”之后，美国白宫发言人尼克·夏皮罗（Nick Shapiro）、国会众议院议长佩洛西（Pelosi）以及多位议员纷纷“声援”谷歌公司，“赞赏”其敢于挑战中国政府的网络审查，呼吁更多的网络公司效仿。1月21日，希拉里为彰显美国提倡的所谓“新闻自由”，特意选择在美国新闻博物馆发表演讲，其中多次提及中国，批评中国政府对网络信息进行管制。1月22日，奥巴马总统也亲自出马，要求中国方面对谷歌公司遭到所谓“黑客袭击”一事做出解释。美国高层不顾中国政府的正当之举、如此强势地为谷歌公司撑腰、助威，这既说明美国政府与谷歌公司的关系非同一般，更让世人强烈地感受到“互联网自由”背后的政治意蕴。

希拉里第二次发表演讲，是在埃及政局动荡、政权更迭之时。自2011年1月25日起，埃及多个城市发生要求总统穆巴拉克下台的大规模抗议活动，并连续发生多起示威者与军警之间的流血冲突事件，埃及国内局势一度陷入混乱之中。2月11日，穆巴拉克被迫辞去总统职务。在这场声势浩大的政治事件中，网络媒体扮演了极为特殊的角色。尽管埃及自身长期积累起来的各种矛盾是导致政局动荡的根本原因，但美国的Facebook、Twitter、YouTube等社交网站在煽风点火、推波助澜方面十分活跃，作用明显。参与集会、抗议和示威的民众普遍利用Facebook、Twitter、YouTube来传递信息、互相串联，促使沸腾的“民意风暴”愈刮愈烈。事后，不少人士认为此次政变不啻是一场“互联网的革命”。希拉里在穆巴拉克下台后的第四天发表大肆宣扬“互联网自由”的演讲，声称美国政府将“关注和应对互联网自由受到的威胁”，进一步增设Twitter等网络传播渠道，促进其他国家的互联网自由。这种高调而露骨的演讲，令人忧思。

不难看到，希拉里强势鼓吹的“互联网自由”，其实是一种以美国利益划线、带有强烈的单边主义色彩的说辞，其根本目标不在于推动全球网络传播良序的建构，而是要强化美国在网络空间唯我独尊的霸主地位，为其借助网络传播对其他国家进行文化传输和意识形态渗透、实现战略意图扫除障碍，让美国在全球网络信息空间可以横冲直闯而免受其他主权国家的“约束”。希拉里试图把自己装扮成网络世界里的“自由女神”，而隐藏在其“自由”面具背后的虚伪性却昭然若揭。希拉里在演讲中，悍然点名批评中国、古巴、伊朗、越南等是“实行书报检查、限制网络自由、逮捕批评政府的博客人的国家”，公开宣称将斥巨资“开发技术工具，使‘压制性国家’的网上活跃分子、持不同政见者和一般公众能够绕过网络检查”，“突破网络压制”。显然，这种言论包藏的险恶用心不言而喻。近几年来，互联网已成为美国政府对外拓展自身利益的一柄利器，成为许多国家的异见势力借以散布谣言、扰乱政局、煽动非法集会、挑动“街头政治”的重要工具，这不能不让人们对所谓的“互联网自由”保持警醒。

反观美国政府对互联网的管理，人们可以清楚地洞悉希拉里鼓吹的“互联网自由”的欺骗性。对于其他国家进行正常的网络监管，其动辄以“自由”为名，横加指责和干涉；而一旦遇到“维基解密”网站披露美国军事外交电文等事情，则完全置别人的“自由”于不顾，竭力进行打压。这显然是一种赤裸裸的双重标准，是一种典型的霸权逻辑。希拉里发表第二次演讲后仅仅48小时，美国参议院国土安全委员会主席利伯曼与参议员科林斯、卡珀即联名提交了信息安全法案，其中规定：总统可以宣布“信息空间的紧急状态”，在此状态下，政府可以部分接管或禁止对部分站点的访问。这种含糊不清的“规定”，无疑是为自己实施网络霸权而有意准备的托词。希拉里的演讲遭到众多媒体的质疑和批评。越南《西贡解放报》曾发表题为《是网络自由还是网络统制》的评论文章称，希拉里的演讲充分暴露了美国欲将“互联网自由”拔高到人权层面，并借此干涉别国内政的图谋。英国《卫报》评论说：“希拉里的演讲给互联网自由投下了虚伪的阴影。”美国《佛罗里达鳄鱼报》嘲讽道：“谴责他国之前，希拉里更应该先用镜子照照自己的国家。”还有人曾著文称：“美国频频利用自身优势向他国输出美式意识形态，倡导‘互联网自由’的美国政府很多时候却掩耳盗铃，拿着‘宽己严人’的双重标准，到处挥舞道德大棒作恶不断”，并对其扼杀他国“互联网自由”的霸道行径进行了披露——

2003年伊拉克战争期间，伊拉克顶级域名的申请和解析工作被掌握着根服务器的美国终止，伊拉克被美国在虚拟世界里“抹去”。

2004年4月，由于在顶级域名管理权问题上发生分歧，“.ly”（利比亚顶级域名）瘫痪，利比亚在互联网上消失了三天。

2009年5月，根据美国政府的授意，微软公司切断了古巴、伊朗、叙利亚、苏丹和朝鲜五国的MSN即时通信服务端口。美国的理由很简单，就是担心这5个所谓的“敌对国家”会以某种方式危害到美国的国家利益。

2009年6月，伊朗总统大选后局势产生动荡。美国政府下令“推特”网站推迟网络维护时间，帮助伊朗反对派传送信息，为伊朗局势煽风点火。

2010年1月，美国众议院通过决议，将三家中东电视台列入黑名单，表示将“抵制所有助长反美情绪的中东地区电视台”。①

对于“互联网自由”，中国政府看得相当透彻。国务院新闻办公室在2011年4月10日发布的《2010年美国的人权纪录》中一针见血地写道：

美国极力标榜和鼓吹互联网自由，而实际上，美国对互联网的限制相

① 辛田：《“希拉里式自由”的用心》，载2011年3月7日光明网。

当严格。2010年6月24日，美国国会参议院国家安全与政府事务委员会通过对2002年国土安全法案的修正案《将保护网络作为国家资产法案》。修正案规定联邦政府在紧急状况下，拥有绝对的权力来关闭互联网，再次扩大了联邦政府在紧急状况下的权力。这只是目前美国政府对互联网限制的第一步，第二步是运营网站须经政府许可以及个人身份信息验证。美国一向在互联网自由问题上对人对己实行双重标准，对外要求别国提供不受限制的“互联网自由”，并以此作为外交施压和谋求霸权的重要工具，对内则对互联网进行严格管制。BBC2011年2月16日刊文指出，美国政府在鼓动“封闭社会”的人民争取互联网自由并对这些国家政府的新闻管制提出质疑的同时，却在本国设立法律封锁以缓解维基揭密网发起的挑战。美国政府在国内对电子信息的自由流动非常敏感，但在国外却设法对互联网尤其是社交网络运用外交手腕。美国《外交政策》网站的文章也承认，“美国政府对互联网的态度依然充满问题和矛盾”。

三、美国的网络外交风头正劲

◎网络外交是美国政府在网络政治时代对外政策的一项新举措、新内容。美国大打“网络外交”牌，主要目的在于借助互联网推介其现行政策，传播其价值观念，提升其国际形象，拓展其战略利益。

希拉里连续发表“互联网自由”这种政治色彩极浓的演讲，无疑表明美国政府已经将“互联网绑上美国外交政策战车”[1]。近年来，“互联网自由”这一概念已纳入美国的外交政策框架，“网络外交”成为美国政府在网络政治时代对外政策的一项新举措，其在美国外交政策体系乃至整个政治领域的重要地位日益凸显。

有观察人士指出，希拉里在发表第一次“互联网自由”演讲的前几

① 沈逸：《互联网绑上美国外交政策战车》，载2011年2月28日《光明日报》。

天，曾对美国IT界高层人士称，美国21世纪的重要策略就是利用Google、Twitter和YouTube等技术力量来推动外交工作。[1]在第一次演讲中，希拉里公开宣称“美国已经将不受限制的互联网访问作为美国外交政策的一个优先点”。在第二次演讲中，希拉里大肆呼吁维护“网络上的表达自由”，并声称“关注和应对互联网自由受到的威胁已经成为我国外交人员和发展专家日常工作的一部分。他们正在我国驻世界各地的使馆和使团从事促进互联网自由的实地工作”。同时，她还宣称，为了使美国“能够随时通过尚未被有关政府封锁的联网渠道与人民进行实时、双向的对话”，美国在原有的法语和西班牙语之外，又推出了阿拉伯语和波斯语的推特简讯（Twitter feed），并将推出类似的中文、俄语和印地语推特。

毫无疑问，美国政府的网络外交，是美国整个政治方略的重要组成部分，是美国的传统外交发展至互联网时代的一种新拓展、新表现。作为一种新的外交方式，网络外交显然是网络传播新技术与传统外交的结合物。从现实条件看，网络外交的提出及推行，一方面与公共外交的兴起有关；另一方面与互联网的日益普及和广泛应用特别是美国强大的网络科技优势有关。

1965年，美国学者埃德蒙德·古里恩（Edmund A. Gullion）提出了“公共外交”的概念。相对于“政府外交”而言，公共外交是以普通公众为对象而不是以政府领导干部为对象；在实施方式上，这种外交主要是通过各种传播手段接触外国公众，告知外国公众，进而说服和影响外国公众，消除他们可能存在的误解，提升本国的国家形象与国际影响。实践表明，在全球化浪潮的冲击下，公共外交对于推进对外交流颇具积极意义。美国高层对此甚为关注。身为奥巴马政府高级技术顾问的亚历克·罗斯（Alec Ross）认为，21世纪的外交已不仅仅是政府与政府间的活动，而应

① 闵大洪：《美国政府的网络外交》，载2011年7月12日人民网。

成为政府与人民、人民与政府之间的活动，最终演变成为“人民与人民并与政府间的活动”（people-to-people-to-government）的外交模式，同时，他一直倡导积极利用先进通信方式从事外交活动。①显然，互联网恰恰为推行这种公共外交模式提供了有力的技术支持。

众所周知，互联网的迅猛发展和广泛普及，使之已成为公众与公众、公众与政府之间沟通交流的便捷桥梁，成为不同地区、不同国家、不同群体、不同组织相互联系的有效平台。作为互联网的发源地和网络应用最发达的国家，美国在互联网的建设、运用和管理等方面拥有其他国家难以匹敌的强大优势。Web2.0、Web3.0时代的到来，促使世界各地网民之间的互动和沟通更加便捷，更为活跃。特别是对于作为网络用户主体的年轻人来说，利用互联网获取信息、表达意见、参与社会活动，已成为一种普遍性的习惯。美国政府对此非常清楚，利用互联网加强对年轻一代的争夺，自然是其外交战略中的题中之义。2010年9月10日，希拉里在参加美国官方举办的“民主短片竞赛”活动颁奖仪式时曾说：“我们经常在国务院这里谈到有必要用21世纪的外交来解决21世纪的种种问题，而直接与全世界人民特别是年轻人联系正是21世纪的外交核心。”②

从本质上说，美国政府推行网络外交的主要目的，就是要借助国际互联网这一自身主导的全球性信息流通平台，利用网络传播的新技术新应用，对外推介美国的现行政策，传播美国的价值观念，提升美国的国际形象，拓展美国的战略利益，增强美国在国际事务中的影响力和控制力。

近年来，互联网已成为美国政府重要的外交工具，其既是美国对外传输政治、文化、商业等各种观念和资讯的绝佳渠道，又是美国借以干涉他

① 温宪：《美国网络外交解读：扩宽外交理念 更具攻势特性》，载2009年7月9日新华网。

②《希拉里对2010年“民主短片竞赛”获奖者表示祝贺》，载2010年9月10日《美国参考》网站。

国内政、实施政治压制的一个幌子。在中东、北非国家出现的“茉莉花革命”中，Facebook、Twitter和YouTube等社交网站担当了美国政府网络外交的急先锋，不仅为美国政府传播政见、开展公共外交提供了有力支持，而且在煽动公众不满情绪、挑拨矛盾冲突、引导舆论走势等方面发挥了“鼓风机”的作用。《纽约时报》曾刊文称，Twitter、Facebook、YouTube等社交网站已成为美国“外交箭袋中的一支新箭”。

随着“白宫2.0”时代的到来，美国政府不断掀起网络外交的旋风，组织策划了一系列网络外交活动，且在议题设置、过程控制等方面日臻娴熟老到。比如，2009年11月奥巴马总统访问中国时，美国政府在实施网络外交方面即下了很大气力。首先，美国驻华大使馆在奥巴马访华的前几天组织了一次中国博客吹风会，邀请了8名知名中国博主与9名美国使馆领导干部、白宫专员讨论奥巴马访华事宜和中美关系，北京的现场还视频连线上海、广州，使身在沪、穗两地的多位博主亦能参与讨论。在奥巴马抵达上海之前，美国驻华大使馆和美国国务院开启通过CO.NX网站，征求中国网友向奥巴马的提问。网站首页写道：“如果你可以向奥巴马总统提一个问题，你会提什么问题？”在网页中，网友无须注册便可以访客身份参与，输入昵称便可参与讨论和网页设置的调查。同时，美国大使馆还在腾讯网开设了官方中文博客（usembassy.qzone.qq.com），呼吁中国网友提交自己最想询问奥巴马的问题。应当说，互联网在此次重要外交活动中的运用是相当成功、效果显著的。

实践表明，网络外交作为美国外交战略的组成部分，其基本使命是为美国的国家利益服务。在具体实施上，网络外交主要有三种形式：一是直接配合美国政府的外交活动，利用网络传播手段进行针对性的政治营销，以期促进交流、扩大影响；二是经常性地利用网络渠道向世界各地广泛传播其所谓的“民主、自由、人权”理念和政治主张，旨在对其他国家的意识形态产生深远影响；三是借“网”说事，打着“互联网自由”旗号，在其他国家培植亲美力量、提供技术支持，不断扩张自身在国际互联网上的版图，或通过对目标国家“挑刺”、施压，以实现自身的外交目标。

当前，美国的网络外交风头正劲，其对美国的政治生活赋予了一种独特的网络元素。当然也不难看到，随着2013年“斯诺登事件”和“棱镜门”浮出水面，美国政府在网络外交中一直高腔高调、咄咄逼人的形象显然被泼了一瓢冷水，弄得颇为尴尬。受此影响，美国的网络外交活动或许会在世人的质疑、嘲讽、批评和抗议中稍见收敛，但为长远战略利益计，美国的网络外交绝对不会因此而止步。2014年5月美国司法部以所谓“网络窃密”为由起诉5名中国军官，这一“贼喊捉贼”、混淆视听的行径，即令人警醒。

第二节　世界各国逐鹿互联网

美国著名未来学家阿尔文·托夫勒（Alvin Toffler）曾经断言：“谁掌握了信息，控制了网络，谁就拥有了世界。”美国“智库”兰德公司认为，工业时代的战略战是核战争，信息时代的战略战主要是网络战。[①]在西方政治家们看来，“制信息权”与制海权、制空权、制天权等同等重要，“谁能领导以信息革命为主导的新一轮科技革命，谁就能在未来世界政治格局中占据领导地位”。[②]换言之，如果谁忽略了网络，丧失了信息优势，谁就可能被世界潮流所抛弃。正因如此，互联网日益成为全球政治明星们热心追逐、施展身手的时代新舞台，成为世界各国拼力争夺、竞相角逐的战略新高地。

---

① 一般说来，网络战主要有两大类型，一是电脑软件技术层面的网络战，二是利用网络工具煽动民众、激化矛盾、制造社会动乱的网络战。

② 蔡翠红：《信息网络与国际政治》第277页，学林出版社，2003年版。

一、各国政要热衷于网上冲浪

◎网上冲浪是近十年来世界政坛的时尚之举。越来越多的政治明星日渐卷入全球网络政治大潮。在互联网上，世人既可看到他们的亲民形象和政治风采，也可强烈感受到他们对网络新技术的积极应用、对政治目标的用心追求。

美国有一位记者曾这样感慨："在西方政界，如果还有谁不迅速从电视政客转变成网络政治家，他肯定会被选民抛弃。"[①]其实，不仅竞选活动深受网络运作之影响，其他各类政治活动莫不如此。作为政治营销的重要工具，互联网越来越受到各国政要的倚重。随着互联网对经济社会发展特别是对政治外交事务影响日深，各国政要热衷于网上冲浪已成为一种潮流，越来越多的政治精英利用互联网传播政见，阐释政策，设置议程，疏导民意，建构形象。尤其是在全球公共外交日渐兴起的新情势下，利用网络新技术新应用加强与公众的沟通互动，扩大自身的世界性影响，越来越成为各国政要的首选。让我们简要扫描一下美国和中国之外的一些国家领导人在网上冲浪的身影——

俄罗斯：普京/梅德韦杰夫

2006年7月6日下午5时，俄罗斯总统普京出现在克里姆林宫的电视演播室内，第一次在网上直面上百万网民，通过"网络直播"形式回答老百姓的各类提问。2008年10月31日，时任俄罗斯总理的普京开通了个人网站，内容涉及其出任总理职务后的工作情况，访问者可以通过互动地图知道普京的行踪，还可以通过电子邮件向普京提问。

① 纪双城、刘扬等：《网上对话成为沟通渠道 网络成多国政治家新阵地》，载2010年2月27日《环球时报》。

梅德韦杰夫喜欢上网，2007年2月2日，其曾做客人民网强国论坛，通过人民网与中国网友对话交流。他说："我每天都使用网络，每天要几次上网，我认为网络是一种非常先进和非常有效的信息交流方式，它具有非常广阔的全球性前景，不管从书面交流上和通过新技术传送文件来说都是非常方便的，网络会有非常好的发展前景，我很高兴俄罗斯和中国都有很多的网民使用互联网，我认为这种交流方式非常好。"出任总统后，他还开通了自己的视频博客。他和普京两人，都是人气很高的博主，且非常重视与网友进行网上互动。

英国：伊丽莎白女王/布莱尔/布朗

2007年12月23日，"伊丽莎白女王YouTube王室频道"正式开通，已有81岁高龄的英国女王伊丽莎白二世是首个开通视频的王室成员，她当日发表讲话，世界各地的网友都能在YouTube上听到她的圣诞祝福。

布莱尔首相是一个比较时髦的人。据英国媒体报道，他曾通过MSN即时通信软件与网友进行过长达45分钟的视频聊天。2006年1月，英国《太阳报》的网站上发表了布莱尔的第一个播客节目，因此他被称为"英国有史以来第一位播客首相"。除此之外，他还有自己的博客。

布朗首相是一个公认的严肃的政治家，但近年来却成为一个很"新潮"的网络政治明星。除了定期通过在线视频网站YouTube向网友发表政策讲话外，他还在首相府网站专门设立了与公众对话的在线平台，只要注册就可以即时收到有关布朗的行程和工作的信息，甚至有布朗以第一人称抒写的"心里话"。

德国：默克尔

据德国之声中文网报道，德国总理默克尔是世界上第一位开设播客的政府首脑。2006年世界杯开幕的前一天，默克尔播客正式上线，这位政界“铁娘子”在开篇中竟然大谈对世界杯足球赛的看法和观感。在录像致辞中，默克尔谈到了她与德国队主教练克林斯曼和球员们见面的情况，大力称赞球员们高涨的比赛热情，同时还强调说：“新科技手段吸引的不仅仅是年轻人，我也喜欢新科技。”显然，默克尔是希望在全世界聚焦德国的时刻，不失时机地展现一个现代、开放、充满活力而又富有创意的科技大国的形象，同时也借机展现自身的魅力和风采。之后，其播客主题主要涉及时事政治、政策导向，通告公众关注度高的政坛新动态，且一直坚持每周更新一次。有评论认为，物理学家出身的默克尔开世界首脑播客之先河，其行为背后隐含的政治意义耐人寻味。

日本：福田康夫/鸠山由纪夫

2008年元旦，日本第91任首相福田康夫在全球最大视频共享网站YouTube上开播网络视频，播出个人视频文件，世界各地的网友可以通过“YouTube日本自民党频道”收看福田康夫的新年致辞。这段5分钟的视频分为英文和日文两个版本，主要谈及新一年全球面临的各种挑战，并承诺在寻求解决办法方面发挥领导作用。有评论称福田康夫此举旨在吸引更为广泛、更为国际化的年轻人，提升本国形象，提高自身国际影响，并称“自民党是最先在YouTube上开设频道的日本政党。”

无独有偶。2010年元旦，日本第93任首相鸠山由纪夫在推持（Twitter）上注册了账号，开通了个人博客“鸠Café”和微博，并在Twitter上向网民致以新年祝福，表示自己日后会争取每天更新一次推持（Twitter），每周更新一次博客。他在第一篇博客日志中说：“我写博文的目的在于消除民众和政治之间的隔阂，并希望我们一起来改变这个国家。”在其执政期间，鸠山由纪夫还曾在YouTube上发表过视频讲话。

韩国：朴槿惠

韩国总统朴槿惠2004年便开始利用网络个人空间与公众进行交流，开启了政界人物网上与公众交流的先河。时至2012年8月，已有1116万人点击访问了她的个人空间。2013年7月，朴槿惠在推特（Twitter）、脸谱（Facebook）等社交网络的影响力持续增长，在全球505个领导人和机构推特中排名第41位。。

有人说，要想了解朴槿惠从政后的生活和想法，最便捷的途径就是点击翻阅她在网络个人空间发表的记事栏。尽管政界事务甚忙，但她一直坚持通过网络人个空间与公众直接交流，借以吐露自己的心声。2013年8月，朴槿惠曾在脸谱（Facebook）上公开了一名7岁小朋友寄给自己的两封来信和一张“总统画像”，并勉励她学习汉语和英语。2014年中秋，朴槿惠在脸谱（Facebook）上上传了自己的照片，并向韩国民众致以佳节问候。

朴槿惠在日记中说：“我真心希望网络个人空间能成为一个互相鼓励、共同分享爱意的平台。”她在个人空间的留言简单明了、情感真挚，大多都是勉励寄语，容易让年轻网友产生共鸣。

伊朗：内贾德

伊朗前总统内贾德是世界上最早开设个人博客的国家领导人之一。早在2006年8月，内贾德就开设了自己的博客。尤其值得一提的是，他用四种语言玩博客，其博客有阿拉伯语、英语、法语和波斯语四种版本。内贾德将目光投向“国际听众”，希望借此更广泛地传播伊朗的声音。内贾德的博客在国内外颇受关注。据美国博客搜索引擎统计，在世界5000多万个博客站点中，内贾德的个人博客点击排在3700多名。

在外界看来，伊朗是一个有点神秘的国家，然而在与互联网有关的统计数字上却非常惊人：人均网络日志拥有量世界第一。伊朗领导人支持博客发展，他们认为“真实世界的分级体系阻止了真相的揭示，而在虚拟的世界里这种情况则不存在。博客与网站将超越传统媒体成为更受瞩目的焦点。”伊朗前总统哈塔米、前副总统阿布塔希等都是伊朗博客圈子中相当活跃、人气较旺的政界人物。

委内瑞拉：查韦斯

委内瑞拉前总统查韦斯乐于通过微博治国理政，与国民进行双向互动。其微博的最大特点是个性化色彩浓厚。查韦斯在现实生活中喜欢对政敌“开炮”，在微博中照样不失“毒舌”风范。他的微博用户名是“chavezcandanga”,在西班牙语中意即“意志力最强的叛逆者”。他在微博中宣称自己是“委内瑞拉共和国玻利瓦尔人的总统，社会主义者和反帝战士”，他的微博经常用于反击政敌。他“推”出的第一条信息是：“胜利属于我们”——借微博向反对派叫板。其微博中不乏大胆的言辞，加之事实上他敢于和美国叫板，因而他的微博人气挺旺。此外，他的微博更新相当频繁，被封为“更新王”。尽管网友们不太熟悉的西班牙语拉低了他的受关注度，不过其粉丝量仍超过百万。

限于篇幅，兹不尽述。环顾全球，我们不难看到，不仅西方政要们热衷于借助互联网开展内政外交，东方政界近年来也出现了越来越多的网上政治明星，日渐卷入全球网络政治的大潮中。比如，越南、泰国、马来西亚、朝鲜等国家的领导人上网冲浪亦已渐成趋势。2006年美国社交网站推持（Twitter）上线后，备受各国政要推崇，“微博外交”迅速成为政坛时尚。有报道称，截至2011年7月，全世界有60多位国家领导人开通了个人微博。除了上文提及的人物外，英国首相卡梅伦、西班牙首相帕萨特罗、智利总统皮涅拉、意大利总理贝卢斯科尼、澳大利亚总理陆克文、泰国前总理阿披实等均是颇受网友关注的“微博新秀”。

透过各国政要们网上冲浪的身姿，世人既可以看到他们的亲民形象和政治风采，也可以强烈感受到他们对网络新技术的积极应用、对政治目标的用心追求。尽管每个人的驭网能力高低不一，其效果也有好有差，但是东西方国家政要们网上冲浪的主要目标是一致的，那就是通过网上的表达、互动和沟通，增深了解，消除隔阂，提升声誉，争取支持。时下，互联网已成为这些政要们“宣扬党派理念、民生政策、外交事务的‘扬声器’，收集信息、答疑解惑、引导舆论的‘校音器’，也担当了争取选票、抵制异见、维护稳定的‘稳压器’”[①]。可以预言，在各国政要的共同推动下，全球网络政治的浪潮必将日益高涨。

二、美国竭力谋求全球“制网权”

◎美国在当今国际互联网上拥有决定性的主导权。为了牢牢掌控“制网权”，美国政府近年来采取了一系列极具攻势性的战略举措。其使当今全球政治生态日趋复杂化，也必将对未来的世界政治走向产生深远影响。

当今世界，美国牢牢掌握了国际互联网的命脉。目前，全球互联网的最高管理机构是1998年设在美国的“互联网域名与地址管理公司”（英文缩写为ICANN），它决定着IP地址的分配、域名和根服务器系统的管理，以及相关政策、协议和技术标准的制定。ICANN虽然是一个非营利性的国际组织，成员涉及英国、法国、德国、加拿大、澳大利亚、巴西、墨西哥、荷兰、葡萄牙、西班牙、中国、日本、韩国等诸多国家，但实际上一直为美国政府所操纵。

首先，美国通过把持ICANN独揽了对根服务器的管理权。根服务器是国际互联网运行的中枢神经。谁控制了根服务器，谁就掌握了整个互联网的控制权。目前全球13台根服务器中，有10台在美国（其余3台分别在日

① 陈潭：《微博问政考验公共治理水平》，载2011年8月19日《中国社会科学报》。

本、英国和瑞典），且这13台根服务器均由ICANN管理。若用电话网络来比喻，美国控制了根服务器，就好似控制了全世界电话网络的总机。如果美国中断根服务器，全球网络通信将立即瘫痪，各国各地区之间的互联互通将随之终止。

其次，美国不仅拥有国际互联网高速公路的主干线（任何国家和地区的支干线间的通信都要经过美国的主干线），而且还拥有网络域名的专控权和否决权。从理论上讲，美国可以控制任何支干线的交通，可以拒绝任何人访问互联网，还可以随时让任何一个国家从互联网上消失。比如，如果美国想在网络通信方面制裁伊朗，只需在互联网网址上删去目前代表伊朗的域名“. ir”，伊朗就不能再与外界通过互联网进行信息联络，其他国家的网民也将无法登录伊朗网站获取相关信息。

除此之外，美国还控制了互联网领域的核心技术，掌握着技术标准（制式）和相关“游戏规则”的制定权。通过技术手段，美国可以掌控互联网的访问过程，任意监控其他国家的互联网主机，随时监视其他国家互联网的使用情况。

毫无疑问，美国在互联网上掌握了决定性的主导权，拥有其他国家难以比肩的绝对优势。其在网络空间的强势地位，远远超出了其在世界政治、经济、军事、文化等领域的地位。然而，美国并不止步于眼前，为了继续保持和强固自身的网络霸主地位，牢牢掌控“制网权”，美国政府近年来采取了一系列极具攻势性的战略举措。

一是大打网络安全牌。美国对网络空间的战略价值相当看重。早在2005年，美国国防部明确将网络空间看作与陆、海、空、天（太空）同等重要的“第五空间”。2009年，美国军方提出：“21世纪掌握制网络权与19世纪掌握制海权、20世纪掌握制空权一样具有决定意义。”尽管美国掌控的网络空间主导权至今无人可以争锋，但是随着世界各地网络应用水平不断提升，加之各类黑客攻击事件时有发生，美国日益意识到来自信息安全方面的种种挑战。2008年2月，美国国家情报总监麦康奈尔在《2008年度威胁报告》中首次抛出“网络安全”（cybersecurity）问题。同年，奥巴马在竞选总统期间曾指出网络安全对美国的重要性，他甚至将来自网络空间的威胁等同于核武器和生物武器对美国的威胁。执掌权杖后，奥巴马政府更是大打“网络安全牌”，大肆渲染国外黑客或敌对势力对自己的网络威胁，以便为构建美国主导的全球网络安全机制做好铺垫。2011年5月，美国政府出台了一份由奥巴马总统撰写前言的战略文件——《网络空间国际战略》（*International Strategy for Cyberspace*），全面阐述了美国针对网络空间的国际政策，宣称美国将通过多边和双边合作确立新的国际行为准则，增强网络防御能力，全力应对来自国家和非国家行为主体对网络安全的潜在威胁，其不仅将网络安全提升到与经济安全和军事安全同等重要的高度，而且将网络空间视为新的战争领域，扬言为了保护美国网络安全，美国将不惜动用军事力量。

二是建立网络战司令部。美国是全球首个公开将战争机构引入互联网的国家。2009年6月23日，美国国防部长罗伯特·盖茨（Robert Gates）公开宣布将组建“网络战司令部”，以应对将来可能出现的互联网战争。2010年5月21日，美国网络战司令部作为美军网络战方面的最高统筹管理部门在马里兰州的米德堡陆军基地正式建立。它是美国战略司令部的一个次级司令部，编配的现役军人和文职人员共约1000人，承担着“集中当前所有网络空间资源，创造当前组织所不具备的协调效果和统一作战行动来防御信息安全环境”的责任。据《华盛顿邮报》报道，该司令部拥有一个全天候战备值班的作战中心，已于2010年10月1日开始战备值班，严密监控美军各大网络的运行情况，防范可能面临的黑客攻击。其实，美国一直在为组织网络战司令部做准备。比如，在1995年，美国国防大学信息资源管理学院就培养了第一批“网络战士”。2001年“9·11”事件之后，布什政府组建了美军历史上也是世界上第一支网络黑客部队。2007年2月，这支部队被正式编入作战序列，“网军”作为独立兵种应运而生。随后，美国海陆空三军都组建了各自的网络部队。美军网络战司令部的建立，理顺了美军的网络安全领导机制，意味着美军的网络统筹协调能力大为增强。

三是加紧抢占网络军事制高点。自20世纪90年代美军率先提出“网络战”概念以来，美国一直致力于巩固自身在网络空间的绝对优势，注重保持自身在软硬件建设及其在网络应用中的领先地位。尽管美国在网络核心技术、人才储备、资金保障等方面远远超过其他国家，且牢牢掌控了根服务器、网络通信操作系统、数据库等方面的管理权，然而美国坚持将巩固网络优势作为增强其核心能力的重要内容，仍然在为能更加便利地实施网络霸权做准备。近年来，美国大力研发进攻型网络武器，加紧抢占网络军事制高点，其在互联网领域的军事化建设不断升级。有资料显示，美国五角大楼已制定了一份网络武器和工具清单，其中包括能破坏对手重要网络的电脑病毒，这份清单对美国如何开展网络战争提供了依据。网络武器清单现已投入使用，并得到美国中央情报局等机构的认可。这份清单表明，在总统的授权下，美国军方可以入侵外国电脑网络，展开目标攻击，并留下日后可以激活的病毒。还有消息称，美国已在全球范围建立了一套名为“梯队”的监控系统，该系统具备全面监听电话、手机、传真、电子邮件、网页浏览、即时通信等各类通信手段的能力，每天能够监听10亿次的通信。[①]此外，美国军方还率先建立了网络对抗训练模拟系统，其内部每年都要举行网络攻防演习，同时还联合英、法、日等盟国进行大规模网络战演习，以检验和提升自身在网络空间的战斗力。

从上述举措中，人们不难看透美国政府的真实意图——简言之，就是要竭力谋求“制网权”，巩固自身在网络空间的霸主地位。正如英国观

① 参见温宪：《美国加紧抢占网络军事制高点》，载2011年6月3日《人民日报》。

察家奈杰尔·殷克斯特（Nigel Inkster）所言："美国在传统武器、核武器和太空领域处于支配地位，他们正谋求在网络空间领域取得同样的统治地位。"[①]值得注意的是，美国谋求"制网权"的种种举措，弥漫着浓烈的火药味。五角大楼出台的新战略将"网络攻击"视为"战争行为"，并声称"如果你关掉我们的电网，我们也许会向你们的烟囱里发射一枚导弹"[②]，这种强硬的"震慑"态度不能不让人忧虑。

作为冷战的产物，互联网自问世之日起即烙上了鲜明的军事化印记。如果美国为独占"制网权"而不顾其他国家的利益，则极有可能加剧网络竞争的军事化色彩，引发互联网领域的军备竞赛。这对全球安全稳定而言，显然不是好事。从政治视角看，互联网既是美国掌控未来战争局势的战略资源，更是其实现政治图谋、把控国际话语权的重要工具。美国政府在网络空间悍然采取一系列攻势性行动，无异于是在大力推行一种新型的霸权主义。它使当今全球政治生态日趋复杂化，也必将对未来的世界政治走向产生深远影响。

三、群雄并起促推多极化格局日渐呈现

◎随着各国的信息主权意识不断增强，构建全球网络传播新秩序的呼声日益高涨，互联网已成为世界各国竞相角逐的重要战略领地。在此背景下，群雄并起，千帆竞发，未来的网络空间格局必将日趋多极化。

随着互联网对政治、经济、外交、军事等各个领域的影响日益凸显，世界各国对网络空间的战略价值的认识也越来越清晰，越来越深刻。特别是美国牢牢掌控互联网的命脉，且经常打着各种幌子实施网络霸权、谋取

① 引自马欢、张子宇等：《网军：五维战争打响》，载《时代周报》2011年133期。

② 参见温宪：《美国加紧抢占网络军事制高点》，载2011年6月3日《人民日报》。

自身利益，致使网络空间暗战频现，这对其他国家无疑形成了巨大威胁。近年来，互联网上的意识形态之战、政治颠覆活动乃至各类军事对抗行为愈演愈烈，对许多国家的主流意识形态、政权稳固和国家安全带来了严峻挑战。在这种背景下，世界各国的信息主权意识不断增强，构建全球网络传播新秩序的呼声日益高涨。除了信息发达国家强烈要求在网络空间占据更加重要的位置、拥有更多的话语权外，许多发展中国家也在奋起直追、不甘示弱，主动加大网络建设投入力度，努力填补“数字鸿沟”，并纷纷将维护网络安全列为重大战略发展议题。当前，互联网已成为世界各国竞相角逐、拼力争夺的重要战略领地。美国独霸天下的单极化格局正受到越来越大的冲击，取而代之的必将是千帆竞发、群雄纷争的多极化趋势。

英国：积极应对“无边界战争”

英国是信息网络化程度较高的国家。从1994年起，英国政府逐步加强电子政务建设，积极发展电子商务，大力促进全民上网，网络应用整体水平不断提升。进入21世纪以来，英国政府在建设“电子政府”的基础上，又提出建设“电子英国”、“宽带英国”的目标，先后制定了《信息时代公共服务战略框架》、《21世纪政府电子服务》等一系列战略规划。有资料称，英国政府是世界上第一个实现了所有政府部门内部、部门与部门之间在同一个交互系统上进行协同工作、知识共享的政府。

英国对网络安全问题相当重视。据媒体报道，英国军情六处早在2001年就秘密组建了一支由数百名计算机精英组成的黑客部队，该部队还吸收了大量有前科的民间黑客。从机构设置看，其主要活跃于情报领域。2009年美国国防部长罗伯特·盖茨 （Robert Gates）下令建立网络司令部后，英国反应强烈，随即宣布成立网络安全办公室和网络安全行动中心，开始组建“网络兵团”。2010年10月，英国政府制定并公布了《国家安全战略》，将网络战列为英国面临的最严重的威胁之一。在大幅削减国防预算的同时，英国政府却额外投入6．5亿英镑（约10亿美元）用于保障国家网络安全。

最近几年，英国高层在不同场合多次强调加强应对网络战的必要性，并频频出招，旨在全面提升网络空间战斗力。2010年11月，英国效仿美国启动了一个被外界称为“网络战靶场”的国家级网络实验场，并计划与美国的相关机构对接，以便进行高烈度的网络战演习。2011年1月，英国国防参谋长戴维·理查兹（David Richards）对媒体称，在未来战争中，网络攻击将成为主要战斗武器，“正如今天的坦克和战机一样”，还透露英国拟模仿美国设立英国版的网络战司令部。之后，英国负责防务的国务大臣尼克·哈维（Nick Harvey）在接受媒体采访时说，互联网与别的战场一样，具有同等重要的战略性意义，并首次承认英国正在着手研制网络武器，以应对互联网上这场“无边界的战争”，维护国家安全。

法国：大力打造“数字共和国”

20世纪90年代，法国民众的互联网普及率与欧洲其他国家相比，一度相对落后。自1998年颁布《社会信息化行动纲领》后，法国奋起直追，连续采取了多项措施以弥补“数字鸿沟”，网络发展非常迅速。2002年11月，法国政府曾提出《RE/SO2007信息社会数字共和国规划》，旨在打造一个强大的“数字共和国”。

法国政府重视推进宽带网络建设和互联网的应用推广。近年来，法国积极实施数字经济战略，通过推出“宽带计划”、推行社会资费等一系列措施，有效地促进了“数字共和国”的发展。2009年6月，为加强宽带基础设施建设，法国政府发布了法国“宽带计划”，预计用15年时间，即到2025年法国100%家庭实现宽带覆盖。为了保障低收入人群共享互联网服务，法国政府推出了“互联网社会资费”，低收入人群每月只需花费不高于23欧元的资费即可享受无限的互联网与固定电话服务。2012年1月，法国政府发布了《数字法国2020》，其中提出了发展固定和移动宽带、推广数字化应用和服务、扶持电子信息企业发展等三大战略任务，以及2012年城市农村推广4G网络、2020前普及电子政务等具体目标，旨在通过相关措施的实施，促进信息产业的发展，使之成为法国推动发展、增加就业、提高竞争力的第一动力。

法国在推崇保护网络自由的同时，也注重保护国家和个人的信息安全。2011年5月，法国总统萨科齐（Sarkozy）在“网络G8论坛峰会”讲话中强调要加强互联网管理，同时特别提及突尼斯和埃及的“茉莉花革命”，称世界各国正在经历着一场由互联网引发的革命。随着网络安全问题日益突出，法国成立了信息系统安全局，专门负责预防和应对网络攻击。2009年11月，美国白宫国土安全局前顾问保罗·库尔特（Paul Kurtz）发布的报告《近在眼前：走进网络大战的时代》列出了积极备战“网络战”的国家名单，法国赫然在列。2011年5月，法国宣布将仿效美国组建“网络战快速反应部队”，以加强网络空间作战能力。

德国：深入推进ICT战略

德国堪称欧洲信息技术最发达的国家。德国政府历来重视信息技术应用。1999年，德国政府制订了“德国21世纪的信息社会”行动计划（简称“D21”）。该计划有三个基本目标：一是发展传输速度更高的互联网基础设施，二是实施“全民享有互联网”（Internet for All）项目，三是帮助平时接触不到网络的弱势群体也能够上网。继“D21”之后，德国政府又先后制订了“2005联邦政府在线计划”、“2006年德国信息社会行动纲领”和“数字德国2015”的信息与通信技术（ICT）战略，旨在全面推进信息化建设，提升网络应用水平。

德国是发达的市场经济国家，但在推进信息技术应用方面，德国政府则打破常规，充分利用了行政手段和经济手段，效果显著。比如，在电子商务方面，德国在欧盟排名第一，其ISDN[①]用户数世界第一；在电子政务建设上，德国是世界上第一个建立电子政府标准的国家；早在2001年，德国所有的学校就连通了互联网。近几年来，德国在改善网络通信基础设施方面下了很大功夫。当前，德国正在大力支持ICT产品与服务的生产、出口和相关研究，逐步实现下一代高性能网络的全覆盖，积极打造安全可靠的“数字德国”。

德国政府把互联网视为与能源供应和供水系统一样重要的“关键的基础设施”。为了应对日益严重的网络安全威胁，保护信息技术系统免受攻击，加强国际间的有效合作，德国政府于2011年2月23日通过了“德国网络安全战略”，其核心内容是拟成立一个“国家网络防御中心”，负责统一协调全国力量应对“网络战”工作，具体任务是收集、分析德国受到有关网络威胁和攻击的信息，并给相关机构提供对策。

俄罗斯：着眼打赢“第六代战争”

随着全球信息化步伐的加快和新军事变革的深入，俄罗斯对国家信息安全的重视程度日益提升，信息网络安全已纳入国家安全战略。普京总统曾多次强调：“信息资源和信息基础设施已经成为争夺世界领先地位的舞台，未来的政治和经济将取决于信息资源。因此，解决这方面的问题，对国家的前途、国家利益和国家安全至关重要。”[②]

20世纪90年代初，俄罗斯就设立了专门负责网络信息安全的信息安全委员会。1995年，俄罗斯宪法将信息安全纳入国家安全管理范畴，颁布了《联邦信息、信息化和信息网络保护法》。2002年，俄罗斯信息安全委员

① ISDN是“Integrated Service Digital Network”的简称，中文名称是综合业务数字网，就是采用数字交换和数字传输的电信网的简称，中国电信将其俗称为“一线通”。

② 马建光：《俄罗斯：如何应对网络战》，载2011年4月19日国防部网站。

会通过《俄联邦信息安全学说》，将网络战称作“第六代战争”，对国家信息网络安全面临的主要问题和网络战武器装备的现状、发展前景及防御方法等进行了详尽论述，为俄方网络战的发展指明了方向。

为加强对国家网络安全的保护，近年来俄罗斯政府采取了一系列措施：一是不断完善网络信息安全立法；二是建立网络信息安全保障体系；三是加强网上安全检查，防范“网络革命”；四是支持军方研制网络信息武器，提升网上攻防能力；五是扶持信息产业，发展电子政务和电子商务，着力打造“电子俄罗斯”。随着国内网络犯罪日益猖獗，俄罗斯政府不断加大网络信息安全保护力度，专门组建了“网警”K部，具体负责网络安全工作。鉴于目前一些国家正在积极利用互联网技术破坏他国重要战略目标，以谋求军事政治目的，俄罗斯也正在考虑在军事部门建立相应机构，负责利用互联网实施军事政治行动。在网络攻防技术方面，俄罗斯军方也取得不少成绩。据媒体报道，俄军现已开发研制了僵尸网络、计算机病毒、无线数据通信干扰器、网络侦察和数据收集工具等网络战武器，以及一种名为“隐身病毒”的反病毒技术。

印度：从“被动防御”到“转守为攻”

印度是一个软件大国，也是一个网络犯罪活动比较严重的国家。随着近年来信息产业迅猛发展和互联网热潮的到来，印度日益重视网络安全问题。2000年6月，印度政府专门针对网络犯罪颁布了《信息技术法》，为打击网络犯罪、维护网络安全提供了法律保障。自2001年起，印度开始在各主要城市设立专门对付黑客、打击网络犯罪的网络警察局，设计了捉拿网络罪犯的软件系统，并且对网络警察进行专业化培训。同时，印度警方重视利用多种方法，提高公众的网络安全意识。

随着网络空间威胁日益显现，近年来印度军方已开始涉足这个未来战场，通过加大投入，大力推进信息化建设，积极准备应对网络战。据媒体报道，目前印度军方已组建了陆海空三军联合计算机应急分队，并计划征召黑客入伍。同时，印度军方在位于新德里的陆军总部建立了专门负责网络中心战的网络安全部门，他们还将在所有军区和重要军事部门的总部建立网络安全分部。为了提高网络安全性，印度军方还花费巨资开发保密数据信息传输网络，为海陆空三军提供安全可靠的语音、视频、数据和其他通信服务。此外，印度政府正着手建立一套“国家网络警报系统”，旨在加强政府及相关部门对未来网络安全事件的早期预警与及时有效应对。①

最近几年，印度高层提出了“网络战要转守为攻”的战略思想。国家安全顾问梅农称，印度将不再局限于“被动防御”，而是将组建专门的网络战部队，以先发制人的方式突破对手的安全防御，负责入侵敌国电脑刺探机密材料，印度政府将全力解决相关的法律和人才招募障碍。对于此前印度被迫在网络攻防战中采取防御态势，《印度时报》曾感叹称：“印度对日常攻击已能有效防御，但印度的报复性进攻系统尚未建成。”②下一步，印度军方将充分发挥本国软件优势，加快推进其“闪光信使”高速宽带网络和“第三只眼”海军保密数据信息传输网络的建设，利用各方资源对芯片技术、密码技术、数据安全等网络技术进行升级，以提高印度军方的网络战能力。顺便一提，印度方面一直把中国和巴基斯坦视为自己的网上对手。

日本：雄心勃勃的IT强国

20世纪80年代初，日本政府提出了“科技立国”的口号。在全球信息化浪潮的冲击下，这一口号迅速演变成 “IT立国”战略。2000年，日本成立了“IT战略本部”，任命了统一协调各省厅IT政策的IT大臣，提出

---

① 参见廖政军：《印度日益重视网络安全》，载2011年4月26日《人民日报》。

② 参见陆研究、魏云峰：《印度网络战要“转守为攻”》，载2010年8月6日《环球时报》。

了《IT国家基本战略》，决心在5年内建成世界上最先进的IT国家。2001年，日本政府公布实施《IT基本法》，正式提出“IT立国”的国家战略，并将“IT国家基本战略”正式确定为“E-Japan战略”，力图到2010年在日本实现“泛在网络”（即任何时间、任何地点、任何物品、任何人均可上网的环境）之目标。

在“IT立国”战略的推动下，日本在互联网领域迅速实现了跨越式发展，其在IT行业的国际竞争力不断提升，很快由原来的“追跑者”变为“领跑者”，积累了雄厚的信息科技实力。目前，日本已跻身互联网强国行列，在许多方面甚至超过了欧美发达国家，占据了国际领先地位。比如，日本在2005年即建成了全国光纤网；日本是当今世界超速互联网最发达的国家；日本拥有世界上最先进的低廉且高速的宽带上网环境；日本已经在电视等家电数字化方面走在世界前列。

作为IT强国，日本自然不甘在“制网权”上落后于人。近年来，日本大力拼抢网络战高地，针对网络战出台了一系列备战措施，不断扩大其在网络安全领域的国际影响力。日本于2005～2009年度的《中期防务力量发展计划》明确提出了新的作战思想——“网络瘫痪战”。2011年，日本防卫省效仿美国五角大楼的做法，组建了一支由计算机专家组成的“网络空间防卫队”，隶属于日本自卫队指挥通信系统部。其平时的主要任务是负责进行反黑客入侵训练，对军人上网、军队网站和电子密码安全性进行24小时监视等，而在战时则专门从事网络攻击与防御，担负开展“网络瘫痪战”的任务。同时，日本还与美国建立了联合训练和演习机制，积极谋求网络空间的规则权及其在美日同盟中有更大的发言权。2012年新年伊始，日本《读卖新闻》爆出特大新闻称，日本正在加紧研制网络武器，欲武力争取“制网权”。

伊朗：自主研发“全国互联网”

2011年7月，伊朗政府宣布将于同年8月底启用其自主研发的“全国互联网”（又名“清真网络”）工程。这是伊朗实施其“互联网本土化”设想与规划的一个重大举措。2005年内贾德总统上台伊始，就提出了“互联网本土化”的概念。2010年12月，伊朗政府正式提出建设“全国互联网”的计划，拟于2013年前分阶段推广“全国互联网”。此外，伊朗还在研发国产的操作系统，准备推出一个服务于本国互联网的名为“Ya Haq”的搜索引擎，用以取代谷歌、雅虎等西方国家开发的互联网搜索引擎。

伊朗自主研发本土化互联网，充分展现了伊朗的信息主权意识。伊朗方面认为，美国等西方国家的政治观、价值观和影响力是对其国家利益与安全的重大威胁，而互联网则是西方国家传播、渗透这些“威胁”的重要手段，是西方国家对伊朗发动的一场“软战争”。伊朗建设“全国互联网”，就是要将境内互联网打造成一个符合本国价值观、伦理和道德标准的“清真”网络，以之与西方势力分庭抗礼。许多媒体称，伊朗拟以“全国互联网”取代国际互联网，既是为了摆脱自身在互联网控制权上的弱势地位，也是为了提高自身防护能力和对外反制能力、增强网络发展自主性的一种尝试。

近年来，伊朗面临巨大的网络威胁。2010年伊朗布什尔核电站受到“震网”（Stuxnet）病毒攻击事件，就是例证。2011年1月，伊朗政府成立网络警察部门，以防止有人利用互联网从事针对伊朗的间谍及破坏活动。同年8月，伊朗政府宣布将建立正规的网络司令部，其任务是阻止敌对国家针对伊朗的网络恶意程序，并对其采取报复措施。观察人士认为，美国、以色列等国家是伊朗攻防的重点对象。有媒体称，伊朗在互联网领域实力不俗，其拥有世界一流的网络审查系统和相当先进的网络战武器，网络监听能力以及黑客攻击技术较强。2008年，伊朗国内曾举行过一场攻击以色列网站的竞赛，致使以色列众多网站陷入瘫痪。2009年12月18日，美国的Twitter网站被“黑”后，其主页背景变为黑色，上方用红色英文写着“这个网站被伊朗网络军袭击”，下方用白色英文写道：“美国自以为控制了网络，但实际并非如此。我们现在有能力控制网络，千万不要激怒伊朗人。”

《俄罗斯之声》曾在报道中称，21世纪的第二个十年是“互联网的新时代”，在第二个十年，世界主要大国将在国际互联网平台上展开激烈角逐，各国不仅会加大对自身网络信息安全保护的资金投入，也将加强利用互联网传播本国政治理念、意识形态的力度。从目前局势看，互联网上的确可谓群雄纷争、千帆竞发。英国、法国、德国、俄罗斯、印度、日本、伊朗等国家在互联网领域上各擅其胜、互相赶超的事实告诉世人，网络空间已不再是虚无缥缈的概念，而是世界列强的战略必争之地。

除了上述国家外，以色列、韩国、新加坡、澳大利亚、加拿大、巴西等国家均在提升自身实力、捍卫网络主权、应对网络战等方面不甘落后，其中有些国家还组建了网络战部队，设立了相关机构。尽管目前美国占据的网络霸主地位在短期内很难改观，但是越来越多的国家已经意识到网络空间的战略价值和网络战的巨大威胁，越来越多的国家不满于当下美国主导的单极化格局，它们或蓄势斗法、针锋相对，或缔结联盟、合力抗衡，或迎难而上、奋起直追，致使网上控制与反控制、渗透与反渗透的斗争愈演愈烈。在很大程度上说，网络大战已不再是纸上谈兵，一场全球范围的极具对抗色彩的网络攻防战已经打响，未来的网络空间格局必将趋向多极化。在这种情势下，已经席卷全球的网络政治亦将变得更加波诡云谲。

危机应对篇

“在现代化进程中，生产力的指数式增长，使危险和潜在威胁的释放达到了一个我们前所未知的程度。”

——（德）乌尔里希·贝克

第3章　危机频仍：网络政治时代的新挑战

当今中国既处于战略机遇期和黄金发展期，又处于矛盾凸显期和危机高发期，各类风险因素激增，突发事件频仍。受此影响，网络舆情危机接二连三，大有应接不暇之势。这无疑对创新社会管理、推进执政事业提出了严峻考验，同时也对广大领导干部的用网驭网能力带来了巨大挑战。

近年来，网络媒体日益成为舆论热点的引爆器和危机传播的急先锋。在网络力量的推动下，一则看似平平常常的网络帖文完全可能引爆一起舆论热点事件，甚至导致一次严重的政治危机。在网络舆情危机应对中，领导干部通常居于统筹指挥的核心地位，其思想观念、认识水平和处置能力如何，直接关乎危机应对的成效，关乎公众对其执政形象的评判。当下中国领导干部群体的识网水平、用网能力虽然正在与时俱进、不断改观，但其对网络舆情危机的预警能力、导控能力等却仍然多有不足。从这种意义上说，提升领导干部的网络媒介素养尤其是舆情危机应对能力，已成为一个非常重要、富有政治意蕴的现实课题。

本章探讨的主要内容有二：一是分析当前网络舆情危机频仍的主要原因和网络舆情危机发展的新趋向；二是从认知、操作上概述近年来各地各部门在网络舆情危机应对中存在的主要误区和失当之举。

第一节 网络舆情危机频仍的主要原因及其新趋向

当今网络舆情的一个突出特点即危机频仍、热点不断。其既与社会现实矛盾有关，又与网络传播语境、社会公众心理以及当事方应对不当等因素有关。从舆论源头、地域分布、热点生成、网民参与、表达方式、应对处置等角度看，当前网络舆情危机正呈现出诸多新特点、新趋向。

一、危机频仍是当今网络舆情的一个突出特点

◎近年来，网络舆情危机频仍，舆论热点接二连三，因之引发的各种舆论风暴此消彼涨，且大有愈演愈烈、应接不暇之势。从话题内容看，网络舆情危机主要涉及九大类型。

有网友曾这样盘点2009年的网络热点事件："正月十五，央视添堵，预示今年，难以靠谱；三月开始，甲流如虎，全球人民，六神无主。经济危机，大象变鼠，世界各国，心里打鼓。杭州飙车，巴东抗辱，上海钓鱼，新疆七五。猫猫刚躲，楼倒黄浦，纸币开铸，民心难抚。老太自焚，以身守土，楼价狂飙，回应政府。本山住院，阳仔递补，女排不灵，男足涉赌。律师辩黑，自遭逮捕，高管落马，如何防腐？学森辞世，羡林作古，不堪寂寞，曹操出土。"这一琅琅上口、流传甚广的顺口溜，盘点的是2009年度的网络舆情态势，虽然有些戏谑色彩，然而作为一个真实的缩影，它实际上也昭示了当今网络舆情危机频发、舆论热点遍地开花的现状和趋向。

从话题内容看，网络舆情危机的覆盖面甚广，主要涉及九大类型：一是自然灾害类，如地震、洪灾、泥石流、飓风、海啸等；二是事故灾祸类，如矿山生产事故、交通运输事故、环境污染事故等；三是公共卫生类，如各类重大疫情、食品药品安全问题、医患矛盾等；四是利益冲突类，如教育医疗改革、事业单位绩效工资及养老保险改革、城乡征地拆迁问题、劳资纠纷等；五是社会安稳类，如游行示威事件、群体冲突事件、恐怖袭击事件等；六是公平正义类，如司法不当事件、招考作弊事件、贫富差距问题等；七是道德伦理类，如领导干部贪腐事件、干部作风问题、伦理失范现象等；八是民族宗教类，如涉“疆”、涉“藏”事件等；九是中外关系类，如钓鱼岛争端问题、南海主权问题等。

以上九大类型的网络舆情，普遍具有突发性、公共性、敏感性等突出特征，且其容易出现互相交织现象。一旦调控处置不当，则极易迅速扩散成为国内外各类媒体和广大公众的关注焦点，引发舆论风暴乃至社会危机，直接造成现实危害，产生重大负面影响。

当前，网上敏感信息和舆情危机不断冒现，各种备受关注的“××门”、“史上最××”、“惊曝××”、“揭秘××”、“震怒！××”、“惨惨惨！××”等相关帖文及其引发的热议风潮接踵而至。有人说，打开互联网，你会看到“四处都在冒烟、遍地皆有地雷”，你会强烈地感受到“隐患丛生、危机四伏”。或许，这种判断稍有夸大之嫌，然而从近年来网上频频出现的各种舆论热点和舆情危机事件中，我们的确可以清晰地看到，网上热点话题大有不断增加、持续升温乃至日益常态化之势，危机频仍已成为当今网络舆情的一大趋向。特别是自2010年微博等社交网络和各类即时通信工具异军突起、迅速普及后，网上的信息源头更加丰富多样，信息传播的速度更加快捷，其覆盖面更加广泛，热点激增、危机频仍的趋势因之也更加明显。

二、网络舆情危机频仍的主要原因

◎网络舆情危机之所以频频出现，一则源于社会风险源骤增，二则源于网络传播语境的催化作用，三则源于社会公众心理的内在影响，四则源于当事方应对不当。

首先，网络舆情危机频仍源于社会风险源骤增。从全球视野看，当今世界正处在大发展、大调整、大变革之中，尽管和平、发展、合作仍是时代潮流，然而天下颇不太平，国际社会已进入冲突上升期和危机高发期，经济危机、政治交锋、军事冲突、文化博弈、领土争端、资源争夺等各种矛盾此起彼伏，地震、海啸、洪水、火灾、空难、矿难、疫情、环境污染、暴力恐怖事件，以及各类大规模的突发性、群体性事件频频出现，各国政府在推进改革发展、维护社会稳定、参与国际竞争、维护国家利益等方面面临的风险和压力越来越大。

在中国，随着社会转型和经济转轨加快，利益格局深刻调整，整个社会发展已进入改革攻坚期、问题多发期、矛盾凸显期，各种不利于改革发展稳定的消极因素大量存在，各类重大突发性危机事件频频爆发，其中既有源于“天灾”的自然灾害类危机，又有“人祸”使然的社会问题类危机。有学者指出，“中国已进入改革与社会冲突赛跑的阶段”[①]，“中国正逐步迈入风险社会”[②]。近年来，中国社会的危机事件发生率明显呈现上升趋势。上海交通大学发布的《2010中国危机管理年度报告》显示，2010年中国平均每5天就有一起影响较大的危机事件发生，且危机高发区域正逐步向城乡基层和中西部欠发达地区扩散蔓延，当年出现的70多起危机事件中，发生在地市和县乡基层的约占74%。

---

① 郑永年：《中国社会信任的解体及其结果》，载2009年6月9日新加坡《联合早报》。
② 韩丽丽：《突发事件应对与社会管理创新》，载2011年8月2日《光明日报》。

毫无疑问，国内外这种问题多发、矛盾凸显、冲突不断的社会现实，必然会以这样那样的方式反映到互联网上来，必定会引起广大网友的关注和评议，形成各式各样的敏感舆情和舆论热点。从很大程度上说，现实世界中的各类问题、矛盾和冲突，正是诱发网络舆情危机的风险源。这种风险源越多，社会舆论的易燃易爆点则越多，网络舆情危机必然会如影随形般地增多。

其次，网络传播语境是舆情危机频仍的催化剂。互联网使人们进入了“人人都有麦克风”的时代。其极大地丰富了信息传播渠道，提升了信息传播速度，扩大了信息传播范围，为“众声喧哗”创设了前所未有的宽松、便利的话语环境。网络传播所具有的开放性、交互性、便捷性等鲜明特点，使网民可以随时、随地、随意地将自己的“声音”发送到网上，广而告之。网络论坛、贴吧、博客、播客、拍客等各类传播平台的搭建，促使网上信息多元、海量，网络舆论空前活跃。这种开放的传播语境，极易诱发舆论危机，使得许多“小问题”易于演变成“大热点”。

特别是随着近年来微博、微信的迅猛发展和各类即时通信工具的广泛应用，“人人都是记者编辑、个个可以现场直播”的自媒体时代扑面而至，任何人都可以更加便捷、更加个性化地展示自己的所见、所闻、所感、所思，“点对群”、“群对群”的网状化、立体化的信息传播方式日益盛行。这在客观上进一步强化了互联网的即时传播功能、信息集纳功能和舆论放大功能，大大加速了舆论热点的形成。受此影响，舆论场中一呼百应、星火燎原的事例俯拾皆是，许多波涛汹涌的舆情危机往往仅仅源于网上的一篇帖文、一则微博或者一条手机短信，不少原本只是局部性、私人化的小问题，仅需经过几个小时，即可迅速扩散、放大成为全国甚至国际社会广泛关注的舆论热点事件。

近年来，互联网在舆论热点的生成过程中一直扮演着“引爆器”、“放大器”的角色，日益成为舆情危机的策源地和危机传播的主渠道。人民网舆情监测室的监测数据表明，2009年中国出现的77件影响力较大的社会热点事件中，源于网络爆料的有23件，约占全部事件的30%。《2010中国危机管理年度报告》披露，2010年中国影响较大的危机舆情事件中，网络首发比例高达67%。《中国社会舆情与危机管理报告（2012）》显示，2011年全国471起热点舆情事件，在互联网等新兴媒体上首次曝光的有307起，占总数的65.2%。还有统计资料称，中国80%的舆论危机事件是从网络媒体上引爆的，而且100%的危机事件均有网络媒体参与传播。随着自媒体时代的不断演进和网络应用的深入发展，这种比例必定还会继续上升，网络传播语境对舆情危机的催化作用必将更加凸显。

第三，网络舆情危机频仍与公众心理的影响有内在关联。以互联网为代表的新媒体新技术不仅为公众传受信息、沟通交流提供了便利渠道，而且极大地刺激了公众的知情欲和表达欲，促使其参政、议政、监政的意识大为提升。尤其值得注意的是，由于网络传播具有匿名性、隐蔽性、便捷性、成本低、升温快、影响大等特点，加之包括纪检监察、组织人事等在内的许多党政部门日益重视网络舆情的收集和处置，陆续建立了网络监督快速反应机制，因而越来越多的公众将互联网视为绝佳的"信访渠道"、"反腐利器"、"举报平台"和维权、爆料、揭批社会假恶丑的"出气筒"，热衷在互联网上反映问题、宣泄情绪、抨击时弊、鞭挞腐败，开展各种形式的维权活动和舆论监督。

2009年年初，人民网的一项网上调查结果显示，87.9%的网民非常关注网络监督，当遇到社会不良现象时，93.3%的网民会选择网络曝光。[①] 与之同时，中国青年报社调中心委托腾讯网所做的调查显示，当今网民选择的举报方式依次为：网络曝光（35.8%）、传统媒体曝光（31.3%）、向纪委举报（17.2%）、向检察院举报（11.4%）、向上级政府机关举报

① 程少华、傅丁根：《网络监督：蓬勃中呼唤规范》，载2009年2月3日《人民日报》。

（3.3%）、向公安部门举报（0.5%）。[1]有媒体报道称，2010年最高人民法院共受理各类信访举报35763件，其中网络举报达24428件，占受理信访举报总数的68.3%，几近七成。这三组数据，在一定程度上反映了互联网对公众心理的深刻影响，也意味着这种心理变化必定会潜在地加剧网络舆情危机的出现。

时下，网上维权和网络举报已成为一种公认的容易见效的新型信访形式，不少群众认为“信访不如上访、上访不如上网”，只有通过网络才能把问题“闹大”；只要把问题“闹大”，形成舆论压力，就可能引起高层的重视，促使问题得到解决。在这种心理驱动下，许多敏感舆情和舆论危机必定随之而起。有些别有用心者和“网络水军”、“网络推手”为了泄己私愤、混淆视听，蓄意在网上捏造事实，发布虚假信息，制造舆论声势，有些“标题党”为吸引眼球，大打“煽情”牌，煽风点火，推波助澜，极易致使网络舆情危机风浪不止，险象频生。

第四，应对不当是导致网络舆情危机频仍的重要原因。从某种意义上说，当事方的应对方式决定了网络舆情危机的基本走势。近年来，许多网络舆情危机实乃应对不当所致。比如，有些当事部门对网络舆情重视不够，无人承担相关监测、研判工作，不能及时掌握网上敏感信息和苗头性、倾向性问题，在提前预警方面准备不足。有些当事部门即使能在第一时间监测到相关舆情，然而却不知如何科学研判、快速处置。有的采取消极的鸵鸟式态度，抱持侥幸心理，不敢正视问题，任由小道信息和各类质疑不断发酵，最终使得原本可以轻松化解的小事被不断恶炒、放大，酿成影响甚巨的舆论风暴。有的习惯于选择“瞒、捂、堵、删、拖”的应对方式，甚至采取强势手段，追捕发帖人，威胁当事方，结果弄得火上浇油、欲盖弥彰。

再如，有些当事方在发布信息时过于草率，或含糊其辞、语焉不详，

① 祝华新、单学刚、胡江春：《2009年中国互联网舆情分析报告》，载2012年7月27日人民网。

或在解疑释惑时敷衍塞责，信口开河，被网友抓住“辫子”穷追不舍，致使网上舆情不断升温。湖北石首事件、贵州瓮安事件、云南“躲猫猫”事件、杭州“富家子弟飙车肇事案”等危机事件中出现的舆论热炒，即与有关方面在解释原因时遭到广泛质疑密切相关。这种应对过程中出现的“次生灾害”，经常使得舆情危机一波未平一波又起。

还有一种值得注意的情况是，有些当事方由于媒介素养不高，在与媒体和网友打交道方面经验欠缺，言行举止不合时宜，容易激化网友的敌对情绪，招致“拍砖”和“群殴”。河南省郑州市规划局原副局长逯某在回答媒体记者询问时因说了句“你是准备替党说话，还是准备替老百姓说话”，受到网友铺天盖地的批评；铁道部原新闻发言人王某因说了句“至于你信不信，反正我信了”而引起网友潮水般的戏谑；安徽省马鞍山市花山区某局长一句“你们知道我是谁吗？我是局长”成为广大网友的“众矢之的”，令普通交通纠纷升级为大型群体性事件，均属此类情况。

近年来，官方人士经常被卷入舆情危机的旋涡之中，他们或是舆论矛头的直接对象，或是舆情危机的协调处置者。不少领导干部在处置危机事件中因言行不当引起民众怨愤，一旦曝光于网上，往往会产生轰动性效应，引发新的舆论风暴和持续热议。《2010中国网络舆情指数年度报告》披露，2009年70%的重大舆情突发事件是由领导干部言行不当引起的。媒介管理资深人士周波先生曾著文称，领导干部不当言行是引发网络舆论热点事件的主因。[①]这无疑让人深思。

三、当前网络舆情危机的六大新趋向

◎党政部门与舆情危机的关联度越来越高；中西部地区和城乡

① 周波：《领导干部不当言行是引发网络舆论热点事件的主因》，载2011年9月29日《重庆日报》。

基层的舆情危机越来越多；舆论热点的形成越来越快；“意见领袖”和“网络推手”的干预作用越来越大；网络表达的情绪化色彩越来越重；舆论导控越来越难。

其一，从舆论源头角度看，涉“官”、涉“腐”话题作为网民关注热点居高不下，且呈现不断扩大化态势，党政部门与舆情危机的关联度越来越高。

涉“官”、涉“腐”话题历来是网民的关注热点，逢“官”必炒、逢“腐”必究堪称网络舆论的一个突出特点。有统计显示，在“南京周久耕事件”、“深圳林嘉祥事件”、“张家港官太太团出国事件”、“陕西微笑表哥事件”等舆论风潮中，参与围观和讨论的网民无不超过百万。近年来，党政领导干部在网络舆论危机事件中仍属于备受关注的特殊群体，且其在网络舆论中出现了日渐被普泛化和标签化的趋向。网上所谓“四公现象”、“‘黑五类’现象”，即表明凡是公权力大、公益性强、公众关注度高的部门和公职人员（包括公务员、警察、城管、医生、教师等），极易被网民习惯性地视为“官方”、“领导干部”而加以类型化炒作，且相关炒作以负面指向居多。中国社会科学院发布的《中国社会舆情与危机管理报告（2011）》显示，2010年发生的155起影响力较大的社会舆情事件中，涉及政府类的占60%。事实上，由于许多看似与“官”无关的舆论事件最终都会或显或隐、或远或近地牵扯到“官方”、“领导干部”，如2008年“三鹿奶粉事件”中石家庄市人民政府备受舆论煎熬，2009年农夫山泉“砒霜门”危机中海口市工商局成为网友拷问的对象，2010年“腾讯QQ与奇虎360大战事件”中工信部受到舆论质疑等。在此背景下，党政部门与网络舆情危机的关联度越来越高，涉及公平正义、司法执法、干群关系、干部形象、公共安全、重大事故等方面的话题极易被热炒，网上舆情危机事件的覆盖面越来越广。

其二，从地域分布角度看，网络舆情危机的“西移”和“下沉”之势日益明显，涉及中西部地区和城乡基层的舆情危机越来越多。

总体而言，前些年的网络舆情危机事件主要分布在北京、上海等中心城市和广东、浙江、江苏、浙江、山东等东部发达地区。然而近年来，发生在山西、河南、湖北、湖南、贵州、云南、重庆、内蒙古、新疆、西藏等中西部地区的热点事件密集增加，且其舆论源头明显在向城乡基层加速延伸，所涉内容多数是征地拆迁、环境污染、自然灾害、安全生产事故、突发事件、维权上访、干部品行等与广大群众利益密切相关的事情。这种“西移”、“下沉”之势，一方面与中西部地区在加快发展的进程中遇到了东部发达地区曾经遇到的矛盾和问题、社会风险源激增有关，另一方面与互联网的建设发展正在向广大城乡基层延伸、市县乡镇的网民规模越来越大、网络应用日益普及有关，再则与基层干部特别是中西部地区的基层干部日益站到了应对网络舆情危机的第一线而自身却能力不强、经验不足有关。在当前和今后相当长一段时间里，中西部地区和城乡基层在应对网络舆情危机、化解网上舆论压力方面，必将面临越来越严峻的挑战。

其三，从热点生成角度看，微博已成为引发舆情危机的重要源头，其大大缩短了舆情的发酵、升温期，促使舆论热点的形成越来越快。

时下，微博已超过媒体报道、网络论坛和新闻跟帖，成为网民爆料的首选对象和最直接、最快捷的信息源，成为互联网上的“人民大会堂”和新的舆论中心。作为一种全新的传播方式，微博传播不仅具有即时性、互动性、自主性、简便性、快捷性等特性，而且具有鲜明的群际传播特点和极强的舆论放大能力。一条信息在微博上传播，转瞬间即可能被大范围转载和雪崩式扩散，迅速形成突发性、爆炸性的舆论热点，产生轰动效应。业界人士一般认为，微博出现之前，一条信息在互联网上要被炒热约需4个小时；而微博兴起后，业界提出了“黄金1小时”的概念。实际上，微博传播对舆论热点生成的影响是按分、秒来计算的。2011年温州“7·23”动车追尾事故发生后仅4分钟，一位网名为“袁小芫”的乘客即发出了第一条微博信息，它比网络页面刊出的第一条关于“列车脱轨”的报道早了两个多小时。可以说，微博就像“微波炉”，其明显加剧了舆论热点生成的突发性，大大缩短了舆论热点的发酵升温期，使许多敏感信息在很短的时间内即可被迅速炒热、放大，受到广泛关注。随着微博、微信和各类即时通信工具、移动智能终端的广泛应用，网络舆论热点的形成必定越来越快。

其四，从网民参与角度看，“意见领袖”和“网络推手”在很大程度上影响舆情危机的发展走向，对网络舆论的干预作用越来越大。

在网络舆论场中，“意见领袖”和“网络推手”具有不可低估的特殊影响力。有研究表明，美国推特（Twitter）平台上，前几年的“精英”用户约2万名，比例不到总用户的0.05%，却吸引了几乎50%的注意力。[①]中国网络舆论场中的情形与之类似。由于“意见领袖”在网上颇具影响力、号召力，拥趸甚众，其言论、观点容易得到广大“粉丝”的关注和认同，因而他们对网友的资讯指向、价值判断以及舆论事件的热度和走势具有重要的导向作用。而作为网上另一特殊群体，“网络推手”对热点事件的策划、网上议题的设置、热门帖文的传播、网络情绪的营造、舆论走向的操控等，更是作用显明。在近年来出现的湖北邓玉娇案、杭州“富家子弟飙车肇事案”、韩峰“日记门”、上海特大火灾事故、厦门PX化工项目事件、南京“梧桐树”事件、四川什邡事件，以及“微博打拐”事件、“贾君鹏，你妈喊你回家吃饭了”等一系列网络舆论热点事件中，我们都可清楚地看到“意见领袖”和“网络推手”的身影，看到他们对网络舆情危机的形成和化解的正负影响。有统计显示，目前国内微博平台上“粉丝”超

① 引自《人民网评：对话“意见领袖”》，载2011年7月13日人民网。

过百万的用户已有2000多人。这无疑意味着他们在网络舆论场中完全可能做到“一呼百万应”，对舆论事件的干预性影响不言而喻。

其五，从表达方式角度看，网上言论的情绪化、娱乐化、戏谑化色彩相当浓厚，类似舆论事件容易连带引起“共鸣”，群体极化现象越来越明显。

在某种程度上说，网络表达是一种情绪化表达。在网络舆论热点中，网友的情感判断往往大于事实判断，网上的意见信息通常多于事实信息，一些煽情、夸张、骇人听闻抑或幽默搞笑、新异离奇的观点和图片很容易引起网友的强烈反响。正因如此，“标题党”现象普遍存在，不少网站编辑和发帖人动辄利用视觉冲击力强的标题和图片吸引眼球，提高关注度，对刺激网友阅读情绪、放大舆论危机具有明显的消极影响。同时，“娱乐化”、“戏谑化”现象相当突出。伴随热点事件的出现，网上经常会衍生、流传一些“热词”、“段子”、“神曲”和“恶搞图片或音视频”，如“俯卧撑”、“欺实码”、“打酱油”、“躲猫猫”、“被代表”，以及《做人别太CNN》、《我爸是李刚》、《微博的毁灭——局长的愤怒》等。这些充满娱乐化、戏谑化甚至嘲弄、恶搞色彩的特殊符号，宣泄的是一种情绪，表达的是一种态度，往往会引起广泛“围观”，让人印象深刻，易于产生较持久的影响力。特别是一些类似舆论事件，很容易引生共鸣效应，如“躲猫猫”、“日记门”、“艳照门”、“抽名烟”、“戴名表”等事件发生后，各地都会竞相披露出相关“问题”来，出现一系列同类型的相关链接。此外，网友的情绪化言论经常出现价值偏向，在“沉默的螺旋”[①]效应的作用下，极易导致舆论“一边倒”。近年来，网上的“群体极化”现象非常明显，许多“无直接利益相关

① “沉默的螺旋”是德国学者伊丽莎白·诺埃勒-诺依曼（E.Noelle-Neumann）提出的一个政治学和大众传播理论，其描述了这样一种现象：当人们感觉到自己的意见属于“多数”或处于“优势”的时候，便倾向于大胆地表达这种意见；当发觉自己的意见属于“少数”或处于“劣势”的时候，便为了防止“孤立”而保持“沉默”，结果使得占“优势”地位的意见越来越强大，而持“劣势”意见的一方则越来越“沉默”下去。

者”总是自觉不自觉地参与到某些与自己关系不大的问题中来，进而引发大规模的群体性“围观”、泄愤事件。在这种情况下，理性的声音容易遭遇声势浩大的情绪对抗，网上的偏激情绪和批判浪潮对当事方开展舆论引导工作无疑十分不利。

其六，从应对处置角度看，党政部门面临日益严峻的考验，官方声音的权威性和公信力受到巨大冲击，舆论导控越来越难。

近年来，随着微博、微信、米聊等各类新技术新应用日益普及，网络舆情危机的应对处置难度日甚，其主要表现在监测难、调控难、引导难等方面。首先，网络信息传播的即时性、发散性、海量性、隐蔽性、私密性等特点，使网络舆情监测工作很难做到真正意义上的实时跟进，很难在第一时间对苗头性、倾向性信息的真伪及其发展趋向做出准确判断。比如，有人频繁利用变异敏感词或隐晦暗语传播有害信息，逃避预设的过滤屏蔽，这显然大大增加了信息监测的难度。其次，网络信息传播的超疆域、无国界和突发性、不确定性，以及当前管理层面存在的条块分割化问题，使当事方对敏感信息、不良信息的处置困难重重。比如，对某些有害信息的封堵，经常会出现此消彼涨、没完没了的情况，管住了本地的网站却管不住外地的网站，封住了国内的网站却封不住境外的网站，堵不胜堵、防不胜防。再次，在舆论引导方面，由于广大公众的思想观念日益多元、多变，加之受信息选择的丰富性、现实问题的复杂性等多种因素的影响，党政部门在解疑释惑、引导舆论、化解危机方面面临的挑战越来越大。实践表明，在社会透明度和公众素质不断提升的舆论环境中，硬性的封堵方式越来越难以奏效，而软性的舆论引导要想收到良好实效也殊为不易。特别是在网友的逆反心理和“老不信”情绪的影响下，官方声音的权威性和公信力每每受到巨大冲击，网络舆情危机的化解变得更加复杂。

第二节 网络舆情危机应对失当的五大类型

当今中国的网络舆情正呈现出危机频仍、险象迭生之势，其中一个重要因素源于当事方应对失当。近年来，各地各部门在应对网络舆情危机方面积累了许多宝贵经验，整体水平大为提升，然而也有不少深刻教训，需要改进的地方还很多。从诸多危机应对实例中，我们可以看到有些党政部门特别是基层干部对如何应对网络舆情危机依然存在明显的“不适应症”，他们在认知、操作层面尚有不少误区，不作为或乱作为的情形时有所见，应对能力不强的现象仍然比较突出。纵观近年来网络舆情危机应对中的失当行为，笔者以为大致可概括为以下五大类型。

一、消极回避型

◎其主要表现是对舆情危机采取“鸵鸟政策”，消极闪躲，刻意回避，不敢“说”，不愿“说”或不屑“说”。

一是不敢“说”。此类当事方似乎患有“网络恐惧症”，他们认为网络媒体是专门“抹黑”、“唱衰”的“乌鸦”，认为“草根”网友是偏好找碴儿、无孔不入的“刺猬”，忌惮网络媒体的杀伤力，害怕在网友面前说错话、惹麻烦，担心自己的本意会被曲解、误读，因而对网上敏感舆情和可能出现的舆论风暴抱持一种“惹不起则躲”的消极回避心态，不能坦然面对、迎难而上，有时尽管“看在眼里、急在心里”，却心怀恐惧、顾虑甚多，不敢主动采取措施积极处置、正面回应。即便对于广大网友的追问、媒体记者的采访和社会舆论的诘责，亦保持静默，缄口不言。有些当事方害怕引火烧身、招惹是非，因而不敢面对媒体和网友，不敢畅所欲言，对敏感问题避而不谈，甚至不敢接电话、不敢与媒体碰面，千方百计闪躲回避。这种情形，主要源于思想认识上的一个“怕”字，其结果极易引起媒体和网友的质疑、不满，致使各类小道消息满天飞。

二是不愿“说”。这种情形主要表现为“捂”和“拖”。有些当事方由于本位主义和地方保护主义观念作怪，担心敏感舆情扩散后会影响自身前途，损害部门利益和地方形象，因而对网上出现的曝光揭短、监督批评类的信息通常采取“捂盖子”的对策，即便对于利益诉求类的内容，也一概不予回应。敏感舆情出现后，他们首先想到的就是如何封锁消息、隐瞒实情，对于外界问询一律打出“无可奉告”牌，或称“领导不在”、“还在调查”云云。有些当事方本该亲自出面“说话”，然而为了躲避风险，推脱责任，抑或由于确实缺乏在媒体和网友面前“说话”的能力，故互相推诿扯皮，到处“踢皮球”，将相关任务推卸给其他部门和工作人员。也有一些当事方抱着侥幸心理，认为只要内部不透露风声，外界便无从知晓，危机就能自动化解。还有一些当事方面对汹汹舆情，认为自己“无力回天”、“说也白说”，因而“听天由命”、“能拖则拖”，“脚踩西瓜皮，溜到哪算到哪”，消极地寄望于热点变冷，沉默地坐等网友关注点的转移。

三是不屑“说”。有些当事方不太了解网络传播的特性，低估网络舆论的杀伤力，危机公关意识比较淡薄，片面地认为“清者自清”、“身正不怕影子歪”、“真相总会大白于天下”，因而对于网上出现的敏感舆情、不实之辞乃至恶意攻击不屑一顾、不予理睬，任凭网上谣言四起，亦固守“智者自知”、“沉默是金”的观念而岿然不动、不置可否，自认为对流言蜚语无须辩解和饶舌，懒得花费时间和精力去打“口水仗”。有些当事方认为解释说明会越描越黑、越说越乱，故干脆“躲进小楼成一统，管他冬夏与春秋”。事实表明，这种面对舆情危机而不屑于主动应战、不作澄清回应的情形，看似豁达超然，实际上是对事实真相和自身形象的不负责任。殊不知，一味选择“冷处理”，并不能冷却网友的猜测、批评和谣传热潮，相反却会给网友留下“理亏”、“心虚”、“默认”、“事实确实如此”等不良印象。而且，网络舆论（即使是无稽之谈）一旦形成“意见气候”，势必产生难以挽回的负面影响。当事方“失语”，无异于坐以待毙，不知实情的网友和公众必定会作出“缺席审判”，且极易出现舆论“一边倒”的态势，后果可想而知。

二、被动应付型

◎其主要表现是对舆情危机反应迟钝、穷于应付，把握不了舆论主导权，总被舆论“牵着鼻子走”，该说的“说慢了”，或“说少了”。

一是预警机制不灵，不能快速准确地了解舆情。此类当事方尚未深刻认识到网络舆情监测工作的重要性，平时不太重视留意网上信息和网络民意，发现不了“青苹之末的风暴”，甚至网上舆情已闹得风风雨雨、沸沸扬扬，而自己却浑然不知。近年来，不少舆情危机因之所致。实际上，许多群体性事件（如行业罢工、集体上访、游行示威等）在发生之前，网上常常会有一些反应，如出现各类表达利益诉求的信息和行动性、串联性、煽动性信息等。能否及时预警，对应急处置工作甚为重要。有些当事方即使发现了“问题”，却不知科学研判舆情走向、理性辨析民意真伪，不能对苗头性、倾向性问题做出准确判断，因而难以为正确决策提供有益帮助。

二是处置机制不顺，被动应付，事倍功半。不少当事方与网络媒体打交道的能力较差，甚至在舆论危机的协调处置中经常忽略网络媒体的存在，未能及时制定应对网络舆论的工作预案，也不清楚网络舆论的管理部门在哪，遇到问题应当找谁，如何与之联系，等等。他们“平时不烧香，临时抱佛脚”，却不知“佛脚”在何处。如此一来，则难免出现被动应付和“病急乱投医”的情况。比如，有些当事方遇事后不知主动与相关网站或目标人物进行沟通，却把宝贵时间耗费在层层汇报、被动等待之中；有些当事方不知尽快指定新闻发言人，统一对外口径，却纠缠于七嘴八舌、推脱敷衍之间；还有一些当事方在应对处置中不是通过正规渠道和合法手段，而是试图委托“删帖公司”予以“灭火”。此般情形，容易使应对处置工作陷入被动。

三是正面回应不及时，权威信息发布滞后。敏感舆情曝光于网络后，广大网友通常会急迫地要求了解舆情之真假、事态之原委，并会附带相关问询和质疑，不少当事方总是出于这样那样的考虑迟迟不肯表态、不予回应，抑或你急我缓、你快我慢，轻描淡写地抛出一句“待原因查明后再予告知”。而原因调查序次甚多、殊为不易，网友在听不到权威声音的情况下势必会转向小道消息和江湖传闻。近年来，许多舆论危机事件均源于当事方回应迟滞，不能及时满足公众的知情欲求，致使网上流言和各类质疑、不满情绪持续发酵，最终酿成重大舆论风波，甚至引发群体性骚乱事件。从2003年的“非典”事件到2010年的山西“等地震”事件，莫不如此。

四是信息披露不力，官方声音太小。有些当事方先是动作拖拉、“说”得太慢，而后在舆论轰炸下“千呼万唤使出来，犹抱琵琶半遮面”，“被迫”发声，却只有三言两语，闪烁其词。2009年湖北石首事件就是如此：6月17日，石首市某酒店一名厨师坠楼身亡。警方认定其为自杀，但其家属怀疑是他杀，拒绝警方接管尸体，双方对峙引来众多群众围观。之后，有关死因和该酒店背景的猜测、议论，以及现场照片、视频在网上热传，舆论风暴愈刮愈烈，现实危机不断升级。然而，直到事发后第三天（19日）晚上，石首官方才在市政府网站上发布一则题为《我市发生一起非正常死亡事件》的消息，短短数百字语焉不详，让人不明所以，疑窦重重。较之于网上铺天盖地的报道、评论、图片和视频等资料，这种官方声音显得孱弱无力。2012年天津蓟县某商场火灾事故同样如此：事发后的八九天里，仅新浪微博平台上关于火灾的讨论即达3万条，其中还有“死亡300多人”的谣言，而当地官方微博在此期间却仅发布4条微博通报火灾情况，寥寥数言，备受诟病。还有一种情况是，有些当事方在披露信息时仅限于本地影响力较弱的媒体，且是浮光掠影，这显然难以在引领舆论方面真正发挥主导性作用。

三、乱中出错型

◎其主要表现是应对危机时慌乱草率，在引导舆论方面失真、失度，把“话”说错了或说过了头，出现了“妄语”、“乱语”等现象。

一是说错了“话”，引起强烈质疑。主动“说话”本来是件好事，但如果把“话”说错了，则很容易引起网友的质疑和围攻，进而激化舆情危机。近年来，许多危机事件均与当事方在解释事件原因时出现错误有关。比如，在2009年云南“躲猫猫”事件中，李荞明本因牢头狱霸殴打致死，而有关方面却称其死亡乃因与狱友玩“躲猫猫”游戏时撞到墙壁所致，遭到网友强烈质疑和广泛戏谑；在同年杭州“富家子弟飙车肇事”事件中，舆论焦点曾一度集中在警方对肇事车辆的时速认定上。警方起初认定其约为“70码/小时”，而网友经过各种测算，认为该认定不能成立，之后“70码”被炒作成为一个网络热词——“欺实码”，各类愤激、不满和调侃情绪充斥网上。后来有关机构重新鉴定的结论是车速在84.1km/h~101.2km/h范围。毫无疑问，当事方在慌乱应对中说错了“话”，通常会有许多原因，然而不管怎样，这种错误对当事方的公信力极具杀伤性，对危机处置而言是十分致命的。

二是把“话”说过了头，招致普遍不满。如果说说错了“话”是失真，那么把“话”说过了头则是失度。在舆情危机处置中，其同样属于失当之举。2003年2~3月，“非典”疫情正在广东、北京等地蔓延，相关消息在网上热传，有些地方还出现了抢购板蓝根、食用醋和抗病毒药物的风潮。而在4月3日国务院新闻办举行的记者招待会上，卫生部负责人却宣称“中国局部地区已经有效地控制了非典型肺炎疫情”、“在中国工作、生活，包括旅游，都是安全的”。此话一出，许多网友认为该负责人故意撒谎，批评之声滚滚而至。2012年年初，海南三亚“宰客”事件曝光后，网上一片非议。而当地政府在回应时却说“今年春节黄金周在食品卫生、诚信经营等方面三亚没有接到一个投诉、举报电话”，并得出“整个旅游市场秩序稳定、良好”的结论。这一“零投诉”的回应，非但对引导舆论、化解危机毫无益处，相反却招致了网友的猛烈抨击，促使相关舆情再次升温。实践反复表明，当事方的这种“过头话”极易产生火上浇油、雪上加霜的负面效应。

三是置正常程序于不顾，草率处置引发“次生危机”。有些当事方为了尽快化解危机事件，平息舆论风波，不按正常程序“出牌”，结果事与愿违，因之引发新的“次生灾害”。2010年1月12日，贵州安顺发生一起枪击案，两名村民被派出所副所长张某当场击毙，网友对此高度关注。次日，安顺市政府召开新闻发布会，称两位死者因“袭警”、“抢枪”遭毙。14日，当地政府却补偿死者家属每家35万元，并与之签订《补偿协议》，要求“必须在1月17日前安葬死者，今后不得提出任何民事赔偿。”显然，当地政府的补偿举措旨在息事宁人，安抚死者家属，然而网友却认为此举颇为蹊跷——如果两位死者确有袭警和抢枪行为，那么张某开枪便无可厚非，两位死者乃“死有余辜”，但当地政府事后为何立即要与死者家属签订赔偿协议？补偿金为何这么高？钱从哪里来？诸如此类问题，网友议论纷纷，当地政府因而再次被推到舆论的风口浪尖上。近年来，不少当事方在处置危机事件时经常忽略法律法规和组织程序，草率地予以定性，武断地对有关责任人进行党纪政纪处分，这种做法极易引起网友的质疑，致使自身陷入尴尬处境。

四、过于强势型

◎其主要表现是在危机处置中采取强硬手段，高调“封口”、粗暴“灭火”，甚至滥用职权，打压正常的网络监督，不让他人说“话”，强势维护自身形象。

在实务操作中，“过于强势型”主要有以下两种情形：

一是高调下达“封口令”，悍然阻挠媒体采访。这种强势之举容易扩大和激化矛盾，以致“灭火”不成反而引火烧身。此类当事方对舆情危机和舆论监督缺乏正确认知，经常视“舆情”为“敌情”，将舆论监督者看作“麻烦制造者”，动辄借“造谣滋事”、“扰乱秩序”、“影响稳定”、“有损形象”等为由，对网上敏感舆情及其传播者进行强势“封杀”。有时即便对事故披露类、诉求表达类、稍有情绪类的信息，也意欲一概封堵，因而很容易激起网友的怨愤和媒体的抵制，最终弄得欲盖弥彰，事与愿违。2009年4月下旬，网友发帖披露某省“4·25”特大交通事故有关情况，该省某厅要求删帖，遭到该省各大论坛版主联手拒绝，有人发帖称当事方“又要玩躲猫猫”，有人发帖称自己遭到电话恐吓，还被有关部门请去“喝咖啡”。之后，《南方都方报》等媒体就此做了跟进报道，“删帖门”引发了一场始料未及的舆论风波。

敏感舆情出现后，通常容易引起媒体记者的关注和追踪。此时当事方如果自己“不说话”却又想强硬地“捂住别人的嘴巴”，悍然阻挠记者探寻真相，则极易导致新的更大的舆论风暴。近年来，此类事例不胜枚举。有些当事方拙笨地对前往采访的媒体记者进行“围追堵截”，刻意阻止其与采访对象接触；有些当事方对媒体记者态度傲慢、举止张狂，公然进行言语威胁，强行扣留、损坏采访器材，甚至发生肢体冲突；有些当事方咄咄逼人地要求媒体对相关报道中存在的不够准确的细节问题进行道歉；有些记者在采访遇险时拨打110求助竟然遭到拒绝；有些地方甚至通过断网、断电、拦截相关报纸，妄图阻止舆论关注；等等。这些情形必然会激起媒体记者的对抗情绪，刺激他们刨根问底，一旦被媒体曝光，必然会引起广大网友“群起而攻之”，促使相关舆情不断升温、越搞越大，继而产生严重的负面影响。

二是滥用职权，粗暴“追剿”发帖人和相关网站。此类当事方遇到舆情危机后，不是反躬自省、闻过思改，而是迁怒于发帖人或相关网站，甚至擅自动用公权力，采取非法拘禁、恐吓威胁、打击报复等手段，追究发帖人或相关网站的责任。2009年发生在河南省灵宝市的“跨省追捕王帅”事件就是一个典型案例——

2009年2月12日，在上海打工的河南省灵宝市大王镇南阳村青年王帅，以《河南灵宝老农的抗旱绝招》为题在天涯论坛发帖，其以讽喻手法和图文并茂的形式，披露当地政府违规征地的事情。该帖后被许多网站转载，引起广泛关注。当地政府认为该帖涉嫌污蔑和诽谤，败坏了政府名声，对抗旱工作不利。3月6日，灵宝市警方赴上海将王帅抓获并带回河南进行刑事拘留，关押了8天。之后因证据不足，将王帅取保候审。这一“跨省追捕”之举被媒体广泛报道，网友纷纷发帖声讨，舆论反响强烈。4月16日，灵宝市委、市政府通过人民网发布《关于对“王帅发帖事件”处理情况的答复》，承认公安机关执法存在过错，对相关干部进行了问责，并派专人赴上海向王帅道歉，同时按照国家赔偿规定给予783.93元赔偿。

在该事件中，王帅因“一篇帖子换来被囚八日”，身心受到极大伤害，而灵宝官方如此对待网络监督，同样受到广大网友和社会各界的口诛笔伐，不仅严重损害了地方形象，而且使官方的权威性和公信力大打折扣。这种两败俱伤的结果，对舆情危机处置工作无疑是一记响亮的警钟。实践表明，当事方的强势打压之举，除了易于使自身成为网友的“众矢之的”，也很容易使自己与发帖人和相关网站交恶、积怨，其对未来发展显然不利。

五、僵滞守旧型

◎其主要表现是忽视网络传播规律，以僵滞呆板、不合时宜的传统方式应对网络舆情危机，老办法不管用、新办法不会用，墨守成规，效果欠佳。

一是以传统思维管理以互联网、手机为代表的新兴媒体。不少当事方由于自身的媒介素养不高，对互联网和各类即时通信工具的传播特点、网络舆论热点的生成规律、网民的接受心理以及网上舆论引导技巧的认知比较粗浅，危机应对意识停滞于“准军事化管理”的传统媒体时代，面对网络舆情危机仍然习惯按照“旧思维”、“老办法”进行处置，因而在决策指挥、统筹协调和具体操作上易于墨守成规、因循守旧。比如，有些当事方在媒介管理和舆论调控方面搞粗放式的“一刀切”，将网络媒体与报刊、广播、电视等传统媒体混为一谈，忽略了网络传播的特性，甚至将网络媒体搁置一边，未能予以足够重视。有些当事方动辄要求删帖、堵帖，以为只要一声令下，网友即能令行禁止，网上便可达成“舆论一律”，孰知网上“信息源”和“把关人”早非传统媒体之情状，地方管理权限和管理能力的相对弱化使硬性的删堵指令很难在渠道无限、传播无疆的互联网上奏效。有些当事方对网络传播的快捷性和网友资讯需求的急迫性认识不够，机械地遵循层层报批、序次繁复的程序，拘泥于各种不合时宜的条条框框和内部规定（如案件披露要在案件水落石出后才做一次性报道），仍然囿于网上信息发布只能跟在传统媒体报道之后的误区，不会借助新媒体新应用“以快对快、以新对新”，处置时效远远跟不上网络语境下危机处置“黄金四小时”、“黄金一小时”的要求，因而正面回应的声音总是被各类谣言和小道消息甩在后面，根本把握不了第一解释权和舆论主导权。

二是以Web1.0时代的方式方法应对Web2.0、Web3.0时代的舆情危机。微博、微信和各类社交类网站的迅猛发展，大大改变了信息传播和沟通交流的方式，促使互联网已从注重单向传播的Web1.0时代进入了注重多向互动的Web2.0、Web3.0时代。与之同时，各类即时通信工具和移动终端的不断涌现，使网络舆情的监测、导控变得更加复杂。在这种情势下，许多当事方尽管口口声声地提出要与时俱进地运用新思维、新办法去面对新任务、新问题，但实际上仍然是“叶公好龙”，跟不上时代发展的步伐和节奏，充其量是以Web1.0时代的方法来应对Web2.0、Web3.0时代的问题。比如，有些当事方平时只重视监控页面、论坛和贴吧中的敏感信息，只会进行简单的页面式管理，习惯于通过相对静态的网站页面刊发文章、调控舆论，而不会使用微博、微信等新应用新平台解疑释惑、化解危机，甚至对已经成为网上新的舆论中心的微博、微信等新应用新技术知之甚少，疏于监控。有些当事方在网络舆论引导中仍然停滞于居高临下、“我说你听”、“我写你看”的宣传灌输理念，习惯于自说自话、官腔官调，不懂得运用“网上来、网上去”的应对方式，不谙网民接受心理，不熟悉网言网语，不会运用引导艺术和“说话”技巧与网友进行快捷、平等、坦诚的交流互动，因而舆论引导工作的针对性和实效性必定难如人意。

以上五大类型，基本涵括了近年来各地各部门在网络舆情危机中应对失当的主要情形。在很大程度上说，这些失当情形的出现，主要根源是当事方认识水平不高，适应不了快速发展的新形势、新要求。当前，危机频仍的网络舆情正在考验、淬炼党政部门和领导干部的应对能力。笔者在此将各类失当之举做一梳理，旨在从反面着手设立一面用以反躬自照的“镜子”。透过这面“镜子”，我们或许可以察识自身的瑕疵和伤痕，反刍曾经的缺憾和隐痛，也能让我们在回望和反思中多一份警醒。

第4章 网络舆情危机应对纵横谈

一个领导干部在应对网络舆情危机过程中的种种表现，最能让人看出其心态、观念、立场、修养和能力，也最能展示官方形象。从这种意义上说，如何有效应对网络舆情危机，堪称检验现代领导干部的政治智慧和执政水平的一块试金石。

危机应对必须知行合一、统筹兼顾，不仅要有较高的认知水平，端正心态、从容直面，而且要务实灵活、注重策略，善于在复杂局势中把握时效度、掌控主导权，不仅要在舆论导控和网上沟通处置方面下大气力，而且要在加强源头治理、解决网下实际问题方面积极作为。从实务操作经验看，“思想观念”、“反应速度”、“策略技巧”以及“诗外功夫”始终是应对网络舆情危机的几个关键词。实际上，危机并不可怕。只要真正重视危机应对工作，理性地辨析网上舆情，科学地因情施策，同时注重综合治理，做好网下文章，那么，舆情危机便能迎刃而解、化险为夷。

本章探讨的主要内容有四：一是领导干部应当树立怎样的危机应对观；二是实务操作应如何克服“时滞”效应，掌控舆论主导权；三是怎样讲究话语策略，增强舆论引导的实效性；四是如何把握好舆论导控工作之外的其他几个重要问题。

第一节　领导干部应当树立正确的危机应对观

在很大程度上说，网络舆情危机应对首先考验的是领导干部的认识水平。领导干部对危机管理、网络传播以及整个社会环境的认识水平，决定了应对危机的心态和方式，直接关乎应对工作的优劣成败。从近年来网络舆情危机中诸般应对失当情形看，无论是消极回避型、被动应付型、乱中出错型，还是过于强势型、僵滞守旧型等，莫不折射出当事方未能较好地解决认识问题。实践反复证明，认识问题始终是危机应对中的一个关键性问题。对领导干部而言，只有树立正确的危机应对观，才能不断提升应对能力，从容面对网络舆情危机中出现的各种挑战。

一、以平和坦然的心态直面舆情危机

◎领导干部应当端正心态，直面危机，平和看待舆情危机存在的客观必然性，科学研判网络舆情的真伪、冷热和走势，坦然面对各类不良信息和网络谣言。

面对网络舆情危机，有些当事方如临大敌、忧心忡忡，茫然不知所措；有些当事方心存忌惮、顾虑重重，采取“鸵鸟政策”消极回避；有些当事方惶恐焦躁，慌乱以对，以致乱中出错，非但未能化解危机，反而使之不断升级；还有一些当事方不以为然、漠然置之，甚至对媒体和网友表现出轻慢冷淡、咄咄逼人的强势姿态。凡此种种，均属心态不适，其在危机应对中极易导致偏差和失误。作为危机应对的主导者，领导干部首先必须端正心态，敢于直面危机。

平和看待舆情危机存在的客观必然性。“网上”与“网下”密切关联，网上的舆情危机往往事出有因。在问题多发、矛盾凸显的现实环境和传播渠道空前丰富的媒介生态中，越来越多的公众热衷于借助网络平台表达诉求、宣泄情绪、反映问题、针砭时弊，网上频频出现各类险情，乃至呈现危机常态化趋势，这是很正常的。在信息透明度日益提升、公众知晓欲不断高涨的当今社会，采用“瞒”、“捂”、“拖”、“堵”、“删”等方式应对舆情危机，显然不合时宜。正如学者姜明安先生所说：“在现代信息社会，任何官方即使有动用权力封锁此类新闻事件的心和胆，也没有封锁此类新闻事件的术和力”[①]，何况有关政策法规对于公开重大突发事件和群众关注的热点问题已有明确规定。因此，领导干部应当实事求是地看待网上“问题”，对各类舆情危机应当持以平和从容的心态，遇事要高度重视、审慎处之，然而不必大惊小怪、慌慌乱乱，更不应掩饰矛盾、隐瞒问题、封堵信息，陷入“怕、躲、捂、堵”的思想误区。

科学研判网络舆情的真伪、冷热和走势。敏感舆情出现后，当事方应尽快对苗头性、倾向性问题进行理性分析，准确把握网上舆情及其发展态势。比如，网上信息是事实信息还是意见信息，是反映问题还是恶意造谣，是个别问题还是普遍性问题，是冷僻话题还是热门话题，网友关注的焦点在哪儿，有没有“水军”、“推手”掺和，会不会骤然升温，是否会引起持续关注，等等。当事方要经过科学研判，把准情势，进而对症下药。对于有具体时间、地点和相关细节的事实信息，应当密切关注、慎重处置；对于骂骂咧咧、逻辑混乱、毫无事实依据、不足为信的意见信息，可暂做“冷处理”；对于点击量大、转载率高却并没有引起多方关注和争议的帖文，应考虑是否属于“伪民意”；对于影响大、关注度高、走势趋热、可能产生恶劣影响的舆情，必须快速反应、果决处置。在危机应对中，科学研判十分重要。如果当事方不作分析研判，毛毛躁躁、乍惊乍

①《姜明安、单光鼐谈拆迁问题的破解之道》，载2009年12月4日人民网强国论坛。

喜，抑或偏听偏信、见风是雨，以致真伪莫辨、冷热不分，则很难做出正确决策。

坦然面对各类不良信息和网络谣言。由于种种原因，当前的网络传播秩序尚有诸多难如人意之处，各类形形色色的不良信息和网络谣言屡禁不止。特别是在重大突发事件、群体性事件和其他广受关注的热点事件中，各种五花八门、虚假不实的小道消息和情绪化色彩浓厚的流言蜚语经常相伴而生，其对当事方的负面影响不言而喻。对于此般情形，当事方应当具有坦然面对的勇气，保持冷静，克制情绪，如果大动肝火，动辄怒斥相关网络媒体和发帖人，非要揪住某些夸饰偏颇之词争个高下、讨个说法不可，则容易激化矛盾、引爆新的舆论热点，其结果往往会事与愿违。相反，如果当事方虚怀若谷、不急不躁，坚持用事实说话，以客观可信的信息和理性宽容的方式回应不实传闻，引导网上舆论，则更有利于澄清真相、解决问题、化解危机。实际上，不良信息和网络谣言对当事方往往也有一定的警示意义，能帮助当事方获取不同渠道的信息，了解不同群体的诉求，看到更多的观察角度和情感倾向，进而有助于更好地改进工作、完善自我。

二、以开放包容的气度对待网络监督

◎开放包容地对待网络监督，是应对网络舆情危机的基本要求。要辩证认识网络监督的积极作用，最大限度地容忍网上的非理性表达，勇于摒弃不合时宜的危机公关模式。

许多领导干部惧怕互联网，实际上源于对网络监督缺乏正确认知。比如，有人视互联网为谣言集散地、危机引爆器，认为网络监督多为轻言浮议，对网络监督讳莫如深；有人认为网络监督经常“哪壶不开提哪壶”，专门对党政部门找碴儿、挑刺；有人认为网上曝光会损害党和政府形象，影响党群、干群关系，不利于改革发展；有人将网上维权与维稳工作简单对立起来，认为网上的维权、举报、信访等活动会影响社会稳定，等等。此类心态，在一定程度上反映了不少领导干部在网络监督认知方面存在的片面性和狭隘性。实践表明，开放包容地对待网络监督，是科学应对网络舆情危机的基本要求。

辩证地认识网络监督的积极作用。媒体监督通常具有鲜明的“惩恶性”。虽然网络监督可能会让当事方难堪一时，或许存在不够准确、不够全面甚至是“误打误伤”的情况，然其对于激浊扬清、弘扬正气，帮助领导干部体察民情、保持清醒，维护群众利益、推动社会进步、促进政治文明，则利莫大焉。从长远意义上说，正常的网络监督不啻为工作推进器、危机预警器。美国著名报人约瑟夫·普利策（Joseph Pulitzer）有句名言：“倘若一个国家是一条航行在海上的船，新闻记者就是船头的守望者。他要在一望无际的海面上观察一切，审视海上的不测风云和浅滩暗礁，及时发出警告。”在当今时代，网络监督无疑具有最敏锐、最便捷的预警功能。事实上，正是由于网络监督所致，近年来广大领导干部群体在改进工作作风、规范言行举止、推进民主法制建设等方面大有改观，不少社会危机亦因之而被化解在萌芽状态。置身网络政治时代，领导干部不仅要能辩证、全面地认识网络监督的积极效应，具有闻过则喜、勇于担当的胸怀，而且还应主动适应网络监督环境，切实把接受监督、解决问题、实现善治作为一种不可或缺的政治素养，自觉而负责地面对各种考验。

最大限度地容忍网上的非理性表达。有些网友在网络监督中常常会掺杂一些尖锐、偏激、虚夸、较为情绪化的言辞。对于网上宣泄性、非理性的表达，当事方应当多一点耐心、多一些理解、多一份包容。如果对网上的不当表达“以牙还牙”，甚至采取其他强硬打压措施，则非但不能疏导不满情绪，反而容易刺激对抗心理，加深危机程度。实际上，互联网也是社会心理的“缓冲阀”、“调节器”，网友的情绪化表达对于纾解怨气、宣泄不满、消释焦虑、减缓冲突，是有一定正向作用的。云南省委宣传部原副部长伍皓有一个精彩比喻："一壶已经烧开的水，如果还使劲捂着盖子，结果只能是连壶底都被烧穿；而盖子一揭，尽管有可能会烫着自己的手，但沸腾的民意也就会变为蒸汽慢慢消散。"[①]近年来，社会各界对网上不当表达的容忍度正在日益提高。2007年"虎照事件"后，《人民日报》曾发表评论，指出"各级政府以包容的胸怀面对民间舆情，以积极的态度对待公众质疑，也是民主政治建设的必然要求。"[②]2010年2月，广东省公安厅在新浪网开通微博时称"再尖锐、再偏激的声音，我们也会吸收"，有一位网警曾发帖倡导"在网民的骂声中听取净言，在咒语中体察民情，在板砖中提高公信力，在网民监督下做好工作。"这种气度值得称赞。

勇于摒弃不合时宜的危机公关模式。不少当事方面对网络监督的第一反应就是通过行政方式或公关手段删帖、堵帖，甚至利用公权对监督者进行问责，强势维护自身形象。有些当事部门在遭遇网络监督后，习惯于采取对内打压举报人、对外封锁消息的"攘内安外"式的应对模式。这无疑与时代要求背道而驰。众所周知，"防民之口，甚于防川"。尤其是在网络政治时代，硬性管制的方式已无法适应网络传播的规律和公民参与政治的热情，要捂住民众的"嘴巴"更是难度甚巨。近年来少数领导干部在网络监督中出现的各种"雷语"、"雷行"，既反映了其官本位意识浓厚，又折射出媒介素养的严重匮乏。在网络监督日益活跃的今天，当事方应当摒弃单向控制的思维定势和过于强势的公关方式，多一份反省改正，少一份投机取巧，多一些谦逊与坦诚，少一些傲慢与偏见。对领导干部来说，应当直面舆论、从谏如流、勇于纠错，而不可讳疾忌医、迁怒媒体，尤不可充当恶政劣行的遮羞布和问题领导干部的保护伞。2008年云南孟连事件

① 祝华新：《如果连伍皓这样的领导干部也一概打杀》，载2010年4月27日《中国青年报》。

② 卢新宁：《峰回路转的不只是"虎照事件"》，载2007年12月20日《人民日报》。

发生后，在现场主持处置工作的云南省委副书记李纪恒曾说：“谣言止于真相。一个负责任的政府，没有什么可以向公众隐瞒的。”[①]如果领导干部均能以这种气度对待网络监督，开放自信而非敷衍塞责，用心疏导而非强行堵截，真正从硬性管控思维向信息公开思维转变，许多舆情危机必定会迎刃而解，党政部门的公信力也会不断提升。

三、以视民如伤的情怀开展舆论引导

◎要增强舆论引导的实效性，防止舆情危机恶化，必须牢固树立民本意识，强化换位思考意识，坚持正确的维稳观，具有以人为本、视民如伤的情怀。

当前网上出现的舆情危机，主要源于利益冲突和维权行动，绝大多数属于“人民内部矛盾”的范畴。有关研究显示，“在转型时期，由利益格局重新调整而产生的经济利益矛盾，是群体性事件的主要诱因，经济事件占70%～80%”。[②]要防止舆情危机演变成社会危机事件，必须积极有效地开展舆论引导工作。而开展舆论引导工作，除了应当尊重传播规律、注重引导技巧外，最重要的是要具有以人为本、视民如伤的情怀。

牢固树立民本意识，带着体恤群众的感情去引导人。这既是态度问题、作风问题，又是立场问题、政治问题。有些领导干部的群众观念淡薄，官僚作风严重，对群众反映的急迫问题漠然置之，抑或“打太极”、“踢皮球”，对群众的疑惑还以“没工夫跟你闲扯”的倨傲不恭之语，甚至受“对手思维”的影响，将网络民意、群众诉求视为“敌对性舆论”和

① 杨军：《2008年恶性事件密集发生 官民矛盾步入显化阶段》，载2008年12月27日《南风窗》。

② 范明：《中外“群体性事件”问题比较研究》，载《中国人民公安大学学报》2003年1期。

“不稳定因素”，动辄擅用公权强行压制，其结果显然极易加深积怨、激化矛盾。在舆论引导中，当事方必须牢固树立以人为本、执政为民的理念，理性分析舆情危机的原因，自觉维护人民群众的合法权益，切实做到痛民之所痛、急民之所急。对于群众的利益诉求，应当给予深切体谅，在解疑释惑的同时要加强民意安抚，注重排难解困。如果当事方能从民本情怀出发，带着爱民如子、视民如伤的情感进行舆论引导，真正把群众呼声作为第一信号，把群众需要作为第一选择，把群众满意作为第一标准，则一定会赢得群众的尊重、理解和支持，也有利于树立良好形象，提升党政部门的公信力和权威性。

强化换位思考意识，切实做到“民有所呼、我有所应”。舆论引导工作最忌无视受众、自言自语。当事方若不能顾及广大网友的感受，只管从自身角度进行单向灌输，抑或对网友普遍关注的热点问题、敏感问题避实就虚甚至避而不谈，以致“你想你的，我说我的”，则很难取得良好的引导实效。当事方只有站在目标受众的角度，真正把鼠标“点”在群众的心坎上，富于针对性地回应社会关切，积极谋求与网友的双向互动，切实做到“民有所呼、我有所应”，才能吸引人、影响人。特别是对于群众的“不满”、“苦衷”、“冤屈”、“要求”，必须强化换位思考意识，体察民情，尊重民意，纾解民怨。唯其如此，才能动之以情、晓之以理、导之有效。作为舆论引导的主角，领导干部应当以最大耐心倾听民声，尽最大努力解决民困，遇到矛盾不能“躲猫猫”，面对民意不能“打酱油”。即便对于少数网友反映的个别情况和局部问题，也应看到其合理性因素，积极予以回应。在很大程度上说，化解网上舆情危机的最佳方式莫过于解决好网下问题。只有清除现实生活中的危机之源，网上的舆情危机才能真正得以化解。

坚持正确的维稳观，善于倾听和回应易于“沉没的声音”。有些地方领导受“捂盖子”稳定观和“刚性维稳”观念的影响，片面地认为“搞定就是稳定、摆平就是水平”，将群众的利益表达与社会稳定对立起来，甚至借维稳之名不作为或乱作为，无视群众的表达权、监督权和知情权，这无疑容易导致各类乱象时有所见。实际上，“搞定”并不等于稳定，表面的风平浪静并不等于真正的社会太平。“刚性维稳”虽然容易在短期内息事宁人，却最易伤害民众的情感，消蚀官方的公信力和权威性，进而在根基上动摇党和政府的执政事业。化解矛盾不能以蛮对蛮、以硬碰硬，引导舆论亦当如此。对于群众在网上反映的问题及其疑虑、情绪，当事方应当摒弃“乐喜厌忧”的心态和“对峙型”思维，多做解释疏导和说服教育工作，断不可采取简单、粗暴的高压手段进行硬性压制。特别是对于弱势群体的维权类声音，领导干部应当高度重视、多予顾恤，不可随意将矛盾和问题政治化、意识形态化。不少教训警示我们，如果执政者对易于“沉没的声音”充耳不闻，其结果则可能听到杀伤性极强的“爆炸声”，2011年5月发生在江西抚州的连环爆炸案就是一个教训惨痛的例子。[①]在舆论引导中，当事方应当广开言路，尊重群众的多元表达，容忍群众把话说出来、把火发出来，善于倾听，认真回应。这既是民本情怀的展现，也是构建和谐舆论之必需。

四、以理性务实的方式服务管理媒体

◎应对舆情危机，要善于与媒体沟通，以理性务实的方式善待媒体，尊重媒介运作规律，强化服务意识，提高服务质量，讲究沟通艺术，注重管理技巧。

积极与媒体沟通、努力争取其支持，是舆情危机应对中的应有之义。

---

① 2011年5月26日，江西抚州市检察院、抚州市临川区行政中心、临川区药监局旁先后发生三起爆炸，经警方现场勘查和鉴定，爆炸事件系当场死亡的犯罪嫌疑人钱明奇所为。据媒体报道，钱明奇制造爆炸的目的是发泄对某一案件的不满。

然而，有些当事方在此方面却存在种种不良倾向：一是惧怕媒体、敌视媒体，认为许多事情都是“媒体惹的祸”，对媒体的合理化要求过于轻慢、冷漠；二是过分迁就媒体，完全被媒体“牵着鼻子走”，甚至对少数记者、编辑的违规行为亦听之任之；三是不了解媒体运作规律，不知如何服务媒体、管理媒体。在危机应对中，要优质、高效地服务管理好媒体，必须坚持理性务实的方式，不断提高同媒体打交道的能力。

善待媒体，尊重媒介运作规律。对领导干部而言，善待媒体既是一项基本要求，也是一种政治责任。尽管近年来全国上下都在呼吁善待媒体，但现实生活中粗暴对待媒体的现象却仍然时有发生，不少领导干部因之成为备受诟病的主角。作为党和国家重要的执政资源，媒体堪称连接党政部门和人民群众的桥梁、纽带。从这种意义上说，善待媒体就是善待群众，就是维护党和政府的根本利益。随着媒介化时代的到来，善待媒体显得比以往任何时期都要突出、都更重要。善待媒体，关键在于顺应媒介生态，尊重媒介运作规律。特别是在互联网、手机等新兴媒体深刻改变传统舆论环境的当今时代，善待媒体首先体现在尊重网络传播规律和广大网友的接受习惯，充分满足人民群众的资讯需求。在网络舆情危机应对中，当事方要想做好媒体沟通工作、争取理解支持，必须正确把握与各类媒体的关系，善于与各类媒体进行良性互动，积极发挥其正向作用，努力规避其消极影响。

强化服务意识，提高服务质量。舆情危机出现后，各类媒体必定会闻风而至。在这种情况下，当事方如果一味消极应付、敷衍推诿，抑或封锁消息、缄口不言，让媒体老吃“闭门羹”，甚至出现刁难记者、阻挠采访等情形，则必将引起媒体的不满、质疑和围攻，促使事态不断扩大。相反，如果当事方迅速召开媒体见面会、情况说明会、信息通报会、记者约谈会等，主动提供信息服务，积极与媒体沟通交流，不断向媒体“喂料”，尽力为其采访报道创设良好条件，帮助其顺利完成报道任务，媒体则往往会朝着自己预期的良性方向运转。美国宣传策划机构有句行话："不要等着媒体来找你，要自己主动上门去找媒体。"[①]这句行话讲的就是主动服务问题。当事方在舆情危机中只有强化服务意识，提高服务质量，努力用优质服务（主要指及时发布准确、权威、全面的信息）赢得媒体的好感和支持，进而才可能引导媒体，使之成为化解危机的正向力量。当然，服务媒体一方面应周到细致、不厌其烦，另一方面要适度而为、掌握分寸。对于有些媒体提出的特殊要求，应当根据实际情况、参照国际惯例行事，切实做到热情友善却不卑不亢，尊重他人却坚持原则，善解人意却不违心迎合。

讲究沟通艺术，注重管理技巧。当事方在同媒体打交道时，必须树立"以我为主、于我有利"的管理思想，然而，这种管理不是生硬的指令、刚性的规定、死板的要求和赤裸的说教，而应讲究策略和技巧，让人在不经意间能够欣然接受。高明的当事方应当善于寓管理于服务之中，通过积极主动地做好各项服务工作进行巧妙管理，善于设置议程，对媒体报道的内容及倾向进行艺术性引导。比如，对于有些敏感事件的采访安排，应当精心设置采访事项，用心提供报道素材。对于有些危机事件的现场采访，应当注重媒体管理技巧，认真做好媒体记者管理预案，指定现场新闻官，提前做好与采访对象和安全保卫、场地管理等部门的协调工作。对于可能出现混乱局面的现场，当事方应当提前做好应对准备。对于可能存在安全隐患的场面，当事方应当提前考虑安全防范和紧急应对措施。万一在采访活动中出现问题，当事方应当坚持低调稳妥、依法处置、快速果决的原则，注重柔性管理，避免发生正面冲突，防止引起恶性炒作。对于网上敏感信息、不良信息的传播，可以采取"悄悄话"沟通、页面延时打开、关闭新闻跟帖、转移热议话题等方式予以淡化处理，防止传播速度过快、网

① 转引自叶皓：《政府新闻学》第117页，江苏人民出版社，2006年版。

民关注度过高，巧妙控制舆论的热度和走势。

第二节　危机应对必须牢牢把握舆论主导权

主导权是操控舆论走向的指挥棒。把握舆论主导权，就是要掌控这一指挥棒，主动影响舆论走向，积极谋求由我主导的有利形势。在网络舆情危机应对中，把握舆论主导权是最核心的问题，也是决定工作成败的关键性因素。换句话说，网络舆情危机应对的第一要务，就是要调动各种力量，牢牢把握舆论主导权。对当事方而言，把握舆论主导权涉及诸多方面的工作。其中，最重要的是要强化“以快制胜”的引导理念，切实在快速反应、快速发布、快速处置等方面下功夫。

一、把握主导权是化解网络舆情危机的关键所在

◎面对舆情危机，当事方必须强化舆论主导意识。牢牢把握舆论主导权，不仅是正确引导舆论的内在需要，而且也是当事方化危为机、整饰形象的必然要求。

实践表明，出现网络舆情危机并不可怕，可怕的是面对危机，当事方不能主动“发声”引导舆论，对舆论走向影响乏力，以致各类噪音杂音大行其道，进而酿成舆论风暴。不难看到，噪音杂音与舆情危机总是相伴而生。敏感舆情出现后，网友总会去关注、议论、猜测、质疑，此时当事方如果不能迅速、主动地站出来引导、处置，或者应答解释的“声音”太小、处置力度太弱，那么舆论场中的各类“问号”必然会越来越多，各种噪音杂音必定甚嚣尘上，舆情危机因之不断升级便在所难免。

在网络舆论空间里，“我进你退”、“此消彼涨”的现象相当普遍。正确的导向一旦失去主导地位，错误的导向必将取而代之。从这种意义上说，化解舆情危机的核心问题即在于能否把握主导权。对当事方来说，失去了主导权，正面声音便会被噪音杂音所“淹没”，舆情危机必然趋于恶化，“吃败仗”便成势之所向；掌控了主导权，便掌控了舆论场中的制高点，掌控了舆论的脉搏和走势。事实上，只要真正掌控了舆论主导权，舆情危机便能处于可控状态，即使出现一些噪音杂音和“小风小浪”，也不会对大局产生根本性、颠覆性的影响。因此，能否牢牢把握舆论主导权，堪称事关舆情危机应对成败的决定性因素。

在“人人都有麦克风”的互联网时代，把握主导权对于化解舆情危机具有尤为重要的现实意义。一方面，公众在思想观念、价值取向、政治认同等方面的独立性、差异性、丰富性日益增强，社会思潮日趋多元、多样、多变；另一方面，互联网、手机等新兴媒体的兴起极大地丰富了信息传播的渠道，为各种舆论的生成和放大提供了前所未有的便利条件。在这种环境中，网上各类声音纷纷扰扰，各种观点良莠并生，如果没有科学理论和正确思想的主导，空前活跃的网络舆论场中则必定乱象丛生、混乱无序。要防范、化解舆情危机，必须主动引导舆情走势朝着健康有序、于我有利的方向发展，切不可任由噪音杂音蔓延，不能被各类猜测、质疑、谣传乃至错误导向“牵着鼻子走”。

面对舆情危机，当事方必须强化舆论主导意识，一切应对工作均须以牢牢把握主导权为目标。有些当事方遭遇危机不敢站出来“说话”，不会放大自己的“声音”，实际上正是源于主导意识淡薄、主导能力欠缺。在现代舆论战中，此类做法无异于自动放弃舆论主导权，其结果可想而知。只有善于用好话语权，把握舆论主导权，真正掌控舆情发展的焦点、节奏、热度和走向，巧妙吸引广大受众跟着自己的“指挥棒”转，舆情危机才可能顺势而解。在很大程度上说，当事方的危机应对能力，集中体现在对舆论主导权的认识和把握上。衡量舆论引导水平的高下和危机应对工作的成败，关键要看能不能真正把握舆论主导权。

事实上，把握主导权不仅是正确引导舆论的内在需要，而且也是当事方化危为机、整饰形象的必然要求。美国学者费姆·邦茨（Feam Banks）曾说："一个有效的传播不仅能减轻危机，还能给组织带来比危机发生之前更为正面的声誉，而低劣的危机处理则会损伤组织的可信度、公众的信心和组织多年来建立起来的信誉。"①舆情危机通常会对当事方的公众形象造成一定的负面影响，特别是在各类猜测、质疑、非议、批评之声蜂拥而上时，如果当事方消极回避抑或反应迟滞，不能及时、主动地澄清真相，其形象必定会被抹黑、扭曲，遭受损伤。反之，如果当事方在舆情危机中能积极回应、主动出击，善于运用令人信服的事实信息和恰到好处的表达方式回应网友关切，则往往会赢得公众的尊重、理解和支持，容易给人留下负责任、敢担当、可信赖的良好印象。

大量事例表明，舆情危机并非"洪水猛兽"，当事方倘若能把握主导权，打好主动仗，则完全可能做到"出淤泥而不染"、"化腐朽为神奇"，其不仅能化解舆论压力，而且对重塑自身形象、提振公众信心亦有助益。兹举二例如下：

例1：2009年6月7日，河南杞县某辐照厂发生一起钴60放射源的"卡源"事故。之后，相关情况在网上流传、发酵。但是，当地政府对此采取"三不"政策，即不通报情况、不接受采访、不允许报道，一直处于失语状态。时至7月17日这一天，随着"放射源将爆炸"谣言的出现和疯传，大批群众纷纷开着汽车、拖拉机、三轮车，奔向周边县市"避难"，上演了一出现代版的"杞人忧天"。《人民日报》就此评论："看似谣言是引发大规模社会恐慌的主要诱因，但其背后隐含的，却是当地信息发布的失

① 引自廖为建、李莉：《美国现代危机传播研究及其借鉴意义》，载《广州大学学报》2004年8月。

语和由此引起的公信力缺失。”

例2：2011年6月，北京市昌平区出现疑似蜱虫叮咬病例，引起公众和媒体关注。获悉这一情况后，昌平区疾控中心等部门迅速组织人员进行调查，并在第一时间通过媒体做出回应，确认了蜱虫咬伤宠物的事实，澄清并未出现咬人病例，并郑重承诺将持续监测蜱虫叮咬之事，对蜱虫可能叮咬的人群、牲畜等开展全面排查，一旦发现相关病例，会立即采取预防处理措施。同时，还提醒市民注意防范蜱虫叮咬及如何正确防范，告诉公众不必过分恐慌。这种开诚布公的表态和积极主动的举措，使公众和媒体的担心、质疑很快得到了消解。

显然，例1之失败，在于当地政府自动放弃了舆论主导权，其采取的“三不”政策促使谣言左右了舆论走向，极大地损害了自身的形象和公信力；例2之成功，在于政府部门主动掌控了舆论主导权，通过及时的权威发布，对舆论发展态势进行积极“干预”，进而有效遏止了谣言的传播及其可能引发的社会恐慌，赢得了公众和媒体的好评。

二、快速反应是把握舆论主导权的第一要求

◎掌控舆论主导权的关键在于以快制胜、先声夺人。要善于与小道消息“赛跑”，争当舆论事件的“第一定义者”和“第一解释者”，努力提高应对处置的时效性。

要把握舆论主导权，显然需要积极做好诸多方面的工作，如主动设置议题吸引受众的眼球，全面、准确地发布事实真相，针对公众关切解疑释惑，利用传统媒体放大正面声音，策略性地开展媒体公关，对相关责任人进行问责处理，等等。而于其中，最重要的是要快速反应，注重时效，善于与小道消息“赛跑”，努力让权威声音和事实真相跑在各类小道消息的前头，切实争当舆论事件的“第一定义者”和“第一解释者”。

传播学中的“首因效应”[1]告诉我们，对某一事件或某一事物最初的解释，最容易在人们的记忆中扎下根来。从舆论引导和争取受众的角度看，谁能拔得信息供给的头筹、最先吸引受众的注意力，谁便容易获得“首因效应”的优势和舆论引导的主导权；越是“瞒、捂、拖、堵、删”，则越容易产生“禁果效应”，进而导致舆论混乱。美国心理学家G. W奥尔波特（Gordon Willard Allport）认为：“在一个社会中，谣言的流通量（R）与问题的重要性（I）和涉及问题的证据的暧昧性（A）之乘积成正比例，即R=IA”。该公式表明，在舆情危机中，如果权威信息不能快速引领舆论走向，那么各种暧昧、虚假的传闻和谣言则必定会乘势而起，混淆视听。而一旦让传闻和谣言先入为主、广为流传，再要澄清事实真相、做好纠错性引导，则难度极大。有研究显示，要有效消除“第一印象”对受众的影响，至少需要数倍于“第一信息”的信息量进行稀释和覆盖。很多时候，即使花费百倍的气力也难以彻底改变受众的“第一印象”。

在很大程度上说，掌控舆论主导权关键在于以快制胜、先声夺人。无论是选择主动发出权威声音引导舆论，还是协调网络媒体封堵有害信息、对舆论态势进行强制性干预，“快速”二字均为第一要求。俗话说：真理还在穿鞋时，谣言已跑遍了大半个世界。随着信息传播速度日益快捷，舆论热点生成不断提速，当事方只有尽快让真相跑在小道消息之前，牢牢掌控对事态的“第一定义权”和“第一解释权”，或者对苗头性的谣言进行快速封堵，切实将其淹没于风生水起之时，才可能把握舆论主导权，防止出现传播危机。2013年7月上旬，广西贺江发生水体污染事件。当地政府第一时间借助网络媒体、电视和报纸等多种渠道，将相关情况告知公众，并迅速采取了一系列治理整顿措施。这种做法，使当地政府

① “首因效应”（primacy effect），又叫“最初效应”，亦即日常所说的“第一印象”。

掌握了舆论引导的主动权，谣言无处生根发芽，从而有效避免了媒体炒作和恐慌情绪的出现。

近年来，许多备受诟病的危机应对案例均因当事方反应迟滞，正面回应“慢三拍”，错失了舆论引导的最佳时机，致使事实真相被传闻和谣言甩在后面，抑或协调封堵工作不及时，让有害信息形成了星火燎原、覆水难收之势，继而产生了不可估量的消极影响。比如，有些地方发生食物中毒、商场失火或矿井坍塌事件，造成了一定的人员伤亡，引起公众的关注和质疑，但当事方由于种种原因，未能及时披露伤亡情况和事故原因，结果各类传闻和谣言在网上不胫而走、迅速热传，弄得人心惶惶，群情激愤。本来伤亡人数只有几个人或几十人，而网上却炒成了几百人甚至上千人，当事方在境内外媒体和广大公众的舆论压力下陷入极大被动。再如，有些地方发生意外死亡事故、特殊伤害案件，网上议论纷纷、流言甚多，在各种力量的掺和推动下，公众的围观、质疑、声讨迅速升温，而有关方面却拖拖拉拉、慢慢吞吞，未能及时进行疏导和干预，结果引发了始料未及的舆论风暴和大规模的群体性行动。

大量正反案例启示我们，当事方要想在复杂多变的舆论场中赢得主动，把握主导权，必须“快”字当头，争分夺秒，努力提高应对处置的时效性。在传统媒体时代，业界就舆情危机处置曾提出“黄金24小时法则”，意即当事方在危机出现后24小时内做出正面回应最为适宜，因为以报纸为代表的传统媒体通常是24小时完成一个新闻生产周期。进入互联网时代，人们针对一条信息在网上只需经过4个小时即可被炒作成舆论热点的情势，提出了“黄金4小时法则”。随着微博和各类即时通讯工具的兴起，信息传播速度及舆论的发酵、升温更是以分秒计算，“黄金1小时法则”便应时而生。这无疑对强化快速反应意识、提高快速反应能力，提出了更高要求。

在危机应对中，有些当事方先是沉默观望，后是商议研究，待到舆情发酵、热炒后才出来应付，这种情形往往尚未等到当事方“发力”，舆论空间已被负面信息“吞噬”，其对把握舆论主导权是极其不利的。还有一些当事方在应对舆情危机时，总是特别强调要“稳妥”、“准确”、“全面”，这是必要的、应该的，但是比较而言，“快速”是第一重要的，因为对多数公众来说，其首先关注的是当事方对事态的基本态度，而不是操作程序和具体细节。一旦当事方反应迟滞、应对磨蹭，致使公众产生怀疑、不满和抱怨情绪，再稳妥、再准确、再全面的解释也很难彻底消除小道消息留下的印痕和公众心头的阴影。从谣言封堵的角度看，同样必须快速、果决，一经看准，就应当雷厉风行，“快刀斩乱麻”，若犹豫不决、瞻前顾后，及至谣言四起、大火燎原，处置起来则难度倍增、殊为不易。

三、克服“时滞”效应必须创新应对处置机制

◎一要健全预警应急机制，增强危机应对的预见性；二要创新信息发布机制，善于“以新对新、以快对快”；三要优化联动协作机制，形成高效配合的“统一战线”。

在舆情危机应对中，要克服“时滞”效应，切实做到快速反应，牢牢把握舆论主导权，必须创新工作机制，提升处置速度，谨防出现“制度性迟钝”。

首先，要健全预警应急机制。具体来说，主要包括以下内容：

一是建立舆情监测机制。及时掌握网上舆情，是危机应对工作的首要任务，也是提高处置时效的基础和前提。只有尽早发现敏感舆情，才能为后期的快速处置创造条件。近年来，许多地方党政部门和企事业单位陆续建立了网络舆情监测制度，安排专人负责舆情信息的监测和收集工作。有些条件较好的单位还搭建了监测平台，借助技术手段进行24小时不间断监测，一旦网上出现风吹草动，即能在第一时间掌握情况。有些单位将涉及

本地本部门的“敏感点”提炼为若干个关键词，提前输入监测平台，大大提高了舆情监测工作的针对性和实效性。有些单位还建立了上、下、左、右互联互通的舆情监测体系，甚至与专业机构合作，注重提高对敏感舆情和危机事件的监测预警能力。这些做法是值得借鉴和倡导的。

当然，实践中也有不少失败的教训，2007年山西洪洞的“黑砖窑”事件即反映了地方政府对网络舆情的迟钝和麻木——

2007年5月27日，山西省洪洞县广胜寺镇派出所在曹生村砖窑发现了31个被强迫劳动且饱受虐待的农民工，而且有一个农民工之前被打死。次日，洪洞电视台播放了这则新闻，但并未引起太多关注。6月4日，河南大河论坛出现《罪恶的“黑人”之路！孩子被卖山西黑砖窑/400位父亲泣血呼救》的帖子，随后被多个网站转载。6月7日，《山西晚报》刊登曹生村砖窑发现奴工的报道。当天，“呼救帖”被转帖到“天涯杂谈”头条，引起各大网站迅速转帖和网民关注，而《山西晚报》的稿子也上了一些网站的头条。之后两天，网上舆论风暴高涨，形成“狂潮”。而洪洞县领导竟然对这一切浑然不觉，仍赶赴外地开会……《南方周末》报道此事称：“舆论风暴已经开始，外界已酝酿惊涛骇浪，而风暴的核心区，一片平静，洪洞的领导干部们几乎无人知道。”时任山西省省长的于幼军在反思该事件时指出：“一个重要原因和教训在于没有敏锐把握网络、媒体的舆论动向，及时作出正确的回应。”①

不难看到，有些地方发生舆论恶炒事件和大规模的群体性事件，即与政府职能部门预警意识淡薄、未能及时掌握相关舆情有关。网上信息已在迅速传播，危机征兆日渐显现，而当事方却全然不知、无动于衷。这种情况无疑会使危机应对工作陷入极大被动之中。事实上，在当今的网络传播语境中，多数群体性事件在爆发之前均会出现相关预兆，如有人可能在网

① 参见祝华新、胡江春、孙文涛：《2007中国互联网舆情分析报告》，载《今传媒》2008年第2期。

上组织串联，发布行动性、煽动性信息等。若能增强预警意识，完善监测机制，加强舆情监控，敏锐地洞察“青苹之末的风暴”，切实在第一时间快速反应、果断处置，许多危机事件则完全可能被化解在萌芽状态。

二是完善分析研判机制。第一时间监测到敏感舆情后，必须迅速进行科学、理性的分析研判。这一环节的主要任务在于快速、准确地把握网上舆情态势。展开点说，就是要尽快分析信息发布者的意图和网友关注的重点，判断敏感信息的真假和网上舆论的冷热，研究舆情发展的走向，把准苗头性、倾向性态势，进而制定可行性对策。分析研判工作如果缺失，抑或毛躁草率、流于形式，则容易出现判断偏差，误导决策，导致应对处置不当。相反，如果对舆情发展态势的把握又快又准，那么应对处置工作的针对性、合理性和实效性则会大为提升。请看下例——

2010年7月11日，广西宾阳县某隧道施工现场发生塌方事故，10名工人被困其中。事发后，施救工作迅速展开，铁道部和地方主要领导亲赴现场，动员社会力量全力施救，许多媒体参与报道，总体上给人一种乐观向好之感。三天后，施救工作仍未取得实质性进展。此时，当地网管部门召集有关方面对可能出现的网上舆情走势进行分析研判，一致认为若施救工作再无实质性进展，则可能引起网友的质疑、猜测和负面议论，舆论矛头极有可能指向政府部门。鉴于这种判断，网管部门迅速通知相关网站，请其密切关注网上舆情，注意做好舆论导控工作，并要求对攻击性的过激言论进行降温处理。正是由于预判及时、处置果决，因此尽管后来施救无果、被困人员全部遇难，然而网上舆论却相对平静。

在良莠交错、真假混杂的网上信息环境中，建立规范、高效的分析研判机制，以便能正确识别敏感信息、把准舆情发展走势，是十分必要的，其对科学决策、合理处置具有重要意义。就上例而言，如果网管部门对可能出现的舆情不能进行及时研判，任其发展下去，则必定出现舆论风波。

三是制定应急处置预案。古人云：凡事预则立，不预则废。要想确保处置工作快速、高效，避免仓促应对、手足无措，必须未雨绸缪，提前做好应急预案，努力增强危机应对的预见性。在网络语境下，媒体的议程设置和公众的关注焦点经常处于快速变化之中。应急预案应当针对可能出现的各类危情，明确处置工作的总体目标、基本原则、工作流程、权责分工、实施要求、保障措施等事项，既要周到全面、严谨规范，又要切合实际、易于操作，力求反应灵敏，便于灵活运转。相关工作流程的设计，应当注重时效，尽量简化，防止繁文缛节、层级过多。关于职责分工，应当在坚持“当事部门是第一责任人”原则的基础上，明确舆情监测、信息编报、协调处置、效果评估等主要任务及责任部门，以防在实战中出现推诿扯皮现象，真正做到各司其职、各负其责。

近年来，在《国家突发事件总体应急预案》等政策法规的促动下，从中央到地方，许多行业和部门均编制了各种类型的专项应急预案，其中有关媒体应对问题也列入其中。然而值得注意的是，不少单位在编制应急预案时，容易忽略网络媒体的协调和网上舆论的导控，结果经常是“管”住了报刊、电视、广播等传统媒体，却未能“防”住互联网、手机等新兴媒体。为什么许多征地拆迁冲突、群体罢运事件、集体上访事件等在传统媒体上未见踪影，而在互联网上却弄得沸沸扬扬，最终酿成世人皆知的舆论热点事件？原因就在这里。只有顺乎时势，真正重视网络媒体的力量，防患于未然，才能有备无患，从容处之。

其次，要创新信息发布机制。“公开透明”是应对舆情危机的基本要求，而“快速及时”则是发布信息、回应关切的首要法则。在信息传播日益快捷的互联网时代，要想牢牢把握“第一定义权”和“第一解释权”，切实让权威声音“跑”在小道消息之前，必须摒弃不合时宜的理念和做法，不断创新信息发布机制，着力提高正面回应和舆论引导的时效性。

一要借助新兴媒体，善于“以新对新、以快对快”。时下，互联网、手机等新兴媒体已从舆论场中的“追跑者”变成了“领跑者”，特别是微博、微信等新技术新应用的广泛普及促使信息传播和热点生成明显提速。在这种环境下，如果仍然一味遵循“凡事先让党报党台报道”的传统模式，则必定会在信息发布的时效性上大打折扣，这对争夺网上舆论主导权显然极为不利。因此，在创新信息发布机制时，必须高度重视新兴媒体的运用，充分发挥其传播快、覆盖广、影响大的优势，善于借助微博、微信、手机短信等方式主动“发声”，切实做到“以新对新、以快对快”，积极抢占舆论制高点，确保在第一时间引导舆论。经验表明，新兴媒体能为信息发布提速插上翅膀。积极运用新兴媒体，有利于更加快捷地发布权威信息，更为灵活地揭批谣言，对把握舆论主导权大有裨益。请看以下两个案例——

例1：昆明螺蛳湾事件

2009年11月21日上午，云南省昆明市螺蛳湾市场因拆迁问题发生上千商户集体上街堵路事件。下午3时许，昆明警方就在云南网等网站召开网络新闻发布会，通报事件情况。同时，省政府新闻办在新浪网开设国内首家政府微博——“微博云南”，于当晚9时35分发布了有关螺蛳湾事件的新闻。“微博云南”让政府发布的消息在微博中迅速传播开来，并在QQ群、BBS论坛等网络载体中广为流传。

在此次事件中，政府有关部门积极利用网络媒体特别是大胆尝试利用微博平台，快速发布权威信息，及时向全社会公布事件、说明情况、澄清事实、驳斥谣言，这对把握舆论主导权、稳定民心、疏导民怨，起到了明显的积极作用。网友对此普遍持夸赞态度，认为政府部门利用新兴媒体发布信息为全国各地处置类似事件提供了一个样本。

例2：灵山“副县长”酒后闹事谣言

2012年3月13日，一篇反映《广西灵山县某领导干部北海酒后闹事，厮打女服务员》的帖子在网上传播。广西灵山县新闻办在舆情发生不到两个小时就用天涯官方账号“灵山县新闻办”跟帖回应：“经查证，广西钦州市灵山县没有叫赵东的副县长，往届亦无此人。此外，灵山县其他领导干部中也没有帖中所称的‘赵东’这个名字的人。”与此同时，警方也就此事展开调查，迅速揭穿了“赵东副县长”的虚假身份，并以涉嫌“招摇撞骗”对其进行行政拘留。随后，中国新闻网、中国广播网、广西新闻网等多家媒体报道了这一消息，迅速平息了网友的猜测和议论。

天涯社区舆论分析部的舆情分析师认为，灵山县新闻办在舆情发生的“黄金4小时”内及时回应，避免虚假信息进一步传播，舆情得到正面引导，同时消除了网友的负面情绪，取得了良好的社会效应。灵山县政府的形象不但没有因此受损，相反“因祸得福”地增加了社会知晓度。在舆情危机事件面前，政府部门在第一时间回应了网友关切，掌握了舆情制高点，在舆论引导中赢得了主动。

类似案例，还有很多。比如，在2012年6月底的四川什邡群体事件中，当地的官方微博“活力什邡”第一时间发布官方动态，充分发挥了“政府扩音器”的作用。同一个月，武汉市出现大面积雾霾天气，网上出现了武钢锅炉发生爆炸、青山区域的化工厂发生氯气泄漏事故等谣言，武汉市气象局、青山区等相关部门借助微博及荆楚网等第一时间出面辟谣，快速传递事实真相，有效遏止了负面舆情的发酵和恶化。在之后的北京“7·21”特大暴雨事件中，政府部门也注重通过平安北京、交通北京、北京消防等政务微博发布文字、图片和音视频信息，效果显著。再到2013年5月4日下午发生在北京的广渠门凶杀案，案发后仅4个多小时，北京市公安局就在其官方微博通报了案情，表现出了越来越娴熟的应对技巧。实际上，利用新兴媒体发布信息、回应关切、揭批谣言，通常比传统媒体更简便、更灵活、更快捷，也更加契合民间舆论场的特点和要求。

最近三四年，许多地方党政部门为了适应新媒体语境中的舆论引导工作，与时俱进地建立了网络新闻发言人制度，积极探索借助微博、微信平台引导舆论。比如，2011年南京市出台了《关于进一步加强政务微博建设的意见》，其中明确规定，对于灾害性、突发性事件，有关政府部门必须在事发后1小时内或获得信息的第一时间，通过官方微博进行发布。媒体上曾经报道的《一场155分钟的网络谣言歼灭战》[①]，就是一次非常成功的实践。

二要适应网络传播特点，尽量简化决策程序。长期以来，由诸多原因所致，当事部门在应对敏感舆情、对外发布信息时，大都遵循“先请示、后处置”的要求，从下至上、层层汇报，大多时候还须文来文往、会来会去。应当说，这种严格按照程序走的做法对于集思广益、规避风险具有一定积极意义，但如果当事部门凡事均须经过上级部门或相关领导依次研究、会签、审示、裁定之后，方能按部就班、亦步亦趋地予以处置、回应，则往往容易被谣传、流言甩在身后，错过信息发布的最佳时机，丧失舆论主导权。许多敏感舆情被炒作成舆论热点甚至引发群体性事件，即源于当事部门墨守成规，机械呆板地遵照不合时宜的相关规定和过于僵化的决策程序，最终在权威信息发布方面出现明显的“时滞”效应。兹举二例——

例1：山西“等地震”事件

2010年2月20日晚上，山西太原、晋中、长治、阳泉、晋城等多个市县有人通过电话、手机短信等方式传播即将发生强烈地震的信息，导致数百万人夺门而出，上街避难，几十个县市、上千个村落灯火通明，彻夜未眠。21日上午，山西地震局发布辟谣公告，提醒民众不要信谣、不要传谣。事后，有网友称，凌晨3时至6时，当地地震监测中心电话一直处于

① 该文作者为庄庆鸿，载2012年7月6日《中国青年报》。其基本情况是：2012年7月5日下午，某营销账号发布微博称南京市共青团路有一九岁孩子因没户口无法上学，只能每天与母亲扫地。获此舆情后，雨花台区委宣传部迅速与相关部门、街道以及该账号核实，确认其为不实消息，南京市委宣传部随即通过官方微博“南京发布”做了辟谣。

无声状态，省地震局网站、太原地震局网站无法打开。《山西青年报》有报道说，2月15日以来就有相关传言，但相关部门没有及时进行有效地澄清和权威说明，致使传言在山西流传了差不多一个礼拜的时间。对于此次“等地震”事件，不少网友批评政府部门反应迟滞，信息发布不够及时，要求“相关责任人和责任单位向全省人民诚挚道歉”。地震局有关人士在回应时“无奈”地指出，根据《地震预报管理条例》，只有省政府才能发布地震预报，其他任何单位、个人都无权发布。

例2：四川涪江水污染事件

2010年7月21日，四川阿坝州松潘县境内一电解锰厂受山洪爆发影响，尾矿库电解尾矿渣被冲进涪江之中，导致绵阳江油至城区段水质氨、氮、锰超标，影响涪江水质。但是，绵阳市政府直到26日才向市民公告涪江水不能饮用，引起舆论的普遍质疑和不满：21日涪江水质就被污染，为何26日才向市民公告水不能饮用？绵阳市环保局负责人在解释时称：事发当天，当地环保部门也获悉该事，并派出检测人员对涪江不同河段的水质连续进行了三天的检测；25日上午，环保部门将涪江水质个别指标超标的检测结果向市政府做了汇报，而市政府认为这只是一个部门做出的初步意见，必须召集相关部门集体分析和认真研判，才能得出最终结论。26日，市政府召集环保局、水务局、卫生局、市疾控中心、市水务集团等相关单位负责人和专家，系统进行了分析和研判，才决定向市民公告停止饮用涪江水源这一决定。

从上述两个案例可以看到，当事部门之所以在信息发布方面出现“时滞”问题，显然与层级繁琐、僵化呆板的决策程序有关。从工作流程上来说，当地的地震部门和环保部门均是按照规定和惯例办事，核实舆情，逐级上报，并无明显过错，他们受到公众批评，自己也会觉得“冤屈”。然而问题在于，这种层层报告、反复研究而未能迅速告知公众的工作方式，忽略了公众急迫要求知晓政府态度和权威信息的感受，当事部门的背后处置工作做得再多、再好，也难以冲淡公众的质疑和不满。为什么非要等到数百万民众上街之后才出来辟谣？为什么不能在电解尾矿渣被冲进涪江之后迅速将相关情况公之于众呢？这不能不引发人们对决策程序和行政效率的深思。

毫无疑问，这是一个制度障碍问题。在过去一段时间，由于地震、污染、疫情等事故非常敏感，易于引起社会恐慌，因而政府相关部门在信息发布方面为稳妥慎重起见，经常采取层层把关、反复求证的方式，或者干脆封锁消息、“只做不说”。从某种意义上说，照章办事、从严审核的做法是可以理解的，也是应该的、必要的。然而，在当今的网络语境中，如果权威信息不能及时主导舆论，小道消息必定会迅速蔓延；一旦当事部门反应迟滞，公众的猜测、批评之声难免会扑面而至。倘若当事方遇到险情不是积极主动地去直面问题，而是把时间耗费在烦琐的汇报、请示和没完没了的开会、研究之中，凡事总是交由上级领导定夺，那么引导舆论、化解危机的最佳时机必然会稍纵即逝。或许，有人认为这种做法可以撇清责任、规避风险，其实贻误时机恰恰是最大的不负责任、最大的风险所在。

实践表明，当事方要想提高信息发布的时效性，必须改变犹疑拖拉、不合时宜的决策程序，切实变“先请示后处置”为“边请示边处置”，变“只做不说”为“边做边说”。只有积极适应时代要求，契合公众接受心理，尽量简化工作层级，提高决策拍板的时效性，尽快发出权威声音，当事部门才可能把握舆论主导权，赢得公众的信任和支持。

三要注重动态性发布，多用“切香肠”式的引导方法。对于许多危机事件，传统的做法通常只在事后作一次性发布，且相对简单。特别是涉及刑事案件、司法审判等方面的情况，当事部门每每囿于相关规定，一般只在案件侦破、真相大白后做一次性公开报道。这种做法显然不能适应网络政治时代的要求。危机事件出现后，公众迫切要求了解官方态度和事态进展，如果当事方不能及时“喂料”，一旦出现权威信息“空档期”，公众则很可能“饥不择食”，受到小道消息的误导。美国白宫发言人弗莱舍就此曾说：“这就像若干饥饿的人在等着一只正在烤炙的火鸡，如果翅膀已经烤熟，就应该把翅膀切下来，让每人先分一点再说，然后一边烤一边切下熟了的部分满足饥肠辘辘的人们，不要让人们饿着肚子等整只鸡都烤熟才开始动刀叉。”[①] 试想，某一突发事件发生后，只要警笛一响、群众一聚，立即就会有人拍照、议论、猜测，网上很快就会出现图文信息和相关“问号”，如果当事部门能通过主动发布和积极引导，及时将网友的“问号”变成“句号”，一切便会随之释然；如果对这些“问号”不予理睬，硬要拖到真相大白、水落石出后再做回应，那么网友的“问号”则很可能累积、发酵成舆论风暴。

正因如此，明智的当事方应当多用“切香肠”式的引导方法，及时进行动态性的信息发布。所谓“切香肠”式引导，就是要将“真相大白后再说”变为“知道多少先说多少”，将“一次地说”变为“分阶段地说”，先点后面、先局部后整体地发布信息，不断回应社会关切。实际上，这种引导方式既能顺应公众的知情欲求和接受心理，又符合真相披露的过程性要求。比如，某地发生一起爆炸事故，面对烟火未尽的现场和闻风而至的媒体，当事部门可以根据已经确证的部分信息，尽快先说“某时某地发生一起爆炸事故，人员伤亡情况和事故原因正在调查当中……”，进而说“据初步调查，目前已发现有多少人员伤亡，事故原因可能是……”，之后再说“目前，人员伤亡已增至多少人，有关方面初步确定事故原因是……”，最后说“此次事故共有多少人员伤亡……”。若是非要等到烟火尽灭、人员伤亡及事故原因彻底查清后再予披露，则必然会错失解疑释惑的最佳时机和舆论主导权，遭致公众的不满和批评。

① 引自陆路、颜彦编著：《与领导干部谈如何应对新闻媒体》第260页，国家行政学院出版社，2010年版。

从引导舆论的角度看，“切香肠”式的引导方式有利于防止骤然形成舆论风暴，有利于缓解公众的焦灼情绪，也有利于转移公众的注意力。以重大伤亡事故为例，如果一次性地披露某某事故死伤30人，则很可能强烈刺激公众的眼球，迅速使事故成为舆论关注热点，而如果分批披露死伤人数，从10人到15人再到20人……最后到30人，舆情对公众的刺激度就会相对减弱，社会关注度也会逐步下降。其实，这既符合事故调查的实情，也是一种舆论引导策略。

令人欣喜的是，近年来包括公、检、法、司在内的许多地方部门在创新发布机制方面做了有益探索。早在2006年上海合作组织成员国最高法院院长会议上，时任最高人民法院院长的肖扬即要求正确处理好司法审判与传媒的关系，针对网络信息日益发达的情势，肖扬强调必须对网络上有关司法的消息作出及时反应，以正确信息引导公众，以真实信息抵制虚假信息，树立法律和司法的权威。2007年1月，深圳市公安厅出台规定，凡发生重大刑事案件、治安案件后，将在第一时间向社会公布，并接受新闻单位采访。凡是重大警务活动或者重大案件现场，都要设置记者接待处，随时配合记者采访。时至2013年“薄王案件”的审判过程及其信息披露，更是让人强烈地感受地到动态性发布、“切香肠”式引导的运用正日益成为一种新常态。

最后，要优化联动协作机制。危机应对是一项系统工程。其中，信息发布、舆论引导与其他协调处置工作密不可分。要克服“时滞”效应，牢牢把握舆论主导权，必须优化相关部门之间的联动协作机制，切实形成齐心协力、高效配合的“统一战线”。

一要提高部门协作的时效性。危机事件出现后，当事方通常会成立临时处置机构，将事故调查、新闻协调、安全保障等相关部门纳入其中。这种联动协作机制，必须简易、务实，注重工作效率。在力量配置方面，要挑选协调能力强、熟悉情况并有一定拍板权的人员参加，避免层级过多，防止“走弯路”、“绕圈子”。在部门协作中，要明确职责分工，如谁负责舆情监测，谁负责媒体沟通，谁负责信息把关，谁负责网上跟帖、回帖工作等，均应一一明晰。如果相关部门之间关系不顺、职责不明、配合不力、衔接不畅，则必定会是一盘散沙，事倍功半。只有统一步调、团结协作，加强沟通，互相支持，整个活动才有可能高效运转，有条不紊。特别需要指出的是，在危机应对中，当事部门必须自觉担负“第一责任人”的职责，不仅应当在事故调查、协调处置中勇于担当，而且在舆情的搜集、研判、编报，以及口径把关、对外发布、组织回应等方面也应主动履责，切不可简单地将信息发布和舆论引导的任务“踢”给宣传部门，以为引导舆论纯属宣传部门的事情。此外，各部门之间的协作不宜拘泥于烦琐程序，不要总是文来文往、会来会去，而应建立便捷高效的沟通渠道，如通过电话、手机短信或其他便捷平台及时互通有无，以便于节省时间，提高时效。

二要完善跨区域协同处置机制。网络传播的一个突出特点即跨区域、无疆界、扩散快、覆盖广，这在客观上增加了危机应对的难度。从近年来舆情危机的形成情况看，“异地发帖”现象日益明显。有些发帖者为了躲避辖区管控，扩大舆论影响，经常会选择在事发地以外（外省甚至境外）的网站上发布信息。有些蓄意制造舆论风波的发帖者，更是倾向于在外地网站上“报料”、“拍砖”。对于此类情况，当事方必须与外地网站或其主管部门进行沟通协作，然而由于权限所致，个中难处不言而喻。许多敏感舆情之所以未能得到及时处置，最终酿成全国性的热点事件，即与跨区域之间协作不易有关。在这种情势下，完善跨区域协作机制无疑十分必要。对于容易出现敏感舆情的部门而言，可以通过合适方式，主动加强与目标网站的联系沟通，探索建立灵活简便的协作处置机制。对于网络管理部门而言，应当加强与上级主管部门以及异地同行的沟通协作，强化全国“一盘棋”意识，建立健全敏感舆情跨区域协同处置机制，以便在危机应对中能够尽快沟通、互相配合，提高应急处置效能。从更广泛的意义上说，还需在加强国际协作方面做文章。

三要强化不同媒体之间的共鸣效应。报刊、广播、电视、互联网、手机等媒体在信息发布方面各具优势，它们之间一旦产生正向的共鸣效应，则对放大权威声音、把握舆论主导权极为有利。在危机事件舆论引导中，当事方应当注意整合各类媒体资源，促使平面媒体、广电媒体和网络媒体形成你呼我应、密切互动的良好局面，积极构建和谐、有序的舆论场。如何加强不同媒体之间的协作，力促引导效果最佳化，宜视具体情况而定。对于影响较大的网络谣言，报纸、广播、电视等传统媒体若能及时进行正面报道往往效果较好；对于牵涉个人、需要快速回应的敏感信息，可以利用人民网、新华网或当地重点网站“发声”，再由传统媒体和其他网络媒体适情转载为妥；对于台风、洪水、冰冻灾害等突发事件，可以通过手机短信、政务微博（微信）、广播电台、电视、报纸、室外信息显示屏等多种方式，及时将相关信息和注意事项告知公众。此外，在舆论场域日益多元化的今天，还应重视官方舆论场与民间舆论场的“共鸣”，充分发挥“意见领袖”们的作用，壮大“网上统一战线”。当事方若能有效引导“意见领袖”们在自媒体上“发声”，使之与官方声音互相应合，则既能增强舆论引导合力，又有利于提高舆论引导的时效性。

第三节　网上舆论引导必须讲究话语策略

舆论引导本质上是一种“攻心”活动，是一种社会化的说服行为。引导者能否准确把握并积极顺应受众的心理诉求和接受特点，直接关乎引导效果之优劣。在网络舆情危机应对中，当事方既要敢于主动、快速地进行舆论引导，争取把握舆论主导权，又要善于灵活、艺术地进行舆论引导，注重提高舆论引导的实效性。随着社会深层矛盾日益凸显，公众思想观念的差异化、多元化趋势不断增强，网上舆论引导日趋“艰难”。实践表明，只有把准社会心态，契合受众心理，尊重传播规律，讲究话语策略，网上舆论引导工作才能真正取得实效，舆情危机的化解才有保障。

一、当前国内受众的七大心理倾向

◎焦虑情绪成为困扰公众的“阴霾”；“老不信”思维逐步形成“塔西佗陷阱”；“仇官”、“仇富”心理仍在蔓延；侠客情结充斥“网络江湖”；群体极化现象相当普遍；网络暴力倾向愈演愈烈；娱乐化戏谑化表达空前活跃。

一是焦虑情绪已成为困扰公众的“阴霾”。2011年10月，《人民日报》海外版曾刊文称“中国进入了‘全民焦虑’时期”。2013年3月，《人民论坛》杂志有项调查报告指出，80.1%的受访者经常使用“烦躁”、“亚历山大”、“郁闷”、“纠结”等词语来表达内心情绪，88.9%的受访者认为“全民焦虑症”已成为当下中国的社会病。由于社会转型和市场竞争给公众带来了诸多压力，加之各类社会风险和不确定性因素的困扰，许多公众常常焦灼不安，对现实和未来充满迷茫、困惑和恐慌。社会上“好事不出门、坏事传千里”的现象、公众对外界传闻“宁可信其有、不可信其无”的反应，以及现实生活中许多因“网”而起的“哄抢”风波（如抢盐风波、抢醋风波）、“避难逃亡”行动（如河南杞县钴60泄露谣言引起的“大避难”事件）等，实际上正是这种焦虑情绪的表现。随着“高风险时代”的到来，涉及食品药品安全、环境污染、自然灾害、贫富分化以及上学难、就业难、看病难等方面的压力源、风险源日趋增多，公众因之而生的焦虑情绪还可能不断强化。这必将导致公众在接受舆论引导时的实用倾向会日益增强。

二是“老不信”思维逐步形成“塔西佗陷阱”[①]。当今社会正面临信任危机的挑战，官民之间尤盛。有学者指出，“‘政府说什么民众信什么’的时代已经过去，如今人们已习惯于从批判视角看待领导干部的行为与公权力的使用。”[②]从近年来“钱云会案”、“周克华案”、“瓮安事件”、“石首事件”等诸多热点事件中，我们可以清楚地看到，公众对官方的解释往往心存疑惑，总是表现出明显的不信任感，许多时候即便对于权威部门的“声音”，公众也不买账，且极易产生习惯性质疑和负向猜想。时下，“遇官则疑”已成为公众的一大心理倾向，公众对官方的“老不信”思维逐步形成了“塔西佗陷阱”。究其原因，这种情势主要源于官方公信力的滑坡、公众主体意识的增强，以及网络环境的催化作用。不难看到，信息的网络化传播加速了公众的思想分化，刺激了公众怀疑意识的张扬，强化了社会群体的离心态势。正如美国学者曼纽尔·卡斯泰尔（Manuel Castells）所言：“在网络化社会里，人们缺乏一种普遍的认同感。”[③]对于以统一思想、凝聚共识为旨归的舆论引导工作而言，如何扭转公众的“老不信”思维、重建官方的权威性和公信力，无疑任务艰巨。

三是“仇官”、“仇富”心理仍在蔓延。由于官民冲突、贫富分化等多种因素所致，许多群众对有权有钱、相对强势的社会群体容易滋生敌对情绪，“仇官”、“仇富”心理比较明显。在网络舆论场中，不少网民对领导干部、富户通常存有一种情绪偏向，尤其对于为官不端行为和豪奢炫富之举更是持以“零容忍”态度。领导干部和富户只要稍有不慎，在网上曝出不恰当的言行，便可能掉进网民的“口水旋涡”，遭遇各种挑剔的拷问和批

① “塔西佗陷阱”得名于古罗马时代的历史学家塔西佗，通俗地讲，就是指当公权力遭遇公信力危机时，无论说真话还是假话，做好事还是坏事，都会被认为是说假话、做坏事。

② 杜骏飞等著：《政府网络危机》第269页，中国发展出版社，2011年版。

③ 转引自崔保国编著：《信息社会的理论与模式》第76~77页，高等教育出版社，2001年版。

判，陷入“老鼠过街，人人喊打”的尴尬境地。近年来，网上调侃、丑化、恶搞领导干部和富户的文字、图片、音视频等俯拾皆是，“逢官必炒、逢富必揪”的现象十分普遍。一旦相关人员曝现网络，便极易被不分青红皂白地贴上“贪官污吏”、“为富不仁”等特殊标签，甚至遭到声势浩大的集体声讨。“李刚门”、“表哥门”以及“房多多”、“郭美美”等事件的网上舆论反应，莫不如此。值得注意的是，当前这种“仇官”、“仇富”心理非但难以遏止、消褪，而且仍在不断蔓延、扩散。除了正儿八经的领导干部和富户之外，警察、法官、教师、医生以及“官二代”、“富二代”等相关群体，也已成为易被“吐槽”、“板砖”的对象。

四是侠客情结充斥“网络江湖”。作为一种文化心理积淀，侠客情结在国人心中由来已久。其终极追求在于公平正义，主要表现是行侠仗义、打抱不平。在“草根”阶层相当活跃的“网络江湖”中，侠客情结彰显无遗。许多一呼百应的“意见领袖”、“网络大V”，以及打着各类旗号的“维权斗士”、“独立调查者”等，即形如网络侠客，其臧否好恶对公众的价值取向具有鲜明的引领作用。受此浸染，网络舆论蕴含了一种天然的正义感，其“锄强扶弱”的情感倾向十分明显。绝大多数网友“吃软不吃硬”。当事方越强势，则越易受到挑衅和围攻；当事方弱势一点，反倒容易博取同情和宽容。网上曾经热炒的“孙志刚案”、“邓玉娇案”、“罗彩霞案”、“杭州富家子弟飙车肇事案”等一系列热点事件，莫不让人看到了侠客情结的张扬。在这种情感倾向中，公众的正义感有时也可能被误导、扭曲。时下，网上因“抽象愤怒”[①]引发的群体性泄愤事件越来越多，大量非直接利益关系者经常掺和到其他事件的围观、声讨之中。这种群体性表达，往往剑锋直指利益冲突中相对强势的一方，容易形成颇具侠义色彩的

① 于建嵘将不特定之人因不特定之事引发的普遍和长期的愤怒，称为“抽象的愤怒”，以之与一人一事的愤怒相区别。参见于建嵘：《有一种“抽象愤怒”》，载《南风窗》2009年第18期。

“舆论审判”，其对舆论走向和冲突调解影响颇大。

五是群体极化现象相当普遍。借用美国学者凯斯·桑斯坦（Cass Sunstein）的说法，群体极化就是指“团体成员一开始即有某些偏向，在商议后，人们朝偏向的一方继续移动，最后形成极端的观点”。[①]在信息海量、意见多元的网络舆论场中，多数网友只关心自己感兴趣的人和事，只认同与自己类似的观点和主张；许多网友同声相和、同气相求，“抱团取暖”，极易形成比较偏激的“意见同盟”。在“意见领袖”的引导下，网友容易被极端化的情绪所感染，对某一倾向或“顶”或“踩”，泾渭分明。这种情形易于导致“沉默的螺旋”现象的出现——看到自己赞同的观点有多数人认可，就会越发大胆地传播；如果发觉某一观点只有少数人支持，则可能会出于防止被孤立而保持沉默，其结果容易导致舆论“一边倒”。显然，群体极化现象与公众的从众心理和跟风效应密切相关。在“法不责众”理念的影响下，这种现象容易刺激公众的偏执心理，强化“集体闯红灯”的心态。特别是在谣言传播当中，群体意见经常受到某一极端化情绪的牵引，跟风起哄，盲信盲从，最终形成巨大的“舆论旋涡”，甚至演化为群体性事件，带来严重危害。“香蕉致癌”事件、“等地震”事件、“抢盐风波”等，即是明证。

六是网络暴力倾向愈演愈烈。网络暴力泛指在网上对他人实施的具有暴力倾向的攻击行为。其主要包括：利用侮辱性、恐吓性的语言文字或故意编造谣言，对他人进行人身攻击和恶意诋毁，损害他人名誉；发动“人肉搜索”，将他人的姓名、照片、工作单位、家庭住址、联系电话等真实身份资料公之于众，侵犯他人的隐私权等。网络暴力虽然不同于现实生活中拳脚相加的暴力行为，但它对当事方却极具杀伤力。在很大程度上说，网络暴力是社会戾气在互联网上的体现和延伸，其一方面

① （美）凯斯·桑斯坦著，黄维明译：《网络共和国：网络社会中的民主问题》第47页，上海人民出版社，2003年版。

缘于成因复杂的社会非理性情绪，另一方面与网络传播的匿名性密切相关。互联网在很大程度上解放了公众的“嘴巴”，为公众表达意见提供了绝佳平台，同时也催生了“网络暴民”和“网络红卫兵”的出现。在匿名环境的掩护下，有些网民（包括看似谦恭温顺、沉默寡言的人）不负责任地传播不实之辞，肆无忌惮地发泄不满情绪，大放厥词地攻击他人。尽管有关部门已从加强行政监管、健全法律法规等方面做了诸多努力，但要真正制止这种倾向的泛滥，绝非易事。尤其是随着移动互联网的兴起，信息传播的门槛再度降低，舆论空间更为开放，网络暴力倾向极有可能愈演愈烈。

七是娱乐化戏谑化表达空前活跃。现代受众普遍反感抽象说教，厌恶生硬规训。为了引起广泛关注、扩大舆论影响，许多网友通常喜欢选择娱乐化、戏谑化的表达方式，借助经过夸张处理、抢抓眼球的文字、图片和画面，传递一种特定的情绪与态度。网上频频出现的各种热词、流行语、段子、神曲、搞笑图片和音视频等，就是此类产物。举例来说，“天价香烟门”和邓玉娇事件曝光后，网上曾一度热传网友编撰的《久耕列传》、《巴东烈女传》。“李刚门”事件发生后，网上迅速兴起了以“我爸是李刚”为题的造句比赛，有人还创作了极具调侃讽刺色彩的说唱歌曲，引起广大网友疯狂点击和大量转载。在这种背景下，网络“恶搞族”随之而生，各种恶搞行为空前活跃。2011年6月广州市白云区某街道办事处主任“裸聊”事件曝光后，有人专门制作了“专访刘某”的恶搞视频。2013年5月延安发生城管暴力执法事件的次日，网上即出现一则名为《我是一个兵（城管版）》的音视频，引起广泛围观和强烈反响。实际上，这些表达方式与公众的求新求异心理、闲适消遣心态密切关联。它在发挥“舆论放大器”作用的同时，也给制作者和围观者带来了巨大的自我满足感，具有解闷、解气的作用。

二、网络语境下信息发布之“六说”

◎信息发布必须既快又好，不失语亦不乱语。所谓“六说”，即：速“说”态度、简“说”过程、巧“说”事实、慎“说”原因、续“说”进展、后“说”亮点。

信息发布是舆论引导工作的一项重要内容。在网络舆情危机应对中，当事方必须尽快“说话”、引导舆论，又要注意“说话”技巧，切实做到既快又好，不失语亦不乱语。一般而言，网络语境下的信息发布工作应当注意以下基本技巧。

一是速“说”态度。迅速表态是信息发布中至关重要的第一环节。对于网上刚刚曝出的敏感舆情，网友最先关注的通常是当事方的反应和态度，之后才是真相和细节，因而此时对意欲引导舆论的当事方来说，“表态”胜于“行动”。有些当事方对舆情危机抱持“鸵鸟心态”，寄望于侥幸过关，或以为“清者自清”、无须搭理，有些当事方尽管做了不少应对工作，却只顾“埋头干活、光做不说”，这类反应很容易引起网友的负向猜测，对引导舆论是十分不利的。值此时际，明智的做法应当迅速做出表态性回应，如说：“近日，有人在网上发帖称……我们对此高度关注，现已派人进行调查。待情况核实后，我们将尽快告知网友。感谢大家对我们的支持……”如果敏感舆情明显涉嫌造谣中伤，当事方可以语气硬朗地说：“对于网上传闻，我们已做了初步调查，并已向警方报案。若情况属实，我们将依法依规严肃查处。同时，我们也敬请发帖网友要实事求是、尊重事实……”这种快速表态不仅容易给人留下负责、阳光的第一印象，有助于赢得网友的好感、影响网友的判断，而且对发帖者也会产生一种抚慰性或震慑性的作用，其对引导舆论、防止恶炒颇有益处。

二是简“说”过程。最初发布事态信息时，应当遵守“宜简不宜繁、宜粗不宜细”的原则，简明扼要地介绍相关情况，切忌喋喋不休地纠缠于详细过程，更不可对未经确认的具体细节进行猜测性解释。业内资深人士曾提出过一个“三简”忠告，即突发性危机出现后，信息发布者对外界所说的每一句话都应“简要、简单、简短”。西方国家的新闻发言人总结了一条名为“KISS”（Keep it simple and stupid.）的经验，认为从简发布非常重要，“说”得太多、太细容易出现难以预料的情况。实际上，由于当事方在事发之初不可能对整个过程迅速进行全面、翔实的核实和了解，因而很难将事实真相及其来龙去脉“说”得清清楚楚、明明白白。说得太多、太细、太具体，不仅有悖于事实真相的逐步探寻规律，而且也很容易引起网友刨根问底、节外生枝，一不小心还可能掉进“标题党”或吹毛求疵者的“问题陷阱”。因此，在发布过程性信息时，务必化繁为简、详略得当，把好尺度，否则言多必失、“越描越黑”。当然，对于公众特别关注、事态较为明朗的情况，当事方应当根据实情适当地多做些解释，以免给公众留下语焉不详、敷衍了事的不良印象。

三是巧“说”事实。新闻报道是一门选择性艺术，信息发布同样如此。由于视角差异所致，公众对同一事件的看法常常“横看成岭侧成峰，远近高低各不同”。因此，对于手中拥有信息配置权和舆论指挥棒的发布者来说，一定要坚持趋利避害的原则，善于有选择、有重点地发布信息，主动“喂食”，巧妙牵引公众的注意力，积极引导公众的价值判断和舆论走向。信息发布必须以客观事实为依据，不打诳语、不说假话，但应注重实话巧说，循循善诱。哪些事实宜先说、哪些事实宜后说，哪些事实要详说、哪些事实要略说，哪些事实只用文字说、哪些事实需要图文并茂地说，发布者务必用心掂量，注重技巧，巧借事实进行舆论调控。笔者有次在舆情监测中看到网上出现一则“××市政府门口发生一起自焚事件”的报道，并附有多张惨不忍睹的图片。之后，相关文字和图片迅速引起网友关注，许多网站纷纷转载。为了防止热炒之势，笔者建议当地政府部门立即协调有关网站，将原标题中的“市政府门口”改为“××路上”，同时将相关图片撤下。如此处理，舆情热度很快明显走低，事故产生的负面效应也得到了有效控制。这便是巧“说”的效果。

四是慎“说”原因。危机事件出现后，公众往往急欲知晓事发因由。当事方给出的“说法”如果与实情不符抑或含糊其辞，则极易遭到公众的质疑和指责，甚至引发舆论风暴和“次生灾害”。2008年山西襄汾一溃坝事故引发的“董暴雨”风波①，2009年杭州“富家子弟飙车肇事案”引发的“欺实码”之说，以及云南玉溪一男子在看守所被人殴打致死引发的“躲猫猫”事件等，就是这方面的失败案例。在解释原因时，发布者应当实事求是、慎之又慎，千万不可信口开河、“睁眼说瞎话”。如果暂时没有权威界定，可以说“目前事故原因正在调查中”或“据初步调查，事故原因可能是……”有些发布者在尚未搞清真正原因时便武断地作出结论，抑或一张口便想当然地否认网友的爆料，甚至前后不一、七嘴八舌，待到真相大白，真正原因与所下结论大相径庭时，当事方必然遭到舆论的炮轰。要防止出现此类“咎由自取”的情形，信息发布者必须充分尊重公众，尽量掌握实情，审慎斟酌，三思而言，切不可受惯性思维、利害关系、作风不实等因素的消极影响。只有这样，才能经得起公众的质疑和时间的检验。

五是续“说”进展。在网络语境中，信息发布想要“毕其功于一役”是不太现实的。当事方在第一时间发布信息、掌握舆论主动权后，还要重

① 2008年9月8日，山西省襄汾县某矿业公司尾矿库发生特大溃坝事故，造成近300人遇难，震惊全国。之后，襄汾县委宣传部部长董某第一时间对外声称事故缘于暴雨所引发的泥石流。而据气象部门提供的资料证实，事发当天的降雨量之小，小到“连地皮都不可能被打湿”，“根本不可能是暴雨。”有关专家经过现场勘查，也否认了“暴雨引发泥石流”的说法。这些情况出现在网上后，董某的说法遭致网友的强烈质疑和批评，网友认为董某的解释“纯粹胡说”。董某也因此有了一个与“周老虎”几可齐名的戏称“董暴雨”。

视做好后续的动态性发布工作，切实根据事态进展情况，及时发布最新信息，不断有针对性地回应社会关切。对于影响较大、关注度较高的危机事件，尤其应当注意后续信息的滚动跟进，尽可能使权威声音形成“叠加效应”。2009年成都“6·5”公交车纵火案发生后仅两个小时，成都市政府便迅速召开首场新闻发布会，通报相关情况。之后，市政府在当天下午和晚上又召开了两场新闻发布会，不断公布伤亡、救治和现场情况。第二天和第三天，市政府根据事态处置进展再次连续召开发布会，主动解答网友具有代表性的疑问，并公布了侦查结果。这种一天连开三场、三天累计五场新闻发布会的“续说”，使官方的权威信息得到了及时、充分的披露，对于澄清真相、化解质疑、主导舆论走向、树立官方良好形象起到了十分重要的积极作用。近年来，舆论场中的“断头新闻”、“烂尾新闻”现象相当普遍，有些当事方在高调表态之后便杳无音讯、没了下文，其当初所谓“待相关情况调查清楚后即告知网友”的承诺成了空头支票。这种有始无终、言而无信的做法，容易让人产生被忽悠、被愚弄的感觉，极易遭致网友的诟病。

六是后“说”亮点。舆论危机通常会给当事方带来一定的负面影响。危机应对的主要任务就是要尽量控制和消除这种影响。在信息发布中，当事方除了应当想方设法“中和”负面舆情，还应积极借助“麦克风”，主动为自己“说话”。危机处置基本结束后，当事方如果能够对事件处置情况进行适当的回顾和总结，挖掘工作中的亮点，给予积极评价，并将相关情况巧妙地“说”出去，则对当事方放大正面影响、整饰形象大有裨益。2008年7月，广西百色发生那读矿难，近五十名矿工被困井下，引起舆论高度关注，其中不乏批评、质疑之声。事后，参与现场采访的记者在新华网“新华视点”栏目刊发《那读矿难信息发布凸显执政理念变革》一文，称“那读矿难信息披露及时、公开、透明，实现了无缝对接，是信息公开的一次成功实践”，“凸显了信息公开时代执政理念的变革”。该文被国内众多传统媒体和知名网站转载，其对构建官方良好形象的积极作用显而易见。当然，发布此类“亮点”，最好借助权威人士和“意见领袖”之口来“说”，这样才更有利于提高可信度。此外，正面评价一定要把握好分寸，不宜太“过”，否则可能引起舆论反弹，适得其反。

三、网上舆论引导的六大话语策略

◎互联网时代的到来宣告了“魔弹论”[①]的终结。开放的话语环境、多元的价值观念以及复杂的社会现实，要求舆论引导必须顺应网友接受心理，遵循网络传播规律，选择适宜的话语策略，善用“巧劲”。

（一）“屈尊”策略：放下架子“说话”，增强引导力

心理学研究表明，宣传者增强别人对自己信任的有效方法之一是反自我利益而行之。[②]毛泽东同志曾提出过“倒宣传”和“种牛痘”的策略，主张在新闻宣传中适当运用反面信息以增强正面信息的影响和作用。[③]西方媒体在政治营销中经常采用“小骂大帮忙”的方式，即得法于此。这里所说的“屈尊”策略，与之相近，概指放下架子说“话”，敢于开诚布公地直面自身的瑕疵和问题，旨在运用自反至正、以退为进的方式来增强舆论引导力。

首先，“屈尊”策略要求舆论引导者必须放下高高在上的架子，淡化

---

①“魔弹论”又称“枪弹论”、“靶子论”、“皮下注射理论”。它是西方早期一种较为流行的传播理论，其核心思想是：大众传播具有强大的传播效果，其情形犹如子弹（大众传播媒介的信息）射向坐以待毙的靶子（受众），可以引起直接左右受传者的态度和意见。

② 参见〔美〕埃利奥特·阿伦森著：《社会性动物》第78页，新华出版社，2002年版。

③ 参见《毛泽东选集》第5卷第237、349页，人民出版社，1977年版。

强势色彩，摒弃妄自尊大、盛气凌人的话语方式。傲慢自负、牛气烘烘的架式和口吻不仅容易引起网友本能的厌恶、反感，而且容易刺激他们“遇强则强”的敌对、挑衅情绪，甚至激怒公众，招致“群体性围攻”。相反，放低姿态、贴近网友、话语低调、态度谦谨，往往有助于赢得网友的信任、理解和支持。对当事方来说，即便出以公心、真理在握，亦不可咄咄逼人、过于强势，尤其是面对汹涌民意，必须保持谦卑，否则极易事与愿违。有些当事方在回复网友留言时强硬地指称对方的想法和呼吁“完全是逆潮流而动”，有些当事方在网上辟谣时高调地宣称“我们郑重警告一些别有用心的人，不要以为躲在人群中就能逃避严惩”，有些当事方认为网友的质疑和批评“既违背事实又违背常识”，还有一些当事方在反思责任事故时扬言自己作为执法者对伤亡人员“不存在歉意”，等等，此类高腔高调、充斥着官僚之气的强势言辞，绝大多数网友是难以接受的。只有尽量降低身段，态度温和，忌用狂言悍语，莫要以势压人，才可能为实现有效引导打好基础。

其次，“屈尊”策略要求舆论引导者必须坦率实诚，敢于以“瑕”示人，不要刻意地回避问题、掩盖矛盾、粉饰缺点。马克思、恩格斯曾称竭力使用各种正面材料反复证明自己观点如何正确的宣传方式为“卡普勤教士的政治说教”，并指出这种宣传是不能说服人的。[①]在网上舆论引导中，当事方不宜总是自吹自擂，不可为了遮丑、自保而撒谎、狡辩。对于客观存在的问题、不足和失误，切忌遮遮掩掩、搪塞公众。必要时，当事方应当主动地“屈尊降贵”、真诚地检讨道歉，以之安抚民意、平息怨愤，争取公众的谅解和宽容。2011年6月四川会理“悬浮照”风波曝现网络后，网友纷纷质疑，恶评四起。事后，当地有关部门迅速对媒体坦承“网友的质疑是对的，我们的工作存在问题”，同时涉事工作人员也向广大网友发

① 参见陈力丹著：《马克思主义新闻思想概论》第113页，复旦大学出版社，2003年版。

出致歉信，说明原委，并表示日后绝不重犯类似错误。这种坦然认错、勇于改过的态度，对遏止舆论恶炒作用明显。经验告诉我们，对舆论引导者来说，开诚布公、学会道歉是十分必要的。“打开天窗说亮话”、实事求是地直面问题，有利于化解疑团，浇灭怒气，重拾信任。这种“屈尊”之策，看似背离了自我利益，实际上却对增强舆论引导力大有助益。

（二）“隐寓”策略：善用事实“说话”，增强说服力

“隐寓”策略概指将自己的倾向、立场和主张隐含在具体事象之中，亦即寓理于事，善用事实“说话”。由于诸多原因所致，传统的舆论引导方式一直存在口号化、空洞化、表面化等问题，宣传味浓，主观色彩重，偏好抽象说教和直接灌输。这种引导方式容易让现代受众产生逆反、排斥心理，很难取得良好效果。在网上“口水大战”中，通常情绪化的“水货”（意见信息）多，令人信服的“干货”（事实信息）少。如果当事方能拿出实实在在的“干货”来，则能大大增强舆论引导的说服力。

俗话说：事实胜于雄辩。劝说研究表明，借助客观事实进行宣导最有说服力，“事例越是生动形象，其劝导效果就越好”[①]。就正面宣导而言，只有善于将抽象的观点、主张巧妙地隐寓于具象化的事实和细节性的描述之中，善于用鲜活生动的事实来说“话”，尽力使宣导内容客观化，切实让客观事实本身的逻辑力量自然而然地流露出来，所说之“话”才可能深入人心。钱钟书先生曾说：“理之在诗，如水中盐、蜜中花，体匿性存，无痕有味。”[②]此话对于改进舆论引导工作颇具启示意义。正面宣导若能有意识地减少空泛说教，注重凸显客观事实，切实使“思想和形象如同果汁和果肉不可分割般地紧密结合在一起”（柏生语），则必定能增强舆论引导的实效性，有望取得“润物无声”的效果。特别是在国际舆论场

① 〔美〕埃利奥特·阿伦森著：《社会性动物》第90页，新华出版社，2002年版。

② 钱钟书著：《谈艺录》第230页，中华书局，1984年版。

实施对外传播时，必须尽量褪去意识形态色彩，避免干巴枯燥的呼号和赤裸裸的说教，否则很难以让海外受众欣然接受。

从辟谣纠错、化解危机的角度说，“事实引导”最为管用。阳光是最好的杀毒剂，事实是谣言的粉碎机。在公众的思辨能力日益提高的话语环境中，空洞无物的观点和苍白无力的解释很难让人轻易信服，而有细节、有图片的事实信息通常具有较强的说服力。对于复杂、敏感问题的引导，当事方一定要摆事实、重证据。有谚云：一千个“0”也抵不上一个“1”。倘若能够拿出客观、确凿的真凭实据来，谣言便不攻自破，许多含混不清的问题亦不言自明。比如，对于网上“××已去世”、“××被双规”等谣传，当事者只要站出来现现身、亮亮相，谣言便无处藏身。2008年拉萨“3·14”事件之后，部分西方媒体悍然对中国政府进行污蔑、攻击和丑化，严重误导了海内外人士的判断。为了揭批其真实嘴脸，有网友将它们张冠李戴、移花接木、以偏概全、颠倒黑白等方面的歪曲报道一一列出，并以图文并茂的形式逐项做出真相说明。这种一真一假、一目了然的客观对照，使世人清楚地看到了相关媒体的恶意企图，为扭转中国在国际舆论场中的被动局面发挥了关键性作用。大量实例表明，在网上舆论引导中，当事者应当注重事实，多用照片、数字、音视频等来说“话”，这样才能产生无可争辩的力量，有利于解疑释惑、取信于人。

（三）“他说”策略：借重权威“说话”，增强公信力

简言之，“他说”策略就是借他人之口，说自己想说的“话”。在网络舆论场中，“自弹自唱”难免应者寥寥，“自证清白”通常不足为信。而当事方如果在宣导过程中巧妙援引专家学者、“意见领袖”等权威人士的意见来佐证自己的观点，则能大大增强宣导内容的公信力。著名社会心理学家费斯廷格（L. Festinger）曾经指出：“人人都具有自我评价的倾向，而他人的认同是支持自己评价的有力依据，具有很高的酬偿和强化

力量。”[1]从受众心理的角度看，运用“他说”策略容易产生人际传播效果，因而更加有利于增强受众的认同感。

有调查显示，公众在危机中最信任的表达者是专家学者、直接“受害人”和了解内幕的亲朋好友或同事，可信度最低的是危机应对的主体。[2]在网上舆论引导中，契合这种接受心理、借助专家学者之口来说“话”，往往效果显著。2008年汶川特大地震发生后，网上出现一篇帖文，称“9月13日，南宁至海口将出现9.1级地震，并引发海啸”。该帖文迅速被炒得沸沸扬扬，弄得人心惶惶。对此，有关方面最终决定邀请专门研究地震问题的专家出来说话，专家指出“南宁至海口不在高频地震区域，没有爆发高等级地震的基本条件”。这种回应，显然比一般新闻发言人的引导更有权威性。2013年12月上旬，网上盛传“迷药”事件，称北京、广州等地有人利用迷药，到处从事违法犯罪活动。警方出来辟谣后，人心稍安，但仍有相关传言在网上流传。事后，媒体记者采访了多位麻醉专家，他们从医学角度介绍了麻醉药的功效和人体麻醉的基本方式，认为目前市场上没有5秒钟内能将人迷晕的药品，“拍肩即迷”、“一闻就晕”等情况是不太可能的。这种权威性解释让公众吃了“定心丸”，对于引导社会舆论、抑制恐慌情绪作用甚巨。

在网络舆论圈里，“意见领袖”、“网络大V”对广大网友具有强大“磁力”，其言论、观点在很大程度上影响着广大网友的评判和公共舆论的走向。因此，网上舆论引导应当善于借助这种资源，使之成为“为我所用”的重要力量。近年来，不少舆论危机源于“老子调查儿子”行为的公正性受到质疑。遇此情形，若能引入“意见领袖”、“网络大V”等第三方作为调查主体，而后让他们现身说法，“由网友说服网友”，则对消释公众疑虑、遏止网上恶炒具有特殊作用。昆明的“躲猫猫”事件、南京的

---

① 转引自高玉祥著：《人际关系心理学》第78页，中国社会科学出版社，1990年版。

② 胡百精：《中国危机管理报告·2006》第15页，中国人民大学出版社，2007年版。

"徐宝宝"事件等，就曾在组织"网民调查团"、开展"第三方调查"方面做过积极尝试。

此外，直接引用知名媒体的报道和评价，也有利于形成舆论共鸣效应，增强自身观点的公信力。2013年12月日本首相安倍"拜鬼"后，国际舆论对此议论纷纷。为了引导公众，国内主流媒体不断摘登美国、新加坡、韩国乃至日本等国家媒体的批评性意见，其积极效用不言而喻。当然，"他说"并非随意胡说、道听途说。要使这一策略产生良好效果，必须注重信息来源的权威性和准确性。对于"他说"中出现的时间、地点、人物、观点，要认真勘明出处。对于有争议的问题，应当尽可能多找一些信源进行甄别核实。

（四）"抢先"策略：抢占先机"说话"，增强吸引力

"抢先"策略概指抢占先机、先声夺人，旨在通过提高引导时效，增强自身话语的吸引力，进而影响舆论走势。上文已经论及，要把握舆论主导权，必须快速反应，善于与各类噪音杂音"赛跑"。当事方是否注重舆论引导时效，能否抢在噪音杂音尚未扩散、舆论风暴尚未形成的有利时机开出最具导向价值的"第一腔"，积极吸引广大网友的注意力，直接关乎舆论引导的优劣成败。

常言道："先发制人，后发制于人"。网上舆论引导尤其如此。波兰心理学家列斯拉夫·沃依塔西克在《政治宣传心理学》一书中指出："宣传活动的成绩大多数取决于宣传的速度和效能，其根据是：对事物最先的解释能迅速吸引人的注意。人们多半把它作为真实的解释来看待。因此，最先的解释容易在人们的记忆中扎下根，而且是牢牢地扎下根。"[①]在信息传播和热点生成不断提速的话语环境中，当事方如果反应迟钝，"发

① 转引自刘京林著：《新闻心理学概论》第229页，北京广播学院出版社，2003年版。

声”太慢，各类噪音杂音必然乘虚而入，而一旦让噪音杂音捷足先登、先入为主，舆论引导则必定陷入被动、面临危局。运用“抢先”策略，就是要增强快速反应能力，抢占最佳时机说“话”，争当舆论场中的“领唱者”，尽力吸引受众的“眼球”，牢牢把握舆论引导的主动权。

具体来说，“抢先”策略可以运用在当事部门的表态、权威信息的发布、事实真相的还原、错误观点的批驳、网络谣言的澄清等诸多方面。这里着重谈谈论坛跟帖、回帖中的“抢楼层”——

“楼主”（LZ，主帖发布者）发出主帖后，一般会有网友跟帖、回帖。特别是那些容易刺激眼球的帖文，更加容易引起网友的围观和热议。在网络舆情危机应对中，当事方要想通过跟帖、回帖来引导舆论，必须积极抢占“帖楼”的前几层。为什么要“抢楼层”呢？因为排位靠前的“楼层”能够引起更多关注，容易对后面的“楼层”产生导向性影响。网友习惯称第一个跟帖、回帖者为“沙发”（SF），之后的跟帖、回帖者依次为“板凳”、“地板”、“地下室”、“下水道”，等等。这些称谓在一定程度上暗示了“楼层”的先后与其吸引力、影响力的强弱成正比。网友在跟帖、回帖之前，一般都会浏览一下前面几楼的发言情况。在从众心理的作用下，后面跟帖、回帖者的情感取向和认知判断极易受到前面发帖者的影响。前面的发言如果比较理性，后面跟帖、回帖者的发言也可能比较理性；前面的发言如果比较情绪化，后面跟帖、回帖者的发言也可能比较情绪化。正因如此，当事方要想有效引导论坛中的舆论走势，促使其朝着自己预期的方向发展，则必须提高引导时效，力争抢在前面几楼的有利位置发言，以之提升自身的吸引力和影响力，为奠定舆论基调、主导舆论走向创造条件。

（五）“平顺”策略：心平气顺“说话”，增强亲和力

“平顺”策略概指心平气顺地说“话”，旨在通过增强沟通交流的亲和力，提高舆论引导的实效性。在实务操作中，当事方必须注意以下

三点要求。

一是相互尊重，平等交流。话语平等、气氛友善是传播致效、争取信任的基本前提，也是网上交流活动的内在要求。开展网上舆论引导，一定要抱持尊重网友、平等相待的心态，切实在思想、道德、人格等方面将网友和自己摆在同等位置，把引导对象当朋友，积极营造友好、融洽的话语气氛，善于进行轻松的沟通协商和互动交流。实践表明，“我说你听”、“我传你受”式的单向灌输容易使网友产生被控制感、被支配感，易于招致网友的反感和抵触，而平等协商式、双向互动式的舆论引导具有一种内在的亲和力，容易获得网友的心理认同。2003年5月，深圳市出租车司机因“非典”影响收入下降，出现了罢驶行为。对此，《深圳特区报》刊发《别让人家笑话咱深圳人》等文章，以朋友式的口吻与司机对话，对引导公众、平息事态起到了积极作用。这个例子，无疑颇有参考价值。

二是平和争论，不搞对抗。舆论引导要有胸怀、有气度。强硬对抗极易激化矛盾。近年来有些地方政府工作人员在网络平台上与网友发生争执时斥责对方“有病”、“白痴”、“闲扯”等，引发舆论风波，即因当事方采取对抗方式，施用了“语言暴力”，伤害了网友的感情。在网上“口水大战”中，当事方必须控制好自己的情绪，耐得住性子，理直气顺地进行辩论、批驳，不要讲带刺、伤人的话，不要随意乱扣“刁民”、“恶势力”、“别有用心”等高帽子，即使面对不敬或挑衅，也应当尽力自制，保持理性，善于宽恕和包容，千万不可意气用事、直接与网友硬碰硬地“对着干”。对于有些偏激言论和口头禅式的脏话，可以说“你的心情可以理解，但……”、“我们同情你的处境，但……”、“我不想冒犯阁下，不过……”，以之缓和冲突，纾解怨气。

三是顺应多数网友的“口味”，力求话语方式平民化、生活化。网上对话最忌官气太重、官味太浓，最忌板着面孔、过于严肃。舆论引导要尽力“去官僚化”、“去刻板化”，采用平民化、生活化的表达方式，少些网友厌烦的“宫廷味”、“秘书腔”，多些具有生活温度的“街坊味”、“百姓腔”，少些虚泛、多余的官话、套话、废话，多些鲜活朴实的真话、实话、家常话、管用的话。要善于运用通俗易懂、轻松幽默的语言表达自己的旨意，善于运用深入浅出的方式阐述道理，切实让普通网友乐意听、听得进、记得住。温家宝同志曾在回答网友提问时说“我们可以勾指相约”[①]，即是一例。此外，当事方还应熟悉不断翻新的网言网语，学会讲“新话”，能和网友“扯”到一块去。当然，使用网言网语，不能过度卖萌，不宜刻意追求语言秀。

（六）“感化”策略：带着感情“说话”，增强感染力

“感化”策略概指带着感情说“话”，注重增强话语感染力，以便更好地影响人、引导人。古人云：感人心者，莫先乎情。在情绪化表达十分鲜明的网络语境中，舆论引导尤其应当重视打好“情感牌”，善于以情感人。许多时候，情绪引导比单纯说理更见成效。如果网友对当事方的话语无动于衷、毫不动情，那么舆论引导的实效性则无从谈起。当事方只有带着真情实感去说“话”，让网友产生情感共鸣，真正打动网友、感化网友，才能取得良好的引导效果。

近年来，有些传播学者提出了“硬销”与“软销”、“软性说服”与“硬性说服”等观点。照此说来，“感化”策略显然属于“软销”、“软性说服”的范畴，其要求当事方在引导过程中注重情感营销和软性表达，积极借助情绪感染的力量，实现有效说服。在情感氛围浓厚的网络舆论场中，网友“吃软不吃硬”的现象相当普遍。情感的力量常常直接影响网友的判断，甚至左右舆论的走向，而硬性的说理和训导却显得孱弱无力，易遭冷遇。正因如此，网上舆论引导宜从单纯说理、刚性压服向善于用情、

---

① 2010年2月27日下午，温家宝总理接受中国政府网、新华网联合专访，与广大网友在线交流。在最后回答网友“您明年还来吗”时，温总理回复说：“我们可以勾指相约”。

软性感化转变，要善于通过情感交流，使网友自然而然地产生共鸣效应。只要达成了相同的情感倾向，舆论引导便找到了落脚的坚实基础。

实际上，成功运用“感化”策略的例子很多。2008年奥运会上，公众极为关注、预期甚高的著名运动员刘翔在男子110米栏比赛中因伤放弃比赛，许多网友深感震惊和失望，甚至不乏质疑、批评之声。为了化解舆论危机，中国田径队随即召开新闻发布会。会上，刘翔的教练孙海平在回答中外记者提问时泪流满面，这一情景深深触动了世人，得到了不少人的同情。之后，有人发帖称“宁要一个健康的刘翔，不要一个以损害健康为代价的奥运冠军”。这一观点，促使网友关于退赛的质疑、拷问逐渐升华为对奥林匹克精神的追问、对人道主义关怀的思考。有人说，是孙海平的眼泪和这个帖文“浇灭”了网友心头的怒火，帮助刘翔躲过了一场舆论风暴。2010年2月27日，温家宝总理接受中国政府网、新华网的联合专访。在与广大网友在线交流时，温总理开门见山地说“自己是带着真心、真意、真情来同网友们交流的”、“愿随意地同大家谈心”。这种情真意切的话语，顿然使广大网友无不深受感动，网友对此好评如潮。

诸多例子告诉我们，真情实感是说服工作的重要润滑剂。只有“暖人心”才能“得人心”，只有“感动人”才能 “引导人”。民心可敬、民意可畏、民气可用，温情的心灵抚慰有时比冷漠的数据、高深的道理更有力量。在网上舆论引导中，当事方一定要多一点人情味，多一些人文关怀，多一份情感滋养。只有这样，思想的种子才能生根发芽。

第四节　危机应对需要注意的其他几个问题

网络舆情危机应对是一项系统工程。上文述论，主要是从网上应对和舆论引导的角度展开探讨。实际上，网上与网下、舆情与实情是息息相关、不可分割的。在很大程度上说，网下决定网上，实情决定舆情。正所谓“功夫在诗外”，要真正防范和化解网络舆情危机，除了必须积极做好舆论应对工作，至少还应重视把握好以下几个问题。

一、注重源头治理，切实解决好网下问题

◎舆论导控通常只是治标而已，解决源头问题才是治本之道。只有满足公众正当诉求，真正做到听民意、解民忧，才有利于长治久安。特殊情况下，必须采取管控手段，防止特殊群体兴风作浪。

解决源头问题才是治本之道。用马克思主义“存在决定意识”的观点来看，问题在先，舆论在后；网上舆情源自网下实情，网下实情是网上舆情的“本”。对于网上敏感舆情，有人简单地将其归因于“网络惹的祸”，动辄要求删帖，以为删了帖就万事大吉；还有人把全部希望放在媒体公关上，而对网下的源头性问题却重视不够甚至漠然置之。这显然是未能正确理解网下与网上、实情与舆情的关系，颇有本末倒置、主次不分之嫌。实际上，导控舆论、防止恶炒，通常只是治标而已；化解网下矛盾、解决源头问题，才是治本之道。在网络舆情危机应对中，当事方一定要强化“网下决定网上、实情决定舆情”的理念，切实把解决现实问题、化解深层矛盾放在首要位置，不要总想着如何防范媒体、如何搞定舆论、如何压住问题。现实问题得不到解决，再卖力的舆论引导也会沦为空谈，再高明的媒体公关亦将于事无补。要真正改变网络舆情危机频仍的现状，必须下大力气消除各类社会诱因，积极化解现实矛盾。《人民日报》评论部曾刊文指出，“媒体既不是事件的起点，也不是终点”，“在日常治理中，解决问题是第一位的，舆论引导是第二位的”，因此，在处理社会热点、难点问题时，有关部门应当重点解决“怎么办”，而不是防着媒体“怎么

看”，切实从舆情应对走向问题破解，从“怎么看”迈向“怎么办”。[①] 无论对引导舆论、促进和谐来说，还是就维护当事方的形象和声誉而言，正视客观存在、解决源头问题均乃根本之策。

满足正当诉求才能理顺公众情绪。许多网络舆情危机，源于当事方的正当诉求得不到满足，从而使其怨愤不满情绪在持续积压中不断发酵、恶化。不难看到，网上时常有人以实名方式检举、反映问题，表达利益诉求。由于此类帖文附有姓名、单位、住址、联系电话、身份证号码等信息，且注明“对自己所述问题负法律责任”云云，因而往往让人觉得有一定可信度，容易引起围观者的同情和声援。一般情况下，网站对此类帖文是不会轻易做删除处理的，因为简单删帖既有悖于对公众表达权的保障，且极易出现火上浇油、愈删愈多的后果，让人觉得删帖行为心虚理亏。而如果仅仅以“网上来、网上去”的方式，进行“空对空”的舆论引导，不能在网下做出“实质性回应”，则往往难以让发帖者满意、放手。尤其对于随意应付的敷衍之辞和有头无尾的作秀之举，更是容易刺激发帖者的不良情绪，弄不好还可能致使舆情危机不断升级。遇到这种情况，明智的做法无疑是畅通对话交流渠道，变“键对键”为“面对面”，与发帖者“坐在同一条板凳上”，用心倾听其想法、意见，尽量满足其正当诉求，同时对不能满足的问题做好解释工作。一般情况下，这种“当面锣、对面鼓”的务实做法，对于理顺情绪、排解怨愤、增进共识、化解危机是相当有效的。近年来，许多公众认为“信访不如上访、上访不如上网”，喜欢在“领导留言板”、“书记市长信箱”等网络平台上问政监政、表达诉求，这种新情势迫切需要党政部门顺势而为，切实把解决问题、满足诉求作为定纷止争、化危为机的金钥匙。只有从根本上改变“网上热热闹闹、网下问题依旧”的局面，真正做到听民意、解民忧，才能赢得支持和拥戴，才

①《从“怎么看”迈向“怎么办”》，载2011年6月23日《人民日报》。

有利于长治久安。

关键时候对特殊群体要进行特殊管控。与表达自身正当诉求不同，有人利用网络平台造谣生事、搬弄是非、恶意中伤，有人仅凭道听途说煽风点火、推波助澜、制造事端，有人借助网络渠道开展串联活动，散布行动性、煽动性信息，鼓吹非法聚集、上街游行，策划扰乱社会秩序的群体性事件，还有人甚至与境外敌对势力沆瀣一气、互相勾结，妄图达成不可告人的目的。对于这些特殊群体及其引发的舆情危机，采取一般的舆论引导和封堵拦截显然是行不通的，真正有效的办法是要坚持引导与管控相结合，必要时应当采取特殊手段，落地查人，将恶意滋事者“挖”出来绳之以法。时下，“网络水军”、“网络推手”和“网络大谣”经常弄得舆论场中危机四伏、风云莫测，不仅给当事方带来了巨大伤害，而且严重干扰了网络传播秩序，污染了网络文化环境。许多社会危机和群体性事件即起因于这些人有意而为的网络谣言。面对这种严峻形势，网管部门必须加大依法整治力度，加强刚性管理，对恶意滋事者要保持高压态势，增强对恶意滋事者的威慑力。特别是在关键时候，应当积极借重公安、国安等部门的力量，重拳出击，对目标嫌疑人采取监控、稳控、管控等特殊手段，防止其在网上兴风作浪。事实上，在各类法律法规日益健全、网格化管理稳步推进、侦察技术不断成熟的今天，切实将刚性管控作为柔性引导的辅助手段，促使二者互相支撑，是十分必要，也是完全可行的。

二、迅速问责、安抚民心，果断平息众怒、控制事态

◎要平息众怒、控制事态、重建官方公信力，必须尽快对责任人进行问责惩处，积极安抚受害者及其亲友，释解其怨怼情绪和敌对心理，同时要举一反三，谨防出现负面连锁反应。

尽快问责惩处责任人。危机事件出现后，网友普遍会关注“谁是责

任人”、“责任人会受到何种惩处”等问题，且通常有“不处理责任人绝不罢休”的追讨心理。如果当事方对有关责任人迟迟未予问责处理，或者问责惩处不痛不痒、流于形式，网友则会疑云重重、愤愤不平，网络舆情亦将不断升温。因此，要平息众怒、引导舆论，必须尽快启动问责机制，迅速进行“责任切割”，及时明确相关责任人，并果断予以严肃惩处。2012年12月21日，网上曝出“兰州城管围殴残疾人”事件，引起网友高度关注。当地官方获悉舆情后立即展开调查，事发当日便对1名带队人员和打人的3名城管做出停职处理，次日又对负有间接责任的中队长进行免职。这种快速而严厉的问责，有效地消解了网民的怨恨、不满情绪，使得网络舆情在23日之后出现明显下滑态势，避免了当地官方陷入更深的舆论旋涡。经验表明，尽快调查并追究相关人员的责任，有利于平复网友的监政、追责心理，消解“官官相卫”、“故意偏袒”之类的负面猜想，也有利于当事方重新把握话语权，实现相关问题的“小范围界定”，防止质疑、抨击之声的蔓延和扩散。

积极安抚受害者及其亲友。在危机应对中，安抚民心是一项极为重要的工作。舆情会不会恶化、事态会不会扩大，直接与受害者及其亲友的反应相关。而这种反应在很大程度上取决于安抚工作是否积极有效。安抚工作做得好，诸般疑难问题则会迎刃而解，网络舆情也会相对平稳；安抚工作做不好，各种非理性行为则可能纷至沓来，舆论风浪势必难以遏止。比如，在涉及人员伤亡的征地拆迁冲突或重大安全生产事故中，光靠高压政策和强硬手段是难以根除危机的，弄不好还可能加剧冲突、激化矛盾。只有认真倾听受害者及其亲友的意见和诉求，积极做好安抚工作，切实给予物质上、财产上的补偿和精神上、心灵上的抚慰，帮助其解决困难、打开心结、稳定情绪，使之不再通过媒体施加舆论压力，不再上访请愿、喊冤叫屈，事态才能真正得到控制，舆情才能真正平稳下来。大量事例告诉我们，危机应对必须坚持以人为本、注重安抚的原则，多一些人性关怀和合理补偿，用心做好与受害者家属亲友的沟通协商工作，引导他们释放怨怼情绪，消除敌对心理。唯有切实解决好这一问题，网络舆情危机才可能从根子上得以化解。

举一反三，谨防出现负面连锁反应。除了迅速问责、安抚民心之外，还需注意防范危机事件可能带来的连锁反应。由于类似事件极易引发舆论“共鸣”，因而在危机处置中，当事方应当善于举一反三、由点至面地采取积极应对举措，防止事态在网友“深挖”中不断扩大化。比如，某地出现一起安全生产事故后，当地主管部门既要全力做好对该事件的处置工作，同时还应进行深刻反思和全面整改，督促当地涉及相关事务的各部门、各环节认真吸取教训，切实采取有力措施，自查自纠、防漏补缺，避免同类事故重复发生，防止产生叠加性的舆论影响。再如，某地出现某种疫情后，主管部门除了应当及时披露疫情、积极开展防治工作外，还应大力宣传科普知识，主动告知公众如何防范，以避免次生灾害和社会恐慌情绪的蔓延。从舆论反应来看，这种亡羊补牢、举一反三的做法，有利于当事方控制事态、获得公众认可，促使危机事件逐渐向有利方向转化。

三、危机处置必须依法依规行事，切忌被舆论“绑架”

◎要规避危机“后遗症”，防止出现舆论“次生灾害”，必须在问责、抚恤、管控等方面坚持以事实为依据、以法律为准绳，确保处置工作合法合规，切不可盲目地跟着舆论风向跑。

依法依规行事是依法治国方略的内在要求，也是危机处置工作必须遵循的基本准则。由于危机处置经常受到利益冲突、情感偏向、舆论压力等多重因素的影响，因而坚持依法依规原则倍显重要。实践证明，依法依规行事有利于公正、合理地平衡各方利益，有利于将社会怨愤降至最低程度，也有利于提高司法工作的公信力和政府部门的权威性。在实务操作中，要规避危机“后遗症”，防止出现舆论“次生灾害”，当事方一定要以事实为依据，以法律为准绳，自觉维护处置工作的合法性，切忌被舆论“绑架”。

依法依规问责。上文已经指出，及时、严肃的问责处理，有利于缓和公众情绪、平息舆论风浪，但是问责处理切不可在舆论裹挟下放弃法定程序和基本原则，不能仅凭主观意志率性而为。有些党政部门在危机处置中简单地屈从于舆论压力，盲目地跟着舆论风向跑，问题尚未搞清楚便先下结论，先“拿下”一批人再做调查。这种做法，不仅会遭致当事人的不满，而且容易引起新的舆论噱头，损害官方形象。2013年1月16日，湖南省××市两名领导干部因缺席该市经济工作务虚会议而被严厉问责，他们的检讨书竟被刊登在《××日报》头版上，引起社会各界的广泛关注。《中国青年报》对此发表评论称，勒令领导干部在党报头版做检讨，这不是创新，而是表现了一种长官意志下问责的情绪化。很多地方对公务员的惩戒，缺乏对制度和法律的尊重，这种现象折射的是根深蒂固的人治思维。驯服“情绪化的大领导”比驯服“逃会的小干部”更重要，这是法治社会更为艰巨的任务。[①]在公众法制观念不断增强的网络政治时代，问责惩处工作必须法制化、规范化，既要合情合理，又要合法合规，而不能主观化、情绪化，不能感情用事。对于有关责任人的惩处决定，应当严格遵照相关规定、权限和程序予以办理；对于有些疑难问题的司法定性，应当切合实际、一丝不苟，经得起推敲和检验。一旦违反政策法规，定性不准，惩处不当，待到事后出现“大逆转”，当事方则必然会陷入新的舆论旋涡。

依法依规抚恤。危机处置应当注重做好安抚优恤工作，尽量满足相关群众的正当诉求，保护其合法权益，然而不可为了息事宁人而做无原则

① 曹林：《“党报头版做检讨”后的情绪化问责》，载2013年1月18日《中国青年报》。

的让步，不要被舆论“绑架”而置政策法规于不顾。过分迁就虽然可能使事态暂时得以平息，但是容易留下诸多后遗症。时下有些人认为“只有闹事才能解决问题”，“大闹大解决、小闹小解决、不闹不解决”的思维惯性，即与许多抚恤工作未能遵照依法依规的原则进行有关。该做的抚恤工作做不到位必然难以让群众满意，而相关抚恤如果做得过了头同样会引起群众非议。有时候，违反规定、过于草率的优厚抚恤，非但不能平息事态，相反还会弄巧成拙，引发新的舆论风波。在2010年1月贵州安顺枪击案的处置中，政府有关部门未等调查结束即与死者家属签订70万元的补偿协议，并由年收入不到20万的坡贡镇政府以救济款名义予以支付，引起众多网友的质疑和热议。政府部门既然将其定性为“袭警”事件，为何要如此匆忙地补偿高额的“救济款”呢？显然，这种自相矛盾的怃恤措施不仅未能化解危机，反而使网上不良情绪更加恶化，许多人认为这种补偿必定另有隐情，当地政府是想掩盖真相、庇护同类。此类案例之所以引生“二次舆情”，关键在于未能依法依规进行抚恤，致使本来比较简单的刑事案件变得扑朔迷离。

依法依规管控。对于网上的造谣传谣、恶意诽谤、非法公关等违法犯罪行为，当事方无疑应当协调有关部门，积极采取管控措施，但这种管控措施必须出以公心、依法依规。有些部门和当事人遇到不利于自己的网上敏感信息，第一反应便是想着删帖、堵帖，要求落地查人，甚至对发帖者采取强势打压行动，这实际上是对法律的藐视、对民权的漠视。在大力倡导社会主义政治文明建设的今天，舆论管控应当尊重公众合法的表达权，理性对待群众反映的问题和诉求，对网上敏感信息的性质要有善恶是非之分，进而按照正当程序酌情处理。如果无视法律法规，仅从自身利益出发，妄称网上帖文“纯属诽谤报复”，擅用手中权力进行强硬管控，则难免事与愿违，适得其反。近年来，网上不时曝出有关方面对网上发帖反映情况者进行跨省抓捕和刑事拘留的舆论事件，如王帅案、王鹏案等，其结果莫不遭到广大网友的猛烈批评，致使危机程度和负面影响加倍放大。有专家曾经指出：“如今一些地方动辄给网站打招呼删帖，甚至越过网管而直接上网删帖，其实完全是违法行为，是权大于法、权力凌驾于制度之上的意识中养成的一种恶习。”“随意删帖是对法律的粗暴侵犯，是对民众自由表达权的践踏。”[①]从舆论传播的角度看，删帖、堵帖极易刺激发帖者的对抗心理，激化围观者的怨愤情绪，促使原本并未受到广泛关注的舆情因之升温、备受瞩目。

四、慎用军警，多用柔性处理方式

◎动用军警不仅容易造成紧张气氛、促使事态升级，而且容易放大舆情，加剧舆论危机。处置工作，切忌以硬碰硬，而宜多用柔性处置方式，善于将危机化解在耐心细致的柔性引导之中。

作为一种强制性力量，军队和警察在平息骚乱、稳定局势、控制事态、震慑敌对分子等方面具有其他群体不可替代的重要作用。对属于敌我矛盾范畴的打砸抢烧事件、暴力抗法事件以及大规模的群体性事件而言，动用军警化解危机、维护秩序是必不可少的。但是在一般性的突发事件处置中，应当注重多用柔性的处置方式，军警调用必须慎之又慎。时任公安部部长的孟建柱同志曾就处置群体性事件提出“三个慎用”原则，即慎用警力、慎用武器警械、慎用强制措施，其对危机处置及相关舆论引导工作颇具指导意义。

动用军警容易使事态升级。贸然调用军警对突发事件现场采取强制性措施，不仅容易激化对立双方之间的矛盾，引发诸多难以预料的情况，而且容易催生公众对官方的敌对、不满情绪，促使舆情危机不断加剧。事实表明，军警一旦出动，场面便会骤然紧张，事态必然升级。如果军警人

① 曹林：《动辄删帖，不是方法问题而是不合法》，载2010年5月5日《检察日报》。

数众多、荷枪实弹的现场图片被人传至网上，更易引起外界的广泛关注和评议热潮，让人产生“出大事了”的误判。在认知错乱和负向猜测的作用下，舆情的放大、危机的恶化便在所难免。许多时候，动用军警还会成为境内外敌对势力恶意炒作、大肆攻击的由头，甚至酿成新的更大的事端，致使一般性的利益冲突上升为矛头直指党和政府的政治危机。湖北石首事件、贵州瓮安事件等诸多实例一再警示我们，动用军警处置危机之前一定要进行充分的风险评估，千万不要动不动就把军警推向冲突的第一线和舆论的风口浪尖，否则极易扩大事态，造成恶劣影响。

化解矛盾不要以硬碰硬。众所周知，强硬方式和强制手段虽然在短期内易于息事宁人、平息危机，但并不能从根本上消除当事群众的怨恨不满情绪，久而久之，这种社会积怨终将在沉默后爆发。目前我国绝大多数社会矛盾都是利益矛盾、人民内部矛盾。化解此类矛盾，应当多用“舌头”，多做解疑释惑、说服教育工作，不可采取简单、粗暴的方式以蛮对蛮、以硬碰硬。近年来网上不时曝出的暴力强拆、暴力平坟、强行火化死者遗体等危机事件，以及某县长威胁拆迁户“不要以卵击石”等“雷语”，之所以激起民愤、深受斥责，即因当事方在化解矛盾时沿袭了“以暴制暴”的思维，滥用了刚性维稳的手段，促使矛盾进一步激化。在问题频发、冲突四起，公众维权意识日益高涨的新情势下，党政部门应对危机、化解矛盾必须摒弃传统的“刀把子”维稳的强硬方式，注重疏导沟通、以理服人，善于通过对话、协商和暖人心、稳人心的措施来解决问题。倘若滥用公权、过于强势，一味采取强硬手段，造成流血冲突和人员伤亡事件，则极易致使官民对峙，加剧社会矛盾，其结果必然会损害官方的形象和威信，动摇党和政府的执政根基，增加社会不稳定因素。

善用柔性方式平息危机。具体来说，一要善于稳妥管控现场秩序，防止局面失控。在维护现场秩序时，安保部门应当及时拉好警戒线或出示其他警戒标志，同时安保人员特别是军警力量在着装、人数、警械配带等方面均须有所考虑，必要时应当穿上便服，控制人数，少带警械，避免肢体冲突。对于可能出现的烈性冲突，应坚持克制、审慎、于我有利的原则，切实做到处置合法、快速低调、方式文明，力求“冷处理”、“软着陆”，尽量避免直接冲突，谨防掉进别人设置的圈套。二要尽力做好引导工作，善于让沸腾的民意慢慢消散。实践表明，官民沟通渠道不畅是导致事态升级的一个重要原因。辽宁庄河的“千人下跪”事件、江西抚州拆迁户钱明奇“喊冤”不成后制造的连环爆炸案、山东农民冀中星因反映被人殴打致残无果而坐轮椅赴北京T3航站楼搞爆炸等悲剧，莫不从反面说明了直面民众利益诉求、加强官民互动对话的极端重要性。从长远意义上看，倾听群众呼声、了解群众诉求、维护其正当权益，对于缓解对立情绪、平息社会危机意义重大。在此方面，领导干部尤其应当主动顺应时势，率先垂范、勇于担当，关键时刻要深入群众，善于将危机化解在耐心细致的柔性引导之中。

形象构建篇

“如果你想以政治为职业，你就必须要像鱼缸里的一条金鱼，无论从哪个角度看，你的个人生活都应该是透明的，无懈可击的。”

——（美）理查德·M.尼克松

第5章　形象构建：网络政治时代的自觉追求

领导干部的形象问题历来事关重大。从政治视角看，其关乎政治气候之清浊、社会风尚之善恶，关乎民心向背、事业兴衰。领导干部群体要想扩大自身的政治影响力、争取公众的信任和支持，必须高度重视形象建设。在很大程度上说，构建良好形象既是每位领导干部的政治责任，也应当是所有为官从政者的自觉追求。

网络政治时代的到来使领导干部的形象构建面临前所未有的高危风险期。全天候的监督环境、不良领导干部的丑行劣迹、公众“仇官”意识的滋长蔓延，以及各种传播乱象的交互掺和，对现代领导干部的形象构建工作带来了巨大挑战。近年来，落“网”领导干部接二连三，其不仅使当事方蒙垢受辱、狼狈不堪，而且产生了恶劣的政治影响，严重损害了党和政府的公信力。从现实“赶考”的情况看，加强领导干部网上形象建设已显得极为必要。

本章探讨的主要内容有三：一是现代领导为什么必须构建良好形象；二是网络政治时代对于领导干部形象构建的影响及要求；三是对近年来落“网”领导干部进行类型化分析。

第一节 重视形象构建是领导干部的政治责任

自古以来，形象问题无小事。对领导干部群体而言，更是如此。形象就是旗帜，具有深刻的社会意蕴和鲜明的导向作用。随着现代政坛逐渐迈入“魅力影响”时代，重视形象构建已成为每位领导干部义不容辞的政治责任。

一、领导干部形象具有深刻的社会意蕴

◎领导干部形象是对外传播的重要窗口。在社会风尚的形成中，领导干部形象具有重要的导向作用。领导干部形象反映了公众的价值判断和情感倾向，关乎民心向背、事业兴衰。

领导干部形象是主客观因素交互作用的统一体。一方面，其概指某一领导干部或领导干部群体在政治品格、道德情操、基本素质、工作作风以及仪容仪态等方面的客观表现；另一方面，领导干部形象是社会公众对某一领导干部或领导干部群体的一种总体性、综合性的认知和评价。较之于普通公众，领导干部群体更受各方关注，其形象之优劣，容易产生更广泛、更深远的社会影响。正如网友所言：“法官嫖娼，嫖的不光是娼，更是法律；警察摔婴儿，摔的不光是婴儿，更是平安……”领导干部的形象问题，不仅关乎个人的荣辱进退，而且承载着深刻的社会意蕴。

领导干部形象是对外传播的重要窗口。公众对领导干部群体的认知和评价总是从远远近近、各式各样的个体形象开始的。某位领导干部的言行举止，既是个人形象的展示，也是其所处的组织形象、行业形象、地域形象乃至国家形象的表征和缩影。台湾著名诗人余光中有句名言：“当你不在中

国，你便变成了全部的中国。”在现实生活中，每位领导干部都是一个流动广告、一张地方名片，都是党和政府的形象代言人。透过领导干部形象这个窗口，公众可以窥斑见豹、一叶知秋，审察和预知政治生态的好坏、执政事业的成败、社会发展的顺逆。某位领导干部形象好，则可能让其身后的群体形象随之出现积极的“晕轮效应”①；反之，则可能产生“一粒老鼠屎坏了一锅粥”的负面影响。

领导干部形象在社会风尚的形成中具有重要的导向作用。由于领导干部群体多被视为楷模、榜样，因而他们的行为容易对社会风尚产生直接影响。历史上所谓“齐王好紫衣，一国尽服紫”、“楚王好细腰，宫中多饿死”等典故，就是对这种导向作用的最好诠释。在现代生活中，同样是官风正则民风淳，官风歪则民风恶。领导干部的言谈举止、衣食住行均被群众看在眼里、记在心头，“上有所好，下必甚焉”的现象仍然相当普遍。比如，某位领导喜欢吃什么、穿什么、玩什么，喜欢何种发型、配饰、品牌等，经常容易引起周边群众的关注和效仿。当然，由于领导干部形象客观上存在优劣之分，因而其所产生的正负效应也很明显。一般来说，勤政为民、廉洁奉公的正面形象，通常会带来风清气正、和谐安宁的喜人景象；而贪腐奢靡、道德败坏的负面形象，则可能导致社会风习乌烟瘴气、浑浊不堪。

领导干部形象反映了群众的价值判断和情感倾向。群众认为某位领导干部形象好，则意味着这位领导干部在群众心目中的认同度和美誉度高，昭示着其在治国理政方面的公信力、感召力强。群众认为某位领导干部形象差，则说明这位领导干部在群众心目中威信低、口碑差，预示着其发展前途堪忧。从这种意义上说，领导干部形象关乎民心向背、事业兴衰。实

---

①“晕轮效应”又称“光环效应”，其概指某人（物）在某一方面的突出特征，掩盖了其他特征，从而造成一种以偏概全的认知偏误。人际交往中所谓的“一俊遮百丑”现象，即源于这种效应。

践表明，良好的领导干部形象是旗帜，是号角，是引领群众克难攻坚、推进执政事业向前发展的强大力量，是执政者手中弥足珍贵的潜资产、软实力；而低劣的领导干部形象则是魔咒，是污垢，是抹黑官方声誉、深为群众厌弃的无形孽障，是刺激“仇官”情绪的引爆器、损毁执政基业的腐蚀剂。

当今中国，领导干部形象问题与民心向背、执政事业的关系日益密切。层出不穷的现实危机让领导干部形象频频受损，严重损害了党和政府的公信力、权威性，极大恶化了党群、干群关系，对执政事业带来了巨大冲击。有人在网上探讨“从不雅视频看干部道德形象，从‘雷言雷语’看干部为民形象，从吃喝往来看干部社交形象，从‘表哥’‘房叔’看干部廉政形象”，实在发人深省。在这种情势下，洞晓领导干部形象背后的社会意蕴，强化广大领导干部的形象意识，无疑具有重要的现实意义。

二、现代政坛逐渐迈入“魅力影响”时代

◎当今世界各国对领导干部形象构建的重视程度可谓日甚一日。在世界政坛上，善用现代媒介展现自身良好形象的领导干部越来越多，领导干部的“魅力影响”已成为现代公众的一种新期待。

中外领导人莫不重视自身形象问题。他们视自身形象为官方形象的代表、国家形象的窗口，在自身形象的构建方面颇费心力。有学者曾经指出，“当今发达国家的领导人特别是国家元首和政府首脑，在上任前后都要进行媒介形象的咨询和演练。这除了有竞选因素以外，主要还是为了更好地代表其国家和民族。撒切尔夫人、里根、希拉克、叶利钦等莫不如此。”[①]有些国家甚至斥以巨资，设立专门机构，配备专业人员，开展国

① 龙永枢、杨伟光主编：《领导者媒介形象设计》第46页，社会科学文献出版社，1997年版。

家形象建设管理工作，旨在谋求良好的政治影响。

比如，美国领导人历来相当重视自身形象塑造。20世纪50年代电视在美国逐步普及后，美国的政治家们高度重视利用屏幕形象开展政治宣传。特别是在竞选活动中，这种行为展现得淋漓尽致。尼克松和肯尼迪两人竞选总统的电视辩论赛，就让世人清楚地看到了屏幕形象对公众选择的重大影响力。一边是汗流如注、声嘶力竭的尼克松，一边是从容论道、挥洒自如的肯尼迪，可以说，双方的屏幕形象最终决定了谁胜谁负。由于对形象问题日益重视，相关专业机构也随之而生。有资料称，美国从联邦、州到各级政府都设有专门从事形象管理的公共关系部门，美国白宫还聘有专门的形象设计师，负责总统的媒介形象设计，不少政界高官均有自己的私人形象咨询顾问。再如，近年来，俄罗斯把重塑国家形象作为其国家发展的一项重要任务，不断发起“形象”攻势，致力于塑造“全新的俄罗斯”形象。据报道，俄罗斯从2006年起，每年花费1亿欧元进行形象宣传。[①]其中，领导干部形象的构建问题自然属于题中之义。

随着现代媒介日益发达，世界各国对领导干部形象的重视程度大有日甚一日之感。在世界政坛上，内慧外秀、形象出众的“明星领导干部”越来越多。如美国总统奥巴马、前总统克林顿、前国务卿赖斯、希拉里，俄罗斯总统普京，法国前总统萨科齐，意大利前总理贝卢斯科尼，英国前首相布莱尔，阿富汗总统卡尔扎伊，澳大利亚前总理陆克文，泰国前总理英拉·西那瓦，巴西总统迪尔玛·罗塞夫，阿根廷总统费尔南德斯，等等，就是这方面的代表人物。他们风度翩翩、举止优雅、作风干练，在政治舞台上挥洒自如，极具形象魅力。奥巴马的“年轻、时尚，又满怀梦想”，普京的坚毅、铁腕、稳重，布莱尔的潇洒大方、气宇轩昂，英拉·西那瓦的靓丽、知性和女人味，赖斯的“温柔铁娘子”形象等，莫不给世人留下

① 见2006年3月3日《人民日报》第三版。

了深刻印象，也为自己赢得了公众的青睐和支持。

中国老一辈革命领袖也非常重视自身的形象问题。毛泽东、周恩来、邓小平等老一辈革命家在长期的政治实践中善于借重中外媒体，积极展示共产党人的执政理念和良好形象，赢得了广大公众的敬仰和拥戴。新一代领导人继往开来、与时俱进，不断刮起一股股政坛新风，让人耳目一新。比如，朱镕基总理作风硬朗、果敢务实，一句“不管前面是地雷阵还是万丈深渊，我将一往无前，义无反顾，鞠躬尽瘁，死而后已”的话，把一个坚定无畏、极具感召力的改革者形象深深地烙在了世人的脑海。温家宝总理亲民、谦和、博学的领导形象颇为公众认同，被称为“温爷爷”、“平民总理”、“布衣总理”、“爱民总理”。2008年汶川特大地震后不久，他曾成为Facebook社交网站上最受欢迎的全球十大政治名人之一，在海内外赢得了无数拥趸。

特别值得注意的是，近年来中国领导干部群体形象日趋丰富多元，长期以来领导干部形象过于标签化、脸谱化的情况大有改观，许多个性鲜明、富有才干的领导干部陆续走上政坛，进入公众视野，其中有敢说敢做的实干家，有锐意创新的改革闯将，有儒雅谦和的学者型领导，也有才貌出众、胆识超群的“明星领导干部”和“能官”、“强官”，如原国务院副总理“铁娘子”吴仪，刚柔相济的前外交部长李肇星，敢说狠话、被称为“灭火部长”的前国家安监总局局长李毅中，自称国家财产“看门狗”的原审计署“铁面”审计长李金华，以及傅莹、姜瑜、仇和等一大批国家领导人和高级领导干部，他们以令人倾慕的政坛形象展现了中国领导干部的风采和魅力，同时让公众看到了中国领导干部形象正在与时俱变。

在这种情势下，现代政坛逐渐迈入“魅力影响”时代。而今，注重个性魅力的政治明星越来越多，包容个性、激赏个性日益成为现代公众对领导干部形象的一种新期待。有一项专门针对中青年领导干部的问卷调查显示，受访者在回答“您认为领导干部是否需要有激情或个性魅力？您愿意做一个有思想有个性的领导干部吗？”时，选择“需要，愿意”的比例高达72.6%[①]。这种调查结果昭示“魅力影响”已成为时代赋予领导干部群体的一种内在要求。近年来，国内有些城市出现了“领导干部形象设计会所”，专门推出为领导干部进行形象策划的服务项目，且颇受欢迎。这无疑是一道应时而生、令人振奋的新景象。

三、领导干部群体必须高度重视形象构建

◎重视形象建构，是领导干部改变公众刻板印象、提高官方声誉、提升国家形象的必然要求；是领导干部群体引领社会风尚、增强自身影响力和感召力的基本保证；是密切官民关系、巩固执政地位、推进执政事业的内在需要。

由于领导干部形象在很大程度上直接代表执政形象、国家形象，关乎民心向背、事业兴衰，因而对领导干部群体而言，自觉构建良好形象意义重大。尤其是在领导干部形象受到严峻考验的网络政治时代，重视形象构建显然是每位领导干部的政治责任。

重视形象建构，是领导干部改变公众刻板印象、提高官方声誉、提升国家形象的必然要求。由于种种原因，不少群众对领导干部群体及官方行为总是抱持怀疑态度和“老不信”心理，有人甚至经常借题发挥，故意渲染敌对情绪，丑化领导干部形象，贬损官方声誉。有时即便是诸如领导干部逢年过节看望慰问困难群众、交通局长乘坐“蒸笼车”、卫生局长排队看病等正常行为，也容易被解读为“作秀”、造假。在网络舆论中，“逢官必炒”现象更加明显。一旦某位领导干部被曝光于网络，马上就会引起诸多网友的负面猜想和谩骂攻击。显然，如果任凭这种不良情势蔓延下

①林泉、王春红：《有多少中青年干部愿做“个性领导干部”——目前中青年领导干部心理健康状况调查》，载《人民论坛》2008年第7期。

去，那么其内蕴的巨大危害性必定难以估量。而要真正改变领导干部群体在公众心目中的刻板印象，尽量避免公众对领导干部形象的偏见和误读，不断提升公众对领导干部群体形象乃至国家形象的认同度和美誉度，那么，领导干部首先必须高度重视自身形象的构建，切实从“我”做起。

重视形象建构，是领导干部群体引领社会风尚、增强自身影响力和感召力的基本保证。古人云：“其身正，不令而行；其身不正，虽令不从。”对领导干部而言，“己正”才能“正人”，否则便会“上梁不正下梁歪”。领导干部群体的政治影响力和感召力，通常与自身的形象分、公众的认同度成正比。只有自身作风过硬、形象优良，才可能受人尊重、被人推崇。如果领导干部自身形象不佳、官风污浊，却期望社会风气出现政治昌明、风清气正的景象，奢求自身的影响力大、感召力强，这是不可能的。近年来，各类不良领导干部的种种丑闻，严重抹黑了领导干部形象，其不仅对良好社会风尚的形成极具杀伤力，而且大大削弱了党和政府的威信。领导干部要真正发挥好“风向标”的作用，正确引领社会风尚，不断增强自身的感召力、影响力，必须高度重视形象构建问题，切实视自己为“旗帜”、“窗口”，自觉规范自己的言行，全面提升自身素质，终始保持先进性、模范性，率先垂范，做好表率。

重视形象构建，是密切官民关系、巩固执政地位、推进执政事业的内在需要。众所周知，“得民心者得天下”。没有群众的支持和拥护，领导干部群体要实现自身的政治抱负、永立不败之地，则无从谈起。当前，不少群众对领导干部形象颇多微词，以致在思想上、行动上与官方存在一定的疏离感和隔膜感，有些地方还屡屡出现恶性的官民冲突事件，致使领导干部形象大打折扣，这是值得高度警醒的。官民关系紧张，必然会引发各类社会危机，影响改革发展稳定局面，动摇执政根基。构建良好形象，实际上就是要着眼于夯实执政根基、推进执政事业，着力在密切官民关系、争取群众支持方面下功夫。领导干部形象越好，则越容易赢得群众的认同和支持，越有利于官方积累政治资本，提高其政治影响力，从而使民心工程更强固、施政工作更顺畅。从这种角度看，重视形象构建无疑是当前广大领导干部最重要、最根本的政治要求。

概言之，领导干部形象问题既是一个关乎个人声誉和发展前途的现实问题，更是一个影响民心向背和社会风尚、关乎执政事业兴衰成败的重大战略问题。在“形象就是旗帜”的政治环境中，每位领导干部都应把重视形象构建、树立良好形象，作为一种政治责任和自觉追求。这是民之所望、政之所需。

第二节　领导干部形象构建必须与“网”俱进

大众传媒对领导干部形象的构建具有强大的影响力。随着互联网时代的到来，广大领导干部进入了“数字化生存”的新阶段。互联网一方面为领导干部形象的构建提供了新平台、新机遇，另一方面又为之带来了新挑战，提出了新要求。从现实情况看，互联网的兴起使领导干部形象面临前所未有的高危风险期。要规避风险、破解困局，广大领导干部必须顺势而为、与“网”俱进。

一、大众传媒对构建领导干部形象作用甚巨

◎媒介传播直接影响公众对领导干部形象的认知和评价。在现代政治生活中，大众传媒已成为领导干部群体构建形象、树立权威、引导民众、实现政治目标的重要执政资源。

领导干部形象的构建通常包括“自塑”和“他塑”两大方面。而在“他塑”方面，大众传媒的作用至关重要。如果说早在大众传媒出现之

前，公众对领导干部形象的认知、评价主要源于耳闻目睹和口口相传，那么，随着报刊、广播、电视等大众媒体的出现和普及，这种认知、评价则越来越明显地依托于大众传媒的传播。

英国著名传播学者丹尼斯·麦奎尔（Denis Mc Quail）曾经指出："大众传媒是一种权力资源，是可以有力地影响、操纵并变革社会的手段；是形塑社会生活意象的主要方式；是获取声望与地位，并对现实生活拥有重要影响力的关键的途径。"[①]由于大众传媒营造的虚拟世界及其内蕴的价值观、倾向性通常对公众影响甚巨，因而领导干部的媒介形象在很大程度上决定了公众对领导干部群体的认知和评价。尤其是在大众传媒高度发达、整个社会正被日益媒介化的当今时代，领导干部在报刊、广播、电视等传媒上出现的形象（包括文字形象、图片形象、声音形象和屏幕形象等），无疑倍受公众关注，并成为公众勾勒、褒贬领导干部形象的基本依据。

中外政要历来高度重视自身的媒介形象问题。美国领导人在此方面堪称表率。他们非常注重借助大众传媒进行政治营销，展示良好形象。美国历届总统的竞选成败、仕途荣辱，与其媒介形象的优劣密切相关。托马斯·杰斐逊（Thomas Jefferson）被称为"报刊总统"、罗斯福（Roosevelt）被称为"广播总统"、肯尼迪（Kennedy）被称为"电视总统"、奥巴马（Obama）被称为"网络总统"，即缘于他们在运用特定媒介传播政见、塑造形象方面独具匠心，颇见成效。中国领导人在运用大众传媒塑造良好形象、开展政治宣传、扩大政治影响方面也相当自觉。从毛泽东、周恩来、邓小平等老一辈领导人到当今的中央领导集体，莫不高度重视利用中外媒介展示自身风采和国家形象，传递特定的政治话语。实践表明，大众传媒作为中外政要传播政治主张、阐释政治理念、构建良好形

① （英）麦奎尔、潘邦顺译：《大众传播理论》第11页，台北风云论坛出版社有限公司，1996年版。

象、争取民众支持的重要工具，的确发挥了至关重要、不可或缺的作用。

在现代政治生活中，大众传媒已成为领导干部群体构建形象、树立权威、实现政治目标的重要执政资源。美国前国防部长詹姆斯·施莱辛格（James Schelesinger）曾说，美国的媒体“不再仅仅是观察者和信使，他们现在成了政府中的主要演员”。[①]美国官方不仅擅长借助大众传媒优化自身形象，而且熟谙将大众传媒作为其推行“心战”的工具，善于通过议程设置来实现自己的政治意图。比如，2003年12月14日，驻伊美军通过电视媒体，向全世界观众展示了萨达姆·侯赛因（Saddam Hussein）蓬头垢面、狼狈不堪地接受美军检查的画面。美国军方通过精心设计的画面，将萨达姆·侯赛因这位颇具神秘感和传奇色彩、在政坛上叱咤风云几十载的伊拉克前总统、“阿拉伯民族英雄”的伟大形象消解得不复存在。这个画面设计，充分说明了大众传媒在形象构建中的巨大作用。

事实上，大众传媒既可以是“锦上添花人”，又可以是“麻烦制造者”。一方面，它能帮助领导干部树立良好形象，产生积极效应，有利于增强领导干部群体的政治影响力；另一方面，它又极易放大领导干部的瑕疵，损害官方形象，误导公众认知，具有巨大的杀伤性和破坏性。如何趋利避害，值得深思。

二、互联网将领导干部形象带入了高危风险期

◎互联网的兴起，使广大领导干部进入了一览无余、无处遁形的“透明房”、“玻璃缸”。网络语境对于公众“仇官”情绪和反腐行为的刺激效应，大大地增加了领导干部“落网”的风险性。

互联网的兴起，不仅极大地提升了舆论开放度和社会透明度，而且对

① 引自李希光、周庆光主编：《软力量与全球传播》第14页，清华大学出版社，2005年版。

公众心理、社会情绪以及舆论监督等诸多方面均产生了难以估量的影响。在领导干部形象构建方面，互联网带来的冲击十分明显。有网友曾如此调侃“表哥”杨某受审之“四怨”——“一怨爹娘偏心眼，把俺生个微笑脸，如果不是这一笑，怎能革职又丢官；二怨是谁发明表，让俺时时离不了，如果不是这嗜好，怎能蹲监坐大牢；三怨客车走陕西，造成旅客命归西，如果不是出车祸，俺还照样很厉害；四怨网民胡乱传，整整炒作俺一年，如果不是互联网，如今俺还抓安全！”这一调侃，生动地揭示了互联网对领导干部形象的杀伤力。不难看到，互联网时代的到来将领导干部形象带入了前所未有的高危风险期。

首先，作为一种“全天候监视器”，互联网对领导干部行迹的监督是全方位、全时段、全媒体形态的。在过去很长一段时间里，中国领导干部群体一直处在相对封闭的政治环境中，许多政务活动讲究“秘而不宣”，领导者的音容笑貌、日常行踪通常是“寻常看不见，偶尔露峥嵘”。而进入“人人可以随手拍、随手录”的互联网时代，广大领导干部有如进入了一览无余、无处遁形的“透明房”、“玻璃缸”。这种环境让领导干部的品行修养、喜怒哀乐时时处处地暴露在公众视野之中，一旦言行出位或举止不当，则逃不脱各种“摄像头”和“录音笔”的监视，其结果免不了被网友“围观”、“吐槽”、“拍砖”乃至“人肉搜索”，成为“舆论审判”的对象。近年来，许多领导干部的丑行劣迹频现网络，各类形象危机接踵而至，即与社会环境的日趋透明密切相关。

其次，作为“社会舆论的放大器”，互联网大大加速了涉官热点话题的形成，增加了舆论管控的难度。网络传播速度快、覆盖广、影响大，容易迅速掀起“舆论台风”。随着微博、微信、社交网站和各类移动智能终端迅猛发展，互联网的舆论放大效应更加彰显，许多看似寻常的局部问题、细琐“小事”，经过网络传播的聚合、催化，很快便被放大成全局问题、热点事件。一个帖子、一段音视频在几经转发之后，即可迅速引起成千上万网友的点击、热传，引发轰动性的舆论风暴。正是由于这种放大效应，互联网可以使人一夜成名，也可以在极短时间内让人身败名裂。比如，2010年江西宜黄拆迁自焚事件及相关领导干部受到惩处、2012年重庆北碚雷某不雅视频事件及其成为“被秒杀的区委书记”①，即让世人看到了互联网对领导干部形象构建的严峻挑战。

其三，网络语境下部分公众逢官必炒的“仇官”心态和质疑权威的“老不信”情绪，必然对领导干部形象构建产生深刻影响。一旦某某领导干部因事落“网”，网友们则会竞相奚落、刻意矮化，甚至不顾真相地群起而攻之，并容易出现对所属领导干部群体形象的全线抹黑。有时一则不难辨别的涉官谣言，也可能被“宁可信其有、不可信其无”的非理性情绪左右，成为网友渲泄不满情绪的噱头。受成见、偏见和刻板印象的影响，公众偏好从批判视角看待领导干部的行为。很多时候即使权威部门出来“说话”，公众也不“买账”，且经常进行恶意揣测和负面猜想。网上出现的热炒“黑五类”现象和城管“被妖魔化”现象等，即说明了领导干部处境的尴尬。近年来，官方人士在网络舆论中被“误伤”、“被牵连”的情况不少。这种情势如果滋长蔓延，显然会对构建领导干部良好形象、树立政府公信力形成极为不利的心理暗流。

此外，网络反腐的活跃和诸多“害群之马”的涌现，使领导干部形象面临严峻考验。在网络维权、网络监政、网络举报等舆论浪潮的强力助推下，网络反腐声势高涨。中共十八大召开后，网络反腐的力度明显更大，落“网”领导干部呈现人数越来越多、级别越来越高的趋向。2013年9月2日，中纪委监察部正式开通“反腐官网”，受到广泛关注。据央视报道，该官网开通后，日均举报数量一度超过760多件。这种如火如荼的网络反腐情势，其积极意义是不言而喻的，但毋庸讳言的是，随之涌现的“落

① 据媒体报道，雷政富从被曝光到被免职，一共只用了短短63个小时，网友戏称其为“被秒杀的区委书记”。

网”领导干部及其丑行劣迹却客观上让领导干部群体形象倍受贬损。毫无疑问，这对领导干部良好形象的冲击是十分致命的。

在很大程度上说，进入网络政治时代，领导干部群体便进入了形象危机时代。在网络语境中，官方人士已成为一个易受“吐槽”、“拍砖”的弱势群体，“从政”已成为一种风险性极大的高危职业。互联网让许多领导干部爱恨交加，满怀忌惮。《人民论坛》杂志关于“七成网民认为领导干部患有‘网络恐惧症’”的调查结果[①]，即是一个例证。这种令人堪忧的情势，显然亟待改观。

三、领导干部形象构建必须与“网”俱进

◎互联网既是“乌鸦嘴”，又是“化妆师”。现代领导干部应当熟谙网络政治，具有较高的识网水平和较强的驭网能力。领导干部的形象构建只有顺势而为、与“网”俱进，才能规避风险、破解困局。

互联网的广泛应用对领导干部形象构建提出了诸多新要求。置身网络政治时代，领导干部群体要防范各类形象危机，规避风险、破解困局，必须顺势而为、与“网”俱进。具体来说，应着力在两大方面下功夫：一是广大领导干部必须顺乎民望、严以自律，切实以良行善举取信于民；二要大力提升广大领导干部的网络媒介素养和抵御风险、化解危机的能力。

许多形象危机，实乃当事方媒介素养低下所致。从这种意义上讲，要想防止被“网”所伤，必须加强对网络语境的主要特点、舆论引导的基本规律和广大受众的接受心理的深入了解，尤其应当清醒认识到互联网的杀伤力、破坏性。如果置网络语境于不顾，仍旧按照传统媒体时代的“节

① 2010年，《人民论坛》杂志在人民论坛网、人民网、腾讯网等做了关于“当代中国领导干部的网络恐惧”问卷调查，结果显示，70%的受调查者认为当代中国领导干部患有“网络恐惧”症，县处级干部尤甚。

拍”拖腔走板、我行我素，只会用老办法对付新问题，则自然难以适应新形势新考验。比如，时下网络应用越来越新、信息传播越来越快、网络舆情越来越复杂，若不能“以新对新、以快制快”，则极易陷入被动处境。面对网上敏感舆情，有些领导干部或惊恐惧怕，或持“鸵鸟”心态，或做强势封堵，显然不利于构建自身良好形象。

实际上，互联网既是“乌鸦嘴”，又是“化妆师”。其既可能伤我损我，又可以为我所用。客观而言，互联网的兴起为广大领导干部构建自身良好形象提供了更丰富、更有效的手段和更便利、更广阔的平台。只要能够趋利避害、扬长避短，则完全有望在借网“化妆”方面取得良好实效。近年来，越来越多的领导干部已开始利用网络平台展示自我形象。他们或与网友在线交流，或开博直面网络民意，或用心解决网下问题，颇受广大网友的好评。有些部门甚至专门针对网络环境的特性，出台了形象构建方面的规范性要求，如有些地方的城管执法部门为改变形象先后推出“围观执法”、“眼神执法”、“敬礼执法”、“举牌执法”等举措，这些举措效果终究如何尚待检验，但这种顺应时代要求、主动迎接现实挑战的探索精神，无疑是值得肯定的。

当然，广大领导干部要真正做到与“网”俱进，还必须顺乎民望、严以自律，以实际行动取信于民。俗话说，“打铁还需自身硬”。在广大网友可以“随手拍”、“随意转”的互联网时代，领导干部的一举一动、一言一行都被置于监视器和放大镜之下，任何一个看似无足轻重的问题，都可能被恶意热炒、无限放大，最终使当事方深陷“泥潭”。因此，在网络语境中，领导干部必须加强自我管理，从严规范自身行为。只有谨言慎行，光明磊落，适应“透明房”、“玻璃缸”式的社会环境，经得起广大网友的检视和拷问，才能从根本上避祸远害，逐步赢得公众的信任和尊重，不断提升美誉度和公信力。

值得一提的是，时代在发展，公众对领导干部形象的预期也因时而新。除了品德高尚、公道正派、廉洁自律、诚实守信、敢于担当、乐于奉献等传统要求之外，当今时代特别要求领导干部群体应当锐意进取、勇于创新，尤其应当熟谙网络政治，具有较高的识网水平和较强的驭网能力，善于借网理政，能够在日趋开放的政治舞台中引领潮流，切实用“勤政、为民、务实、清廉”的实际行动感奋人心，让自身成为真正的旗帜、号角，成为万民所望、继往开来的指路明灯。

第三节 近年来落“网”领导干部之六大类型

随着网络反腐日趋活跃，落“网”领导干部接二连三，各类“雷人”闹剧不断上演，其不仅使当事方本人受到舆论声讨和党纪国法的惩处，而且产生了恶劣的政治影响，严重损害了党和政府的公信力。纵观近年来网上出现的“问题领导干部”及所涉负面舆情，主要包括以下六大类型。

一、情色丑闻类：因“色”落“网”

北京航空航天大学公共管理学院的杜治洲先生曾撰文指出，在近些年网络反腐涉及的领域中，排在前三位的分别是领导干部的生活作风问题、“三公”消费问题和贪污受贿问题，而领导干部生活作风中的情色丑闻高居首位，最受关注。[①]由于情史性史、不雅照片极易吸引网友眼球，因而相关曝料一旦现身网络，便立即会引起广泛关注，迅速成为舆论热点。兹举若干曾产生轰动性影响的案例如下——

香艳日记门：2010年2月28日，网友“含仙子”在天涯社区发帖爆料广西某市原烟草局局长韩某的“香艳日记”，之后被迅速热传并引起舆论轰动。该日记共140多篇，每篇少则十来个字，多则百余字，记载了主人

①《干部生活作风在网络反腐中最受关注》，载2012年12月7日《新华日报》。

公与多名女下属、同事淫乱、喝酒、受贿等内容，被称为新的“官场现形记”。3月1日，官方宣布对韩某立案调查，3月13日，韩某被依法逮捕。后来法院以受贿罪判处韩某有期徒刑13年。

网上裸聊门：2011年6月中旬，广州市白云区新市街道办事处主任刘某“裸聊”的多张照片在多个网站热传。曝光的照片中，有的全裸上身，穿着紧身三角裤，有一张还露出了生殖器。这些照片被晒出后，吸引了许多网友的点击、转发和评议，有网友还制作出“专访刘某”的恶搞视频，网上一片嘲讽指责之声。之后，当地纪检监察部门果断对该事进行了查处。

微博开房门：2011年6月20日，网友“为了你5123”在微博上与“Y珍爱一生Y”互发信息，邀约开房，内容包括“房卡怎么给我？我不到前台拿”、“宝贝，我上午一直在市长那汇报工作”等。这些直播式的“对话实录”被网友看到并大量转发，成为轰动一时的网络谈资。微博中的男主人公后来被证实为江苏省溧阳市卫生局局长谢某。次日，谢某即被停职接受调查。

手机短信门：2011年10月31日，网上出现一则《潘局长，喊你情人把手机领回去》的帖子，曝光江苏省宿迁市某局长与异性大量打情骂俏、暧昧肉麻的短信，发帖人还呼吁“请网友自发组织起来，一起把证据送到纪委去”，引发网友关注、热议，并对当事人进行人肉搜索。经查实，舆论风波中的男主角系宿迁市宿豫区农机局局长潘某。之后，潘某很快被免去局长职务。

雷某艳照门：2012年11月20日，网上曝现一段关于重庆市北碚区原书记雷某与一女性的性爱视频。该不雅视频色相毕露、不堪入目，引起广大网友纷纷“围观”，迅速在网上掀起了轩然大波，雷某因之被推到舆论的风口浪尖。网友因其长相颇有特点，赐名“雷公”。63小时后，雷某被免去北碚区区委书记职务，并被立案调查。雷某后因受贿罪被判处有期徒刑13年。

单某离婚承诺书事件：2012年11月28日，网上流传一纸据称为山东省农业厅副厅长单某写给其情妇的离婚承诺书，其称："我单××承诺，自今天开始一个月之内与张凤云离婚。离婚后与苏春媛结婚，特此承诺。单××，2012年11月21日。"经核查，网帖反映的情况属实。之后，山东省纪委对其立案调查。2013年3月，单某被开除党籍、开除公职，并被移送司法机关。

法官集体招嫖事件：2013年8月1日，一则题为"曝上海高院5领导干部招妓监控　副院长亲点小姐"的视频在网络上迅速窜红。视频显示，上海市高级人民法院5名法官于6月9日晚在浦东新区衡山度假村接受吃请，之后去了夜总会娱乐。次日，上海市高级人民法院和上海市纪委做出回应，称已派员介入调查。事后，几名当事人分别受到撤职、开除党籍、撤销职务等处分。

近年来，因情色丑闻而落"网"的领导干部甚多。除了以上典型案例，类似情况五花八门，举不胜举。其地域分布甚广，除上述所涉省区，河南、湖北、黑龙江、四川、北京等地均出现过相关情形。涉事领导干部层次不一，有县处级、司局级领导，也有乡镇科级干部。落"网"的直接原因各种各样，少数乃"自泄春光"，多数源于他人爆料，其中有些属于实名举报，甚至有些发帖者声称自己就是受到诱骗的"二奶"、"小三"，等等。

二、雷言雷语类：因"言"落"网"

此类落"网"领导干部均系祸从口出。一句不经意的"雷人"之语，犹如一束喷向汽油筒的火苗，瞬间引爆舆论场中的熊熊大火，进而使当事方身陷舆论烈焰的烤炙之中，遭致广大网友的围攻和鞭挞。兹举数例如下——

河南郑州市规划局原副局长逯某："替党说话，还是替老百姓说话？"

河南郑州市须水镇西岗村原本计划用来建设经济适用房的土地，被开发商建起了12幢联体别墅和2幢楼中楼。面对中国广播网《中国之声》记者的采访，郑州市规划局副局长逯某先是抱怨"你们广播电台管这闲事干什么？"后来当记者要求其对于他们出具的信访处理意见进行解释时，逯某却质问记者："你是准备替党说话，还是准备替老百姓说话？"此话一经披露，网上一片哗然，逯某因之迅速成为广大网友炮轰的对象。有网友将逯某此言推选为"2009年流行语"，逯某因之被网友评为"2009最牛副局长"。在日益高涨的口诛笔伐中，逯某的任职简历被网友"人肉"出来，其工作大头照也被质疑系PS而成。之后，逯某受到当地纪检监察部门的调查，并被免职。

广州市法制办彭某："我就这样，你能把我咋的？"

2010年6月18日，网友"王先生"在网上发帖反映广州市法制办一名工作人员态度蛮横，并上传了一段录音。在上传的音频中，一个操本地口音的工作人员在被一再追问后开始失态大吼。当被指出其行为不符合公务员行为准则、不应该对办事群众咆哮时，这位工作人员竟然生硬而傲慢地回答："我就这样，你能把我咋的？"该录音在网上披露后，遭到广大网友的普遍批评和舆论的密集轰炸，网友将当事人戏称为"咆哮哥"，有网友建议将此录音下载下来当手机铃声，让"人民公仆"警钟长鸣。22日，广州市法制办责成当事人彭某做出深刻检查，并将其调离原工作岗位。

江西宜黄领导干部"慧昌"："没有强拆就没有新中国！"

2010年9月10日，江西省宜黄县发生一起因拆迁引发的自焚事件，三人被烧成重伤，其中一人经抢救无效死亡。在舆论的高度关注和一片问责声中，该县有关领导先后被免职。10月12日，宜黄县政府一位署名"慧昌"的领导干部投书新世纪周刊财新网，其中称"从某种程度上说，没有强拆就没有中国的城市化，没有城市化就没有一个‘崭新的中国’，是不是因此可以说没有强拆就没有‘新中国’？”该观点甫一面世，立即引起网友“吐槽”，《人民日报》等权威媒体亦刊文予以驳斥。刚刚稍显平静的自焚事件因之再掀舆论巨浪，许多网友认为“没有强拆就没有新中国”的观点甚为荒谬，并将其列为“2010十大雷语”之一。

吉林辽源环保局原局长郭某：“老百姓要公平臭不要脸！”

2011年5月22日，一则题为《环保局长雷人语录：领导就得骑马坐轿，老百姓想要公平？臭不要脸！（含音频）》的帖子出现在天涯杂谈上，随后被大量转发。在音频中可以清晰地听到一位男子气势汹汹地说：“啥叫公平？××不给你都公平了。啥也不发都公平了。你说又可气又可笑。那能一样吗？那不一样！那领导都得骑马坐轿……你什么东西，臭不要脸的！”发帖人称，所涉主人公系吉林省辽源市环保局局长郭某，音频中的内容出自他在2011年春节后一次全局大会上的讲话。事情起因是有人认为2010年目标责任制奖不公平，结果惹怒了郭某，致使其在大会上大爆粗口。郭某此番言论飙红网络后，网友称之为“最牛官腔”。26日，郭某引咎辞职。

河北沧县环保局原局长邓某：“红色的水不等于不达标的水。”

2013年清明节前夕，河北沧县张官屯乡小朱庄的地下水变成红色，人畜用水受到明显影响，当地居民认为其与化工厂污染有关。对此，沧县环保局局长邓某在接受媒体采访时解释说：“红色的水不等于不达标的水。有的红色的水，是因为物质是红色的，比如说放上一把红小豆，那里边也可能出红色，煮出来的饭也可能是红色的。”此言一出，立即引起村民、专家、媒体及广大网友的质疑和炮轰。中国工程院院士、中国水科院水资源所所长王浩在接受央视采访时认为此言是“瞪着眼说瞎话”。邓某因“水煮红小豆”之比喻被网友嘲讽称“红豆局长”，网上类似“红豆局长，你妈叫你回家喝红豆汤啦”的调侃热极一时。事后，邓某被免职。

山西平顺县交通局原局长郭某："只要冲不了我老百姓，淹了河南关我×事！"

2013年10月，网上曝出一段15分56秒的会议视频，内容为山西平顺县时任县长吴某召集有关人员研究"修建道路时向河道倾倒石渣是否合适"等事宜。会上，水利局局长先讲了阻塞河道、抬高河床的后果，称一旦有大的水患，下游7个村和河南马家岩水库就会面临灭顶之灾。而负责协调高速路施工方与地方关系的时任交通局长郭某却对已倒入河道的80多万方废渣毫不在乎，且爆粗口称："那部分渣，一旦有水患，只要冲不了我老百姓，淹了河南关我×事！"该视频引起网友热议，网友对此郭某的"雷语"深表愤慨。事后，郭某受到组织上严肃批评。

三、狂妄强横类：因"横"落"网"

此类领导干部的最大特点是倨傲骄横、过于强势，其言行举止往往狂妄傲慢、气焰嚣张，因而最易刺激"草根"网民的敏感神经，最易激起舆论风暴。一旦相关舆情曝现网络，当事方便极易成为千夫所指、人人唾弃的对象。请看以下案例——

沈阳"最牛工商局长"因家人卖问题粽子被批率队大闹报社

2011年6月中旬，一则题为《愤！沈阳沈河区工商局长杨××到报社扬言找记者单挑，原因是老婆和儿子开面包新语店食品问题被曝光》的帖子在天涯论坛、辽宁论坛等热传。该帖反映沈阳沈河工商局局长杨某妻子在沈阳开了一家面包店，遭遇媒体曝光该店卖变质长毛粽子之后，杨某妻子刘某带人大闹报社，殴打记者。杨某本人也亲自出马，率两车人冲击报社，扰乱正常办公秩序，并扬言找记者"单挑"。此外，网帖还称杨某为其子投巨资开面包店的资金来源不明。16日，新华社"中国网事"栏目经调查核实播发《网揭沈阳"最牛工商局长"：家人卖问题粽子被批竟率队大闹报社》一文，在社会上引发强烈反响。网友纷纷称杨某为"史上最牛的工商局长”。

辽宁建昌县政法委一副书记恶言威胁记者

2010年12月8日，一则《辽宁一政法委副书记扬言要记者性命》的微博在网上热传，称《瞭望东方周刊》记者王某赴辽宁省建昌县采访，不仅相机被抢，而且被该县政法委一钟姓副书记质疑为“骗子”。有媒体记者就此事给钟某打电话求证时更是遭遇对方恐吓：“你要过来，小心你的命！”这句嚣张至极的话曝现网络后，立刻引起网友怒斥，一时间，“索命书记”的威名广为流传，更有网友对其发起“人肉”搜索，迅速将钟某的私人手机、办公电话、住宅电话等搜索出来。据钟某本人的解释，这句话是“吵架中的气话”。许多网友认为，“小心你的命”这句话远比一般雷语更具震憾性，它折射出说话者极其狂妄的心态和权力匪化的迹象，令人听后战栗不安。

河南灵宝官方跨省抓捕发帖人并将其关押8天

2009年2月12日，河南省灵宝市青年王帅，因为在网上发了一篇“河南灵宝老农的抗旱绝招”的帖子，以讽喻的手法，把灵宝农民毁掉被占耕地上的青苗和果树，戏称为“抗旱绝招”，批评家乡政府违法占地问题。此番言论被当地政府视为造谣、污蔑和诽谤，败坏了政府的名声，当地政府决定出动执法人员，给发帖人一点教训，好让其以后“不再犯错误”。3月6日，办案民警在上海将王帅抓获并押回灵宝刑事拘留了8天。该事件曝光网络后，引起强烈反响，网友对王帅“因言获罪”、灵宝官方滥用警力深表不满。在强大的舆论压力下，河南省主管部门领导就该事件公开道歉，灵宝市公安局有关人员受到停职、检讨等处分，王帅获得国家赔偿。

“最牛团长夫人”发飙掌掴讲解员

2009年10月8日，许多网站论坛上贴出一篇题为《史上“最牛”的团长夫人莫高窟前丑陋一幕现形记》的帖子，称“10月6日上午11点30分，在莫高窟最为著名也是最为拥挤的藏经洞，有一位50岁上下的中年妇女，在伸手触摸一千年前的西夏壁画时，被一名仅19岁的女讲解员制止，该妇人顿时大怒，拂袖而去。不料该妇人顷刻即回，身后簇拥两名壮汉径直走向了那位斗胆说了‘不要触摸壁画’的讲解员。顿时二记耳光响彻洞窟，伴随着耳光的是她那不堪入耳的污言秽语。”之后，打人者遭到网友“人肉搜索”，其姓名、工作单位及其丈夫的相关信息也被曝光网络。10月10日，新疆生产建设兵团回应将调查此事。12日，兵团农十二师党委做出决定，免去打人者于某的十二师221团医院党支部书记职务，同时免去其丈夫陈某的221团党委常委、副团长职务。

深圳海事局原书记林某涉嫌猥亵女童后盛气凌人口出狂言

2008年10月31日，一篇“北京来的高官28日晚在深圳市南山区新梅园酒楼猥亵一名11岁女童，并与其父母发生纠纷”的网帖引起广泛关注。据相关报道称，网帖中所说的“北京来的高官”系深圳海事局党组书记、副局长林某，其当晚酒后因涉嫌猥亵一女童，与女童家长发生争吵。面对家长的质询和旁人的指责，林某盛气凌人、口出狂言：“我就是干了，怎么样?要多少钱你们开个价吧。我给钱嘛!”“你知道我是谁吗?我是北京交通部派下来的，级别和你们市长一样高。我掐了小孩的脖子又怎么样，你们这些人算个屁呀！敢跟我斗，看我怎么收拾你们。”事后，交通部派出调查组对林某进行停职调查，深圳市海事局还召开新闻发布会，就林某不当言行及其造成的恶劣影响向社会致歉。

此外，2013年陕西延安“5·31”城管打人事件、2012年河南漯河“房管局长”牛某持枪殴打记者事件、2011年山西夏县“霸道县长”李某对举报者刑拘抄家事件、2010年湖北省委门口的“打错门”事件等，以及网上不时曝出的某某局长“独霸电梯”、某某局长“殴打下属”、某某书记“暴力平坟”、某某县长“发飙摔门”等，均因当事方狂妄自大、过于强横，最终落得恶名昭著、自取其辱的下场。

四、奢侈张扬类：因“奢”落“网”

此类领导干部主要表现为生活奢侈，刻意追求物质享受，衣、食、住、行等方面过于奢华和张扬。由于网友对“三公”消费和贫富差距问题一直颇为关注，因而网上只要曝出有关领导干部抽名烟、戴名表、穿名鞋、吃豪餐、开豪车、盖豪楼等事件，便极易导致疑窦丛生、恶评如潮。其结果不仅会败坏党风政风，损害党政部门形象，而且会大大削弱群众对官方的信任。请看以下典型案例——

“天价烟”事件：2008年12月，南京市江宁区房产局原局长周某对媒体发表“将查处低于成本价卖房的开发商”等言论，引来“人肉搜索”。网友发现其开会时抽的是1500元一条的“天价烟”——九五至尊。之后，网友还搜索出其戴名表、开名车等问题。网友极富讽刺意味地称之为“天价烟局长”、“最牛房产局长”。在舆论风暴的推动下，有关部门介入调查，周某被开除党籍、公职，后因受贿罪被判处有期徒刑11年。

“天价餐”事件：2010年6月20日，网友“tianjiacan”在天涯杂谈济南板块发帖《江苏有“天价烟局长”周×× 山东惊现“天价餐粮食局长”孟××！》，并贴出一张消费明细账单照片。其称山东省粮食局局长孟某等12人，一顿吃掉14810元，爆料者声称“百分百公款消费”。该帖引起网友强烈关注，“天价餐”迅速成为网络热词。许多网友还发起了对当事局长的“人肉搜索”，将孟某的生平履历和相片列成词条，并加入了“天价餐”的内容。事后，山东省纪委介入调查此事。

“名鞋门”事件：2011年11月30日，华声在线报道的《网曝四川双流副县长穿五六千元名鞋视察工作》一文被各大新闻门户网站转载，引发舆论关注。与之同时，网友贴出当事人廖某的照片，并注明廖某所穿的鞋子都是Ferragamo牌，价值分别为6000多元与5000多元。廖某后来在接受媒体采访时说，网帖照片中他所穿的鞋，是几年前老婆送给他的生日礼物，当时的价格是4000元上下，“不是网上说的6000多元。”

“表哥”事件：2012年8月26日，陕西延安境内发生一起重大车祸致36人死亡，2人重伤。事后，省安监局局长杨某视察事故现场时面带微笑的照片引发网友对他进行“人肉搜索”，网友从他身上“搜”出了欧米茄、江诗丹顿、万宝龙、宝格丽等多块价值不菲的名表，戏称之为“表哥”。随后数日内，杨某又被网友陆续“搜”出估价高昂的眼镜、名牌皮带，“全身都是宝”。杨某后因受贿罪等判处有期徒刑14年。

“房叔”事件：2012年10月8 日，天涯网友“广州正义者联盟K”发帖称，广州市城市管理综合执法局番禺分局政委蔡某及其家庭成员拥有20多套房产，并附有《个人名下房地产登记情况查询证明》。次日，该帖在微博上广泛传播，各大媒体纷纷报道此事。蔡某迅速成为名声大噪的“房叔”。之后，番禺区纪委迅速成立调查组介入核查，查明蔡某实际拥有22套房产。事后，番禺区纪委将蔡某“双规”，立案查处。

“铺叔”事件：2013年7月，网曝广东省东莞市中堂镇国税分局局长罗某坐拥139间商铺，引起网友广泛关注，并戏称罗某为“铺叔”。具有戏剧性的是，举报人乃与罗某一块做生意的亲戚王某，王某在举报中提供了大量原始素材、视频录音证据。事后，东莞市国税局迅速成立专门工作组，并停止了罗某职务，让其接受组织调查。

近些年来，因“奢”落网的领导干部还有很多。比如，2009年10月，网曝浙江省台州市一供电所副所长王某为母亲大办“风光出殡”事件。同年11月，内蒙古自治区阿荣旗检察长刘某身陷“豪车门”事件。2013年1月，有微博爆出湖南司法厅党组副书记、副厅长王某儿子婚宴“宴席赛过皇宫，20辆警车助阵，百万元礼金入囊”等。这些涉事领导干部后来均受到党纪政纪处分，有的还因涉嫌违法犯罪被移交司法机关。值得一提的是，2014年之后，或许受中央八项规定和群众路线教育实践活动等因素的影响，此类舆论热点出现了逐渐减少之势。

五、庸官菜鸟类：因“庸”落“网”

此类领导干部落“网”，主要源于素质不高、业务不精、作风不实、举止不当，网友通常称之为“菜鸟”。一旦见诸网络，极易成为网友调侃戏谑的对象。概而言之，其大致有以下几种表现。

一是业务不精，工作外行，对本职工作不熟悉，综合素质较低。最典型的莫过于河南新密的“十不知道局长”——

2010年3月14日，河南省新密市东兴煤业有限公司发生重大安全事故，造成25名矿工不幸遇难。次日中午，新华社记者在矿难现场向新密市安监局局长王某问了10多个关于矿难方面的问题，其中有10个问题他大都回答“不知道”。该事曝光网络后，网友称之为“十不知道局长”，认为其堪称稀里糊涂混日子的“庸官”。遭舆论猛批后，王某被免职。

网上曝现的“打错门”、“抓错门”等各类“乌龙”事件，也极具讽刺意味地体现了当事方的“菜”。请看“河南商丘女民警被当卖淫女错抓”事件——

2013年6月4日，有微博曝出“河南商丘女民警遭郑州警察强迫‘被组织卖淫’”的消息，称“郑州市公安局文化路派出所深夜抓卖淫”时，错抓商丘女民警王某母女，期间还殴打了两人。6月6日，当事派出所回应称：“针对商丘女警母女被误抓一事，文化路派出所深表歉意。在此，再次向母女两人诚恳道歉。同时，当日带队执行任务的中队长及民警已被停职，接受进一步调查。”

二是作风轻浮，慵懒散漫，违反工作纪律和相关规定，工作不在状态，不务正业。兹举两例如下：

湖南祁东3名领导干部开会睡觉——2011年3月，网上出现一篇热帖，称在湖南省祁东县政府召开的一次政法工作会议上，有3名参会领导打瞌睡，并附有照片为证。此事引发网友围观和热议，不少网友认为这些“会睡哥”有损领导干部形象，对“台上领导开会，台下干部瞌睡”的场景颇有微词。据调查，网帖反映属实，当事3名领导干部因之被免职。

重庆“二郎腿城管哥”——2011年6月，一则名为《歇台子党校大门对面脏乱差天天拍》的帖子（附有照片）在网上疯传，该帖反映重庆九龙坡区歇台子市委党校对面的军歇路边，小贩们违规占道摆摊设点，而旁边不到3米的地方，两名城管协管人员却跷起二郎腿看书、抽烟，置之不理。网友称之为“二郎腿城管哥”，批评其严重影响了市政监察队伍的形象。6月22日，二人后被解聘。

近年来，网上不时曝光领导干部上班时间“走私”情况，并且经常是“有图有真相”。比如，某地领导干部上班喝酒、打牌、玩游戏甚至聚众赌博；某政务服务中心工作人员无视办事群众排队等候，自己却上网聊天、炒股、“斗地主”；某局公务员上班期间上网看电影、浏览黄色网站；还有一些领导干部因工作时间擅自跑到茶社、歌厅、洗浴坊等休闲娱乐场所活动，遭遇突查暗访；等等。这些网上曝料，极易引起网友对领导干部群体的怨愤，一经核实，当事方通常会受到警告、撤职、辞退等相关处罚。

三是举止不当，言行出位，招致网友不满和戏谑。请见以下例子：

“淡定”县长座驾撞人后无动于衷——2009年3月，河北邢台一学生在放学回家路上被一辆中型客车撞飞，不省人事，而肇事车上的代县长顾某在车祸发生后，竟一直坐在车内纹丝未动，表现“淡定”。之后，顾某在其他人员的簇拥下离开现场，依旧按照原来的行程去饭店吃饭。此事经网友以《河北邢台县县长出行警车开道，乘坐车辆肇事后扬长而去》之帖披露后，迅速引起围观，网友对顾某的“淡定”愤愤不满。有网帖称“如果说公车撞残了少年身体，那么县长的冷漠则撞残了公众心灵。”

县委书记“熊抱”女主持人——2010年12月，陕西省志丹县邀请央视某女主持人主持文艺演出。该县委书记祁某当场“熊抱”女主持人，夸赞其“俊，白，美”，还追问对方“我是不是男人”。这段视频在网络引发热议，网友指责祁某严重失态。该县委宣传部副部长马某接受采访时称“祁书记是为体现陕西人民的热情”。有网友评论称，书记失态玩“熊抱”，公共场合失“官道”。作为公众人物，祁某的行为非常不当，尤其是他关于“男人”的调侃更显猥琐，使领导干部形象蒙羞。

“口罩”领导干部接受电视采访称“有权不上镜”——2011年5月，广东顺德某街道办负责土地征收的领导干部周某就违规征地问题接受电视媒体采访时戴口罩，并称其“有权不上镜”。周某“戴口罩受访”经媒体报道后，网上热议如潮。有网友认为戴口罩受访看似“护脸”，实为“丢脸”。人民网网友评论称：“此口罩遮掩的官僚很‘狡猾’，遮掩的是当地吏治环境的江湖，遮掩的是违规领导干部的‘贼心胆虚’。‘口罩受访’直观上像舞台上的小丑一样幽默滑稽……”

六、沽名钓誉类：因“假”落“网”

此类领导干部喜欢利用弄虚作假的“作秀”方式沽名钓誉，捏造虚假政绩，捞取政治资本，谋求个人升迁，甚至罔顾事实，“睁眼说瞎话”。在社会透明度和公众鉴别力日益提升的今天，此类行径容易被戳穿识破，也容易遭致网友痛批。请看四川乐山领导“人工降雨视察”之事——

2012年9月13日，一条内容为“四川乐山用水枪制造领导冒雨视察工作场景”的微博（附有现场图片）在网络上被快速转发、扩散，引发广大网友纷纷“吐槽”、“拍砖”。图片中两个消防员拿着消防水枪向半空喷水，七八个穿着白色衬衫和黑色西裤的人站在水中，手上撑着雨伞，一旁有摄像机在拍摄。不远处，还有人在围观这一幕，消防车就停在路边。面对如潮舆论，乐山高新技术产业开发区回应称，该微博反映的场景确有其事，但并非是视察工作，而是拍摄制作宣传片，“冒雨工作”是拍摄机构创意。对此，新华网评认为，“创意可以无限，但宣传片不能没有底线。”“工作中频出弄虚作假的‘创意’行为，看似令人哂笑的小笑话，实则包藏浮夸、浮躁的作风倾向。”①

如果说“用水枪制造领导冒雨视察工作”是一种创意行为，那么2011年6月的四川会理领导干部的“悬浮工作照风波”则是不容争辩的事实——

2011年6月16日，一篇题为《会理县高标准建设通乡公路》的图片新闻，出现在四川省会理县人民政府公众信息网上，内容为该县县长李某和副县长唐某带领县交通运输局等部门同志，下乡查看通乡公路建设情况。事后，有网友以《太假了，我县的宣传图片》为题，在天涯论坛发布了这篇图片新闻的网页截图，该图片在网上迅速被疯狂转发，引发网友热议和PS狂潮，三位“悬浮”的领导被PS至各种场景中。后来，会理县委宣传部证实，领导“悬浮”照片确实是“拼接、修改”而成的。会理县政府开通政务微博，就此事向公众致歉。当事工作人员也在网上刊登了致歉信。

实际上，“领导干部悬浮照”并非只在四川会理出现过。就在会理“悬浮照”刚刚平息之时，山西省寿阳县领导也陷入“被悬浮”的尴尬之中。6月23日，该县政府网站发布的一则图片新闻中，一名县领导被PS到图片中，呈现“悬浮”状态。经网上爆料后，引起一片唏嘘之声，网友称之为“悬浮二代”。之后不久，网上再度出现“悬浮三代”，山西省沁源县领导集体观看销毁假酒现场的新闻照片，被指明显造假，网友批评如潮。同年11月，网上一度热议河南省嵩山县县长李某视察白云山景区的照片有“PS”嫌疑，事后工作人员对PS原因的解释是“因当天气温较高，领导穿运动服上山，感觉考察活动应着正装，因此对照片进行了拼接、修改”。2012年5月，网上出现浙江省杭州市余杭区有关领导的“悬浮照”风波，引来众多网友的围观和奚落。时至2013年4月，网上再度爆料“四

① 张颖辉：《“人工降雨”式视察不能当笑话看》，载2012年9月17日新华网。

川内江党报现市委书记PS照”，事后《内江日报》通过其官方微博向网友和读者公开道歉。

如果在百度上输入“悬浮照”三字，相关的事例还能看到很多。毫无疑问，这些弄虚作假的PS照，让广大网友对领导干部群体的工作作风和公信力提出了强烈质疑，极大地损坏了党和政府的形象。每次出现此类风波，网友都会大呼“吐血”，并对当事方进行讥讽、恶搞。领导照片如此明目张胆地造假作秀，焉能取信于民？尽管事后总有技术人员出来担责，并称“悬浮照”与领导无关，但结果只会越抹越黑。

近年来，网上关于领导干部弄虚作假、沽名钓誉类的舆情时有所见，如2008年9月网上热炒的山西襄汾“董暴雨”风波、2011年河北省张北县原书记李某因网上一段《县委书记》MV“太肉麻”而遭“炮轰”，以及某某作协主席涉嫌抄袭、某某司法局长“助子成龙”、某某领导干部网上公布退赃清单，某某地方大种无根树，等等，均属此类情况。这里不一一细述。

事实上，除了上述六大类型，网上不时曝出的领导干部贪污受贿、酒驾肇事、打架斗殴、吸食毒品、聚众赌博、参加宗教迷信活动、涉嫌考试黑幕、学历造假、火箭提拔、倒卖编制、花费公款携家人出国旅游等诸多事例，同样备受网友关注。这些当事方或被舆论风暴弄得灰头土脸、名誉扫地，或因恶行劣迹而丢掉了乌纱帽，甚至遭遇牢狱之灾，给世人留下了沉痛教训，也给领导干部形象带来了巨大冲击。这些现实情形，显然意味着加强领导干部网上形象构建已十分迫切。

第6章　内外兼修：构建良好形象的基本路径

领导干部的网上形象构建是一项复杂的系统工程。其所涉因素甚多，但关键在于加强自身建设。就形象自塑而论，内外兼修乃基本路径。置身网络政治时代，领导干部只有内正其心、外正其行，真正增强思想自觉和行动自觉，切实像玻璃缸里的鱼儿经得起围观和检视，才能逐步提升自身的公信力与权威性，赢得公众的认可和好评。

在内强素质方面，领导干部应当强化形象意识、民本意识、法治意识和底线意识。在外树形象方面，领导干部必须过好“说话关”、“仪态关”、“作风关”、“亲友关”和“危机关”。同时，现代领导干部应当高度重视提升自身网媒素养，增强识网水平和用网能力，善于借助互联网等新兴媒体，传播正能量，唱响主旋律，展示自身魅力，引导公众认知，不断为自身形象“加分”。

本章探讨的主要内容有四：一是构建领导干部网上形象的基本要素、主要原则；二是领导干部应如何内强素质；三是领导干部在说话、交友和仪态、作风等方面应如何外树形象，四是网媒素养与形象构建的关系，以及如何善用网媒优化自身形象。

第一节　网上形象构建是一项系统工程

领导干部网上形象是多种因素交互作用的产物，既有相对的稳定性，又有一定的可塑性，因而形象构建需要多管齐下、多措并举。从实践情况看，“自塑”和“他塑”不可偏废，加强自身建设是优化领导干部网上形象的关键所在。

一、构建领导干部网上形象的基本要素

◎领导干部的网上形象是客观性与主观性的统一，是“自塑”与“他塑”的聚合。在影响网上形象的诸多因素中，领导干部自身的客观表现是最根本、最重要的。

谈论怎样构建网上良好形象，首先必须弄清楚影响领导干部网上形象优劣的基本要素是什么。从“5W”传播模式涉及的几大要素[①]看，领导干部的网上形象如何，主要与形象主体的实际情况、公众的认知评价、大众传媒的选择利用等因素密切相关。在很大程度上说，网上形象是客观性与主观性的统一，是“自塑”与“他塑”的聚合。在影响网上形象的诸多因素中，领导干部自身的客观表现（亦称自身形象）是最根本、最重要的。

领导干部的自身形象主要由内在素质和外在表现两大部分构成。前者涵盖政治品格、道德品质、文化修养、人生识见、工作经验、综合能力、性格气质、价值追求、精神风貌、人格魅力等诸多方面。后者包括先天长

① “5W”传播模式是指传播学奠基人之一拉斯韦尔提出的传播过程包括五个基本构成要素——谁（Who），说了什么（Says what），通过什么渠道（In Which Channel），对谁说（To Whom），取得了什么效果（With What Effect）。

相、形体肤色、仪态表情、服饰穿戴、言谈举止、喜怒哀乐、工作作风、办事效率等方面内容。二者互为表里，相辅相成。

展开点说，内在素质中有些成分是先天固有的（如气质、性格、兴趣等），有些成分源于长期培育（如识见、经验、能力等）。内在素质是潜性的，它是外在表现的基础和支撑，在形象构建中往往具有决定性的作用。外在表现是显性的，它一方面受制于内在素质的影响，另一方面又具有相对独立性，并不是内在素质的简单、同步的反映。一般情况下，一个人外在表现的优劣基本上与其内在素质的高低成正比，也就是说，具有良好的内在素质通常会有良好的外在表现，而有些人虽然具备良好的内在素质，外在表现却难如人意，如“敏于行而讷于言”、“秀于中而疏于表”等。正因如此，有学者指出，良好的自我形象是内在素质的长期修养和外在表现的自觉训练的综合结果。①

实际上，领导干部的形象构建具有多维性、开放性、复杂性等特点。近年来，许多研究者从不同侧面、不同角度研究领导干部形象构建问题。比如，有人将领导干部形象分为外表形象与内质形象、生理形象与心理形象、公务形象与公余形象等，有人将领导干部形象分为公众形象、职场形象、生活形象、客观形象、媒介形象等，有人将领导干部形象分为穿着形象、言语形象、视察形象、会议形象、危机形象、社会交际形象等，还有人将领导干部形象分为政治形象、道德形象、性格形象、知识形象、才能形象等。尽管视角有别、分类不同，但是众多研究者关于内在素质和外在表现的认识却是相通的。无论哪种视角、哪种分类，大家普遍认为，领导干部形象是内在素质和外在表现的结合物，良好形象是内在美与外在美的统一体。从这种意义上说，领导干部要构建良好的网上形象，首先应当从内强素质、外树形象两大方面入手。

① 参见龙永枢、杨伟光主编：《领导者媒介形象设计》第22页，社会科学文献出版社，1997年版。

二、网上形象构建应遵循“三适”原则

◎领导干部的网上形象构建必须遵循三个最基本的原则，即适合身份原则、适时而宜原则、适度而为原则。

一是适合身份原则。古人云：物以类聚，人以群分。领导干部在进行自我形象设计时，必须充分考虑自己的身份、职业、地位、角色以及性别、年龄等相关因素，务必使自我形象与之相谐调。比如，领导干部在穿着打扮、言行举止等方面应当给人留下端庄、自然、大方、文明、严谨、稳重的印象，这是一种基本的身份规范和职业要求。如果某位领导干部在公众场合穿得珠光宝气、花里胡哨，说话毫无遮拦、信口开河，举止轻佻、勾肩搭背，抑或肆无忌惮地出入高档娱乐场所，参加宗教迷信活动，喜好聚众赌博，等等，则有失身份，易遭诟病。一向注重自身形象的戴高乐将军曾说：“有很多事情我想做而不能做，因为对戴高乐将军来说，做这些是不合适的。”①此话提醒领导干部在形象构建方面，必须强化身份意识，自觉约束与身份相悖的不良行为，始终遵循身份相适这一内在规范。平时不妨常常问问自己：我的穿着打扮、言行举止合乎身份要求吗？自己的形象能否较好地代表职位形象、团队形象？

二是适时而宜原则。从大的方面来讲，形象构建必须跟上时代步伐，符合时代精神，顺应公众期待，顾及公众好恶。尽管公众对领导干部形象具有超国度、超时代、超政治、超性别的趋同倾向，如为民、务实、正直、诚信、廉洁、勤俭等基本要求，但是这种心理预期也在因时而变。比如，风起云涌时代，人们更期盼“卡里斯玛”式的铁腕人物力挽狂澜；革故鼎新时代，勇于开拓、善于创新的“改革家”形象更受欢迎；而进入网络政治时

① 转引自刘敬华编著：《领导者形象设计》第61页，中共党史出版社，2008年版。

代，亲民、和善、平易近人的领导干部似乎更符合时代潮流。当今领导干部要构建良好形象，显然宜多在“亲和力”、“平民化”、“普通人”等方面下功夫。从小的方面来说，形象设计应当根据具体时间、具体场景的需要，切实与一年四季的季节变化相谐调，与一天早晚变化相谐调，与或喜或悲或庄重或普通的不同场合相谐调。如果某位领导干部在穿着打扮、言行举止方面不分季节、不分早晚、不分场合，无视外部环境，逆时而动，其形象得分则会大打折扣。

三是适度而为原则。形象构建有如梳妆打扮，可以通过略施粉黛扬长避短，讲究发挥主观能动性，然而必须以客观实际为基础，适度而为、适可而可，不能弄虚作假，不可生硬拔高甚至故意伪装。西方国家有句流行语叫“政治就是演戏”。受此影响，有些领导干部在政治营销中热衷于利用大众传媒进行“作秀”和“表演”，留下了不少耐人寻味的笑柄和教训。实际上，良好的形象是以实事求是为前提的。大张声势地进行吹擂、华而不实地摆花架子、拙劣地迷恋“涂脂抹粉”，实乃形象构建之大忌。近年来，有些领导干部为了美化自身形象挖空心思沽名钓誉，甚至借助所谓创意行为编织美丽光环，如上文提及的“用水枪制造领导冒雨视察工作”、各类故意造假的领导干部“悬浮照”等，就是典型的误入歧途，其结果必定弄巧成拙、事与愿违，除了增深公众的厌恶感和不信任感，别无益处。在网络应用广泛普及、“草根”智慧蓬勃旺盛的今天，任何炫目一时的虚假形象终将被识破、被嘲弄，只有经得起公众拷问和时间检验的领导干部形象才有生命力。

实际上，领导干部网上形象构建工作应当遵循的原则要求还有很多，如文化传统原则、应事取势原则、接受反馈原则、适应传媒原则等，这里不一一赘述。

三、优化网上形象关键在于加强自身建设

◎领导干部要防范形象危机、切实优化网上形象，关键在于加强自身建设。在网络监督无处不在、污迹劣行难以遁形的今天，领导干部尤其应当重视“自塑”。

领导干部良好形象的构建是一项非常繁复，需要多管齐下、多措并举的系统工程。不可否认的是，受各类成见偏见、“习惯性”猜想、“仇官”情绪、造谣传谣、蓄意抹黑等诸多因素的影响，当前领导干部网上形象的确存在被误读、被误伤、被矮化、被丑化的现象，且形势严峻，不容乐观。要优化领导干部网上形象，显然很有必要在疏导社会心理、化解民众怨气、整治网络谣言、规范传播秩序等方面下功夫。当然，此非一日之功，也不可能依靠某几个人、某几个部门即能完成。从长远意义上说，领导干部要防范形象危机、切实优化网上形象，关键在于加强自身建设。

俗话说，“打铁还须自身硬”，“身正不怕影子歪”。较之于从外部因素入手，自珍自爱、自尊自重才是广大领导干部维护好、构建好自身形象的第一法宝。近年来，有些落“网”领导干部慨叹网络监督太厉害，抱怨网络敲诈太猖獗，指责网络管理不得力，还有一些落“网”领导干部遭遇舆情危机后上窜下跳哀哀以求、不惜重金进行“封口”，或者利用公权强势打压发帖人，等等，这实际上说明当事方未能厘清形象危机的真正根源，未能找到化解危机的真正症结。

常言道：“苍蝇不叮无缝的蛋”，“物必先腐，而后虫生”。在领导干部形象构建过程中，领导干部自身的表现始终是第一位的，公众的评价、媒体的渲染以及其他力量的介入永远是第二位的。大量实例表明，并不是“网络监督太厉害”，并不是PS技术惹的祸，也并不全是网络传播太混乱，而是落“网”领导干部本身确实存在这样那样的硬伤和问题。为什

么落“网”领导干部十之八九经不起细查和深究，为什么落“网”领导干部基本上是曝光一个、倒下一个，原因不言而喻。有人说得好，“现在某些领导者不注重修养身心，却希求有个好名声传扬于世，就好比是相貌丑陋的人却希望漂亮的影像出现在镜子里一样。”[①]如果不从领导干部自身问题着手查找原因、探寻对策，却一味归咎于其他因素，则显然是本末倒置。

天“网”恢恢，无远弗届。在网络监督无处不在、污迹劣行难以遁形的社会环境中，品行不端、私德不修的领导干部不管如何“聪明”、如何“侥幸”、如何“能量过人”，若其肆意妄为、招致怨怼，则迟早会落“网”、“翻船”。古人早有训示：“救寒莫如重裘，止谤莫如自修”，“欲影正者端其表，欲下廉者先之身”。倘若领导干部所为无愧于天地，无愧于百姓，又何惧个人信息被曝网上呢？不做亏心事，岂怕鬼敲门？千磨万击还坚韧，任尔东南西北风。即使网上“误伤”会在短期内产生一些负面影响，但真金不怕火炼，公众的眼睛是雪亮的。实践一再启示我们，应对形象危机最可靠的办法就是加强自身建设；优化领导干部网上形象，需要“他塑”，更靠“自塑”。

美国前总统尼克松在其著作《六次危机》一书中曾说：“在美国，如果你想以政治为职业，你就必须要像鱼缸里的一条金鱼，无论从哪个角度看，你的个人生活都应该是透明的，无懈可击的。”置身网络政治时代，像金鱼一样活着、做一个光明磊落、表里如一的“透明人”，应当成为每个领导干部必须遵循的一个准则。只有内正其心、外正其行，真正增强思想自觉和行动自觉，切实做到内外兼修、知行合一，领导干部的网上形象构建才会取得实效。

---

① 孙颜彬编著：《与领导干部谈领导形象塑造》第4页，国家行政学院出版社，2010年版。

第二节　内强素质：领导干部要强化“四大意识”

有道是：相由心生，表里如一。领导干部的公众形象是其内在素质的外化，内在素质是领导干部形象的“里”。某位领导干部的思想意识、精神世界如何，直接决定了其为人处世、说话办事的方式和水平，直接关乎外界对其形象优劣的评判。一些领导干部的“雷言雷行”一再表明，那些荒唐、出格的种种表现，其实绝非一时失误所致，而是其思想认识和品德修养的自然流露。因此，领导干部要树立良好的公众形象，首先必须解决好意识里、骨子里的问题，注重内在素质的修炼与提升，练好“内功”。具体来说，就是要树立正确的世界观、群众观、权力观、政绩观，确保政治思想上过硬、党性修养上过硬、道德品质上过硬、业务能力上过硬。在网络政治时代，广大领导干部尤其应当自觉强化形象意识、民本意识、法治意识和底线意识。

一、强化形象意识，常想“我是一面旗帜”

◎领导干部必须时刻牢记自身的身份、角色，切实将“我是一面旗帜”的理念内化于心，平时要注意自身形象，自觉当好党和政府的形象代言人，关键时候要身先士卒、勇于担当，争当率先垂范的领头雁、排头兵。

强化形象意识，首先是指对形象构建的重要意义和时代要求、对自身形象的基本定位和内在规范等要有清醒认识。上文已经述及，形象就是旗帜，形象问题无论对于个人和团队，还是对于党和国家均十分重要。作为在社会结构中担负有教育民众、引领风尚的特殊群体，领导干部的身份、角色不同于普通群众，维护自身良好形象乃政治责任之所系。只有深刻地认识到这一点，行动起来才会坚定、自觉。

在日常工作和生活中，领导干部必须高度重视良好形象的构建，时刻牢记自身的身份、角色，自觉当好党和政府的形象代言人，不断提醒自己注意公众形象，经常“洗澡”、“治病”、“照镜”、“正衣”，习惯于从形象视角检视自己，对自己高标准、严要求，切实使自己的一举一动合乎职业规范和群众期待。反观网上曝出的那些动辄大爆粗口、醉酒肇事、为了几块钱的停车费殴打收费员、好谈风水法术之说、办公室挂着诸般镇邪之物、出国之后尽出洋相的领导干部，显然是形象意识太弱。此类领导干部，尤其应当把“注意自身形象”这一警句嵌入脑海，内化于心。

在官员形象面临高危风险的互联网时代，领导干部必须珍爱自己的“羽毛”，善于搞好“声誉管理”工作，任何时候、任何地方、任何情况下，都应严于律己，自警自励，时时告诫自己不说有损形象的话，不做有损形象的事。凡事要充分考虑是否会损害官方形象，是否会产生消极的政治影响。网上曾一度流传的所谓“微博时代官场十大警示”，如“接受采访不讲胡话”、“开会发言不抽名烟”、“商务应酬不戴名表”、“公务活动不开名车”、“灾难发生不露笑容”等，其实戏谑之辞背后无不树立着一个个沉痛教训，值得深思。

其次，领导干部在治国理政的过程中不仅要讲政治、重品行、明荣辱、知廉耻、懂是非、辨善恶，切实做到遵纪守法、清正廉洁、公道正派、勤政爱民、求真务实、洁身自好，而且要常常想着“我是一面旗帜”，在贯彻落实国家大政方针、恪守社会公德、职业道德、家庭美德等方面做好表率，主动争当高风亮节的示范者、诚信风尚的引领者，充分发挥模范带头作用，大力彰显领导干部群体的先进性、模范性。特别是在关键时候，领导干部应当身先士卒，勇于担当，自觉当好领头雁、排头兵，努力为群众树起标杆和旗帜。

近年来，许多领导干部自觉维护党和政府的声誉、权威，善于展示自身良好形象，涌现了一大批可歌可泣、令人景仰的时代先锋和模范人物，为网络空间增添了诸多正能量。有些领导干部积极利用互联网治国理政、为民服务，成为备受关注的“网络红人”，展现了与时俱进、开拓创新的亮丽风采。此外，网上还不时曝出“某市长高挽裤脚、赤足排污”，“某市长骑自行车送孩子上学”、“某厅长请农民工吃饭”、“某厅长为农民工追讨薪酬”等报道，尽管公众对此类做法众说纷纭，但如果此类做法能够广泛普及，成为一种常态，那么对于强化领导干部形象意识、构建领导干部良好形象则会大有助益。

二、强化民本意识，常思“为了谁、依靠谁、我是谁”

◎执政为民乃宗旨，亲民爱民是本分。领导干部要想优化自身在群众心目中的形象，必须牢记“水能载舟，亦能覆舟”的古训，心系群众、情注百姓，以民为本、珍重民心。

民本意识，亦即共产党人宣扬的宗旨意识、群众意识。强化民本意识，就是要深谙执政为民乃宗旨、亲民爱民是本分，真正明晓为官从政究竟“为了谁、依靠谁、我是谁”。对广大领导干部而言，强化民本意识是增强政治意识、提升政治品格的首要问题。江泽民同志曾说：“政治问题，从根本上说，就是对人民群众的态度问题和同人民群众的关系问题。”[①]中共十八大报告指出：为人民服务是党的根本宗旨，以人为本、执政为民是检验党一切执政活动的最高标准。领导干部群体的根基在人民、血脉在人民、力量在人民，全心全意为人民服务是领导干部群体的宗旨所在、本分所在、希望所在。

实践证明，领导干部只有时刻提醒自己权力来自人民，牢记执政为

① 江泽民：《论党的建设》第281页，中央文献出版社，2001年版。

民、亲民爱民的理念，一心为了人民，紧紧依靠人民，甘心做人民公仆，真正把人民群众当主人来尊重、当先生来请教、当英雄来敬畏、当亲人来对待，才会赢得人民群众的信任和拥护，其形象构建才能脚踏实地、牢靠稳固。反之，如果民本意识淡薄，脱离群众，高高在上，对群众的疾苦和呼声漠不关心、置若罔闻，甚至与民争利、以权谋私，那么诸般恶评必定随之而生，形象构建则无从谈起。

许多落“网”领导干部的事例表明，民本意识的缺失是滋生种种乱象的根源。从某乡长不让上访群众喝水而引发冲突的“茶杯门”到某女童借用政府服务厅厕所遭拒事件，从某县长座驾撞飞路人后“淡定”离去到某局长在政府会议上声称“淹了河南关我×事”，从某书记当众叫嚣“我掐了小孩的脖子又怎么样，你们这些人算个屁呀”到某局长在大会上怒称“老百姓想要公平？臭不要脸”，从某局长质问记者“替谁说话”到某市长信箱回复网友时称“没时间跟你闲扯”，等等，我们可以深切地感受到官僚习气的傲慢、冷漠、骄横，感受到这些疏远群众、蔑视群众的官老爷们内心里民本意识的缺失。这种缺失，严重伤害了群众感情，抹黑了官方形象，领导干部应当深以为戒。

胡锦涛同志曾强调指出，“只有我们把群众放在心上，群众才会把我们放在心上；只有我们把群众当亲人，群众才会把我们当亲人。”实际上，领导干部只要心系群众、情注百姓，时刻把群众的安危冷暖放在心上，带着对人民群众的深厚感情去工作，真正做到情为民所系、权为民所用、利为民所谋，就一定能增强自身的公信力和凝聚力，不断提升良好形象。古人说：“其爱之如父母，而归之如流水。”意思是说，谁能如父母爱护子女般地对待民众，民众就会如同百川归海般地追随他。民心如镜，民意难欺。领导干部要想优化自身在民众心目中的形象，必须牢记“水能载舟，亦能覆舟”的古训，站在民众的立场上看问题、想问题、解决问题，体恤民瘼，多予关爱，自觉做到“民之所忧，我之所思；民之所思，我之所行。”

当今之世，危机频发。现实社会中的各类矛盾和意识形态领域的复杂斗争对党群干群关系提出了严峻考验，加之网络舆论的草根性与领导干部地位的强势性易于形成深层冲突，因而领导干部在服务民众、解决民困时，必须始终以民为重，视民如伤，坚持执政为民的宗旨和本分，坚决摒弃衙门作风，珍重民心，珍视民利，注重树立深入细致、朴实低调、虚怀若谷、平易近人的亲民形象。这其实也是网络政治时代赋予广大领导干部的一种内在要求。胡锦涛、温家宝以及习近平、李克强等党和国家领导人在这方面做了很好的表率，他们亲自与网友进行“零距离”互动，除夕之夜在农家“磨豆腐”、“下厨房”，经常进村入户看望群众、嘘寒问暖，其亲民爱民的形象赢得了海内外人士的高度赞誉，值得广大领导干部学习和效仿。

三、强化法治意识，常念特权之害

◎领导干部必须正确处理“权”与“法”的关系，摒弃特权思想，强化法治意识，提高法律素养，养成遇事讲法、决策依法、言必合法、行必守法的习惯，切实让秉公用权、依法办事成为自身行为准则。

当今社会已进入法治文明阶段。中共十八大强调指出，依法治国是党领导人民治理国家的基本方略，法治是治国理政的基本方式。2014年10月，中共十八届四中全会聚焦“法治”二字，做出了全面推进依法治国的重大决定，法治建设进入了一个新的历史阶段。近二十年来，由于网络政治等多种因素的积极助推，人民群众的法制观念与日俱增，社会各阶层对于公平正义的期盼相当热切。在这种情势下，领导干部能否做到知法守法、依法办事、公道正派，无疑直接关乎自身形象的构建和官方声誉的维护。

总体而言，近年来领导干部群体的法治思维和法制观念明显增强，依法办事的意识和能力不断提升。比如，甘肃省省长刘伟平就曾提出“守法是政府的‘第一形象’”，“政府是不是守法，干部是不是懂法、会不会用法，不仅事关法治政府的建设，而且在很大程度上影响着施政的质量和政府的威信。”[①]铁面查罚“特权车”、被网友誉为“恒山脚下最美女警”的山西省浑源县女交警毛丽曾说：“甭管是谁，只要他敢违章，我就敢查，不管他官有多大，多么有钱有势，执勤时我眼里没有官！”[②]这些言行，显然能够让人窥斑见豹、一叶知秋。

然而，由于受到封建官僚主义、专制主义的影响，少数领导干部仍然特权思想严重，目无法纪，自以为是，习惯于凭长官意志和个人好恶行事；有些人专横霸道，执法粗暴，徇私枉法，知法犯法；有些人作风不实，司法不公，人为地制造了冤假错案；还有一些地方在危机处置中被“舆论审判”牵着鼻子走，为了息事宁人，不惜做出有悖法律法规的妥协。这些情形，网上时有曝光，对官方公信力伤害极大。上文述及的因“横”落“网”的领导干部，以及许多深为群众不满的政府行为（如非法强拆事件、PX项目事件、“萝卜招聘”事件、“火箭提拔”事件、“坐牢男子房屋被乡政府擅卖”事件、“涉贪领导干部工资照发”事件等），多数即源于当事领导干部法治意识淡薄。《人民日报》曾刊文指出：“当前，一些违背党的宗旨、损害群众利益的事件，往往与不依法办事有关。近年来，在土地征用、城镇拆迁、城市管理等过程中，之所以发生一些群体性事件和个人极端事件，违规操作、粗暴执法甚至滥用强制手段是重要

---

①《甘肃省省长刘伟平：守法应是政府“第一形象”》，载2013年4月8日《人民日报》“声音”专栏。

② 吕梦琦、张琴：《山西女交警铁面查罚“特权车”网民热捧其为“恒山脚下最美女警”》，载2011年4月18日新华网山西频道。

原因”，[①]实可谓一针见血。

在法治时代，领导干部最容易失去威信的就是滥用权力、横行无忌，最为民众反感的就是用权不公、以权代法。领导干部要构建良好形象，必须常念特权之害，摒弃特权思想，强化法治意识，培养法治思维，提高法律素养，带头遵纪守法，正确处理“权”与“法”的关系，养成遇事讲法、决策依法、言必合法、行必守法的良好习惯，切实让秉公用权、依法办事成为自己的行为准则，“无论在何时、何地、何人，都不因位高权重而无视法律，不因人情干预而践踏法律，不因一知半解而曲解法律，确保一切领导行为都符合法律的规定。”[②]唯其如此，才能经得起历史的检验。

实际上，对领导干部来说，秉公用权、依法办事既是正确处理矛盾冲突的内在要求，也是维护公平正义的根本保障。尤其是在公民意识不断提升的网络政治时代，领导干部只有切实增强带头学法用法、带头遵纪守法的自觉性，不断提高依法决策、依法办事的能力和水平，善于运用法治思维和法治方式处理事务，才有利于化解矛盾、解决问题，有利于赢得群众的认可和支持。有人说：“越是工作重要，越是事情紧急，越是矛盾突出，越要坚持依法办事，善于运用法律手段促进经济的繁荣发展和社会的全面进步，管理经济和社会事务，妥善处理人民内部矛盾和其他社会矛盾，切实维护广大人民群众的合法权益。”[③]对于现代领导干部而言，此话无疑颇具教益。

---

① 人民日报评论员：《让依法办事成为党员干部的行为准则——四论学习胡锦涛同志在十七届中央纪委六次全会上的重要讲话》，载2011年1月17日《人民日报》。

② 引自陶淑艳等主编：《领导形象：新媒体时代领导者形象塑造与管理》第19页，中共中央党校出版社，2012年版。

③ 人民日报评论员：《让依法办事成为党员干部的行为准则——四论学习胡锦涛同志在十七届中央纪委六次全会上的重要讲话》，载2011年1月17日《人民日报》。

四、强化底线意识，常怀敬畏之心

◎底线就是红线、高压线、生死线。在诱惑、陷阱甚多的今天，领导干部必须强化底线思维，习惯于处高思危、临荣思辱、见利思害，切实做到严以自律，防微杜渐，心怀敬畏，洁身自好。

这里所说的“底线意识”，主要有两层意思：一是指做人、做事不能突破最基本的原则和最起码的要求，二是指凡事应当充分考虑负面后果，多从坏处评估风险，注重提前做好防范工作。在很大程度上说，底线就是红线、高压线、生死线。突破底线，就会发生根本性的质的变化。在现实生活中，我们说某人某方面突破了底线，就是指他（她）的行为背离了正常的认可阈值，为常人不能容忍。

当前，人民群众对领导干部群体的期盼颇多、要求颇多，批评和不满也颇多，但是最不能容忍的是领导干部在思想道德、为人处世等方面突破底线。底线失守，民愤必起，祸患必至。在近年来网上曝出的涉官事件中，有些当事者的行为明显突破了底线，如某地法官发生集体嫖娼事件，某局长在大庭广众面前公然宣称自己包养情妇，某城管人员在与商贩的冲突中大喊“爆他头”，某校长性侵小学生等等。这些离“谱”出“格”、令人惊愕的言行，严重践踏了最基本的职业操守，对领导干部群体形象的损害是十分致命的。面对形形色色的诱惑、陷阱和干扰，领导干部必须强化底线意识，善用底线思维，坚守政治底线、道德底线、人格底线、法纪底线和生活底线，心怀敬畏，洁身自好，时时提醒自己“见可欲则思知足以自戒”，谨防“一失足成千古恨”。

首先，要严以自律，防微杜渐。对领导干部而言，“他律”固然重要，但最重要的是自重、自省、自警、自励。从政之路充满了不可测知的风险，而最大的敌人就是自己。作为国之中坚、民之所望，广大领导干部应当常修为政之德，常思贪欲之害，不断提高自身的党性修养和综合素质，坚守为人、处世、用权、交友、生活等方面的底线，切不可放纵自己、张狂任性。不管是在何时何地何种场合，都应从严规范自己的所作所为，讲原则、守规矩，不说过头的话，不做过头的事，切实做到话语有度、行止有谱。同时，要筑牢思想道德防线，慎独慎微，慎始慎终，不要漠视生活小节，"勿以恶小而为之"，真正守得住清贫，耐得住寂寞，稳得住心神，经得住考验。

其次，要有风险防范意识。俗话说，"天下没有免费的午餐"，"世上没有无缘无故的爱"。网上曝出的诸般"不雅音视频"事件一再告诫我们，千万不可胆大妄为、自欺欺人，因为许多摄像头、录音机正躲在暗处，许多圈套、陷阱正等着"猎物"就范。当今社会，有些人为了达到自身目的，不惜耗费大量心思"设套"、"盯梢"，运用各种专业手段搜集把柄、证据，领导干部群体经常是他们的目标、对象。在这种环境中，为官从政者一定要有被监视的风险防范意识，时时、处处、事事保持警觉和清醒。在诱惑面前，要冷静想想后果和代价，自觉约束自己的言行举止，用心提防鲜花掌声后的陷阱，习惯于处高思危、临荣思辱、见利思害，不断提高拒腐防变和抵御风险的能力。

其三，要常怀敬畏之心。李源潮同志曾提出当干部要敬畏历史、敬畏百姓、敬畏人生，[①]用意深远。自古以来，民议可畏。前人所言"内疚神明，外惭清议"，就是指一个人要知耻、知止，要有敬畏之心。在网络舆论影响日甚的今天，广大领导干部除了应当敬畏历史、敬畏百姓、敬畏人生，还应敬畏法纪，敬畏民意，敬畏网络，时时要有如履薄冰、如临深渊的心态，要有抚躬自问、临镜自照的修养。风光显赫时，要想想福祸相倚；欲望膨胀时，要想想党纪国法；寻欢作乐时，要想想天"网"恢恢；

---

① 2008年9月5日，中国浦东、井冈山、延安干部学院举行2008年秋季开学典礼，时任中央组织部部长的李源潮同志在开学讲话中提出了当干部要有三个"敬畏之心"。

胡作非为时，要想想牢狱深深；贪赃枉法时，要想想“手莫伸，伸手必被捉”。只有诚惶诚恐，心存敬畏，才可能守住底线，防患于未然。

第三节　外树形象：为官从政要过好“五关”

在网络语境中，影响领导干部形象的往往是当事方言行举止中的一些“细枝末节”。一句脱口而出的气话、一次张扬刺眼的穿戴、一个不合时宜的表情、一个冲动粗鲁的动作……都可能猛然刺痛网友的神经，进而被“抓住一点，不计其余”地放大、恶炒，倏尔兴起舆论热潮，导致难以意料的形象危机。正因如此，网络政治时代的领导干部要树立良好形象，必须将上文述及的“四大意识”内化于心、外践于行，格外注意自己的言谈举止、衣食住行，审慎对待每一个细节。无论在工作场合，还是在业余时间，都应谨言慎行，谨防背离公众预期，损毁自身形象。从实践经验看，为官从政要特别注意过好“五关”。

一要过好“说话关”

◎说话要谦和友善、沉稳低调，切忌盛气凌人、粗鄙傲慢；要理性客观、留有余地，切忌偏执极端、过于绝对；要坦诚相待、有利有节，切忌敷衍推诿、弄虚作假。

“官”字下面两张口。说话，是为官从政的一项基本功，是领导干部与外界沟通交流不可或缺的表达方式。口才好、谈吐佳，有助于展现领导干部的素质、水平、魅力、风采，也有助于树立良好的公众形象。反之，则容易引起误解甚至招灾惹祸。近年来，领导干部因言语不当而引发舆论风暴的事例不胜枚举。其中，有的源于说者无心、听者有意，有的源于传播者添油加醋、以讹传讹，有的源于当事方情急话糙、脱口成错，更多的乃源于当事方口无遮拦、信口开河。在网络政治时代，为领导干部必须牢记“祸从口出”这句古训，修口慎言，管好自己的嘴巴，过好“说话关”。

——**谦和友善、沉稳低调，切忌盛气凌人、粗鄙傲慢**。

领导干部在说话中趾高气扬、盛气凌人、粗鄙霸道等表现，极易招致网友反感。许多时候，即便当事方言之有理，然而如果表达方式过于强势、高调，同样可能产生事与愿违的负效果。2008年汶川特大地震后网上出现的“郭跳跳”与“范跑跑”之辩便是一个鲜活案例。本来多数网友原本站在郭校长宣扬的道德立场而对范某“先跑事件”颇多微词，但是随着郭校长在辩论中情绪激动，竟用“无耻”、“畜牲”、“杂种”之类的字眼对范某进行辱骂和攻击，网友对郭校长的支持态度迅速出现了逆转。事后，郭校长因过于高调、咄咄逼人、气急败坏的形态被网友冠以“郭跳跳”的绰号。许多网友认为郭校长的过激反应恰恰暴露了自身修养的欠缺，有网友曾著文称“宁选‘范跑跑’，不要‘郭跳跳’”。2010年12月辽宁省建昌县政法委副书记钟某恶言威胁记者“你要过来，小心你的命”、2013年5月陕西省潼关县国土局局长赵某对前来查询举报情况的记者破口大骂“让你娃今天死在我这里”，这种地痞流氓式的狠话，戳破了公众的“痛点”，极大丑化了领导干部形象，堪称典型的反面案例。

常言道，有理不在声高。领导干部在说话时应当注意控制好自己的语速、语调、语气，尽力做到心平气和、从容不迫、彬彬有礼、不愠不火，以便给人留下谦和友善、沉稳低调的印象。事实上，低沉而缓和的声音有利于塑造领导干部的沉稳形象。[①] 经验表明，领导干部在公众场合说话特别是与媒体记者打交道时，必须克制不良情绪，耐得住性子，千万不要逞一时口舌之快，刺激受众的逆反心理和对峙情绪，切忌恶语伤人，切忌满

① 参见刘敬华编著：《领导者形象设计》第183页，中共党史出版社，2008年版。

口脏话，切忌大声吆喝，切忌阴阳怪气，切忌自吹自擂，切忌对别人说话心不在焉，抑或随意粗暴地打断别人讲话。

——理性客观、留有余地，切忌偏执极端、过于绝对。

在互联网上，偏执极端之词极易引起公愤，招致围攻。事实表明，许多“雷人之语”均源于当事方言辞偏激、以偏概全，以致掀起舆论风波。要想赢得广泛认同，领导干部在表达自己的见解、观点时，应当多一点辩证思维，善于理性客观、一分为二地看待问题，千万不可戴着有色眼镜，轻率武断，过于情绪化，千万不要刻意标新立异，背离主流价值观念。近年来网上出现的“老上访户99%有精神病”、“不应鼓励农村孩子去上大学”、“教育就像买衣服，买不起就不要买”、“我们不能提高劳动者的工资，低工资是我们的优势”、“中国城市污染不是由汽车造成的，而是由自行车造成的”、“镉超标大米不是毒大米”、“强奸陪酒女危害小”、“警察不打人养来干嘛”等言论，均因过于偏激而遭到网友“炮轰”，其既伤害了许多网友的情感，又损害了当事方自身的形象。

由于领导干部的言辞客观上具有一定的权威性和导向性，因而说话应当注意给自己留有回旋余地，不宜把话说得太“满”、太“死”、太绝对，不要讲过头话，以防陷入被动窘境。如果对复杂的问题过于草率地做出评判，过早地妄下结论，一旦出现误判和偏差，便容易遭致质疑和挑衅，最终使自己下不了台。2012年春节期间海南三亚官方在应对“宰客”事件时关于“零投诉”的回应，即引起广大网友的口诛笔伐。在突发事件处置中，当网友或记者问及一些尚不明朗的情况时，当事方切不可信口开河，而应说：“到目前为止，我所了解的情况是……”、“现在我所了解的最新情况是……”、“我还没有收到这方面的报告，我对这方面的情况还不太了解……”。对于别人的请求，不宜轻率地拍着胸脯说“保证没问题”，而宜用“我尽量”、“我试试看”等字眼。这种符合实情的表达，往往更容易得到受众的理解和认可。

——坦诚相待、有利有节，切忌敷衍推诿、弄虚作假。

作为公众人物，领导干部有责任、有义务对公众关切进行解疑释惑。特别是在涉及公共安全的危机事件和万众瞩目的热点事件中，当事方应当坚持坦诚相待、有利有节的原则，及时发布事态信息，诚恳回应公众疑问，切不可敷衍应付、缄口不言，尤其不可弄虚作假、撒谎唬人。领导干部在面对媒体采访和网友质疑时，当事者切不可冷淡、轻率地抛出“无可奉告”，否则容易给人留下生硬推诿、有意隐瞒的印象。当然，一方面要讲坦诚相待，另一方面又要有利有节。中国前外交部部长李肇星在应对国内外新闻媒体采访、与大众传媒保持良好关系时一直以“说我知道的，说我可以说和应该说的”为准则，值得借鉴和效仿。对于涉及国家机密和个人稳私的内容，当事方应当遵守保密纪律，按照通常惯例，不该说的不说，避免产生负面影响。

在社会透明度日益提高、网友对不实之词格外反感的今天，领导干部必须做到不讲假话、不信口雌黄，不要低估公众的智商。这是一条黄金法则。在危机传播中，当事方以诚恳坦率的态度，实事求是地进行解释和引导，既是规避传播危机和舆论风暴的重要前提，也是赢得媒体好感和公众信任的基本保证。面对问题和瑕疵，当事方应当勇于直面、敢于担当，而不宜遮遮掩掩、刻意狡辩，更不可故意撒谎、忽悠网友。假话一旦被揭穿，当事方则必定落入尴尬难堪之境。网上曾经热炒的“董暴雨”风波，就是一个典型案例。其“纯粹胡说”之举使地方领导干部的形象大打折扣。

二要过好“仪态关”

◎仪容应当整洁干净，切忌邋里邋遢；穿戴应当适时得体，切忌奢华任性；举止应当端庄稳重，切忌放荡不羁。

简言之，仪态就是外表形象，包括形体容貌、服饰穿戴和动作表情等。作为一种非语言信息，仪态是一个人“内心风景”的外在表现，其在很大程度上表征了一个人的精神气质、性格涵养、文化品位和审美观念。由于身份、地位、社会影响等方面的特殊性所致，领导干部的外表形象通常蕴含了一定的政治意味，体现了或深或浅的政治色彩。对于经常出现在公共场合和大众传媒面前的领导干部来说，良好的外表形象有利于赢得公众的好感、信任，有利于感召人、影响人。反之，如果仪容不整、仪态不端，则容易给人留下不良印象。意大利前总理贝卢斯科尼有句名言：“政治家有责任让自己显得更英俊，更具活力。”[①]在“人人都能摄像、处处可以直播”的网络政治时代，领导干部随时随地都应注意自己的仪容、服饰、举手投足，切实过好“仪态关”。

——仪容应当整洁干净，切忌邋里邋遢。

仪容主要指一个人的长相、容貌，包括头型、发式、五官等要素。在人际交往和形象传播中，仪容往往会给人先入为主的观感，直接影响他人的评价。尽管古人早有“人不可貌相”的训诫，但是中国老百姓总希望为官从政者相貌出众、气宇非凡、一表人才。当然，容貌、长相缘于天生，当事方无法苛求，但是仪容应当整洁干净，不可形象邋遢。一般而言，领导干部在仪容方面应当特别注意以下几点：

头发应当勤修剪、勤梳洗，长短适当，整洁干净，发型要与自己的职业、年龄、脸形、体型、气质及工作环境等相谐调，宜庄重、规范，不可盲目追求新潮，过于个性化。除了有必要将头发染成黑色外，不宜将头发弄得红红绿绿。不可剃成光头，“光头”极易让领导干部形象失分。不宜像有些艺术家那样披头散发，抑或故意留有小辫子。必要时可以使用少量的美发、护发用品（如发胶、摩丝等），但不宜弄得油光可鉴。若需要选择假发，应当注意使用的方便和自然。

① 陶淑艳等主编：《领导形象：新媒体时代领导者形象塑造与管理》第88页，中共中央党校出版社，2012年版。

面容应当注意保洁，确保眼部、鼻部、嘴部、耳部、颈部等的洁净。眉毛不可画得太浓、太粗、太长，眼角的分泌物要及时清除。鼻孔毛要及时修剪、不宜外露。除了少数民族领导干部外，一般不宜留大胡子。吃完东西后要及时擦嘴，剔除牙缝中的残存物，防止口臭。耳轮、耳廓、耳背等要注意清洗，耳孔中的分泌物要及时清除，过长的耳毛要定期剪短。颈部的汗渍、污垢等要及时清洗。

此外，领导干部不宜纹身、刺青，不宜留长指甲，不宜涂过于鲜艳的指甲油。女性领导干部在正式场合应当注意适度化妆，但不宜浓妆艳抹，而应尽量展示朴实、自然之美，给人平易近人、便于沟通之感。

——穿戴应当适时得体，切忌奢华任性。

莎士比亚说："一个人的衣着就是其自身修养的最形象的说明。"领导干部在政治舞台上有特定的身份、角色，其穿戴必须与之相适。公认的基本要求是遵守TPO原则，即服饰的选择通常由Time（时间）、Place（地点）、Occasion（场合）等三要素来确定，必须因时制宜、因地制宜、因事制宜。要注意区分正式场合与非正式场合、庄重场合与普通场合、喜庆场合与悲伤场合等。如果衣冠不整地参加外交活动，穿着牛仔装做报告，西装革履地去抢险救灾，身着艳丽盛装参加追悼会，调研考察时戴着墨镜、穿得过于正规，办公室里穿拖鞋、短裤，平时穿着过于暴露，等等，则容易招致非议和诟病。

领导干部的穿戴应当给人适时、得体、端庄、大方之感，以树立成熟、稳重、严谨、可信的良好形象。在当下的网络语境中，领导干部穿戴应当主动远离昂贵的奢侈品，避免"炫富"之嫌。从江苏某局长的表到四川某县长的鞋，从陕西某局长的眼镜、皮带到江西某书记的项链配饰，诸多舆论风波表明网友不太能接受穿戴奢华的领导干部。一个领导干部如果穿戴得珠光宝气，名牌裹身，一副大款派头，一双皮鞋动辄几千元、一件衣服上万元、一块手表几十万，则不仅会让人觉得粗俗、浅薄，而且还会引发网友对其收入来源及“公仆”形象的负面猜想。

无论在公众场合还是业余时间，领导干部的穿戴都不宜奇装异服、华丽花哨，不应过于追求时髦、新潮，不可佩戴十字架、铜手镯、念珠等宗教色彩明显的饰物，不可佩有特殊图案（如“忍”字）的腰带扣等。尽管俗话常说“穿衣戴帽，各有所好”，穿什么戴什么是个人的自由，但对领导干部群体来说，穿什么戴什么体现的绝不仅仅是个人形象，更有组织形象、政府形象，因而必须考虑与自身身份、角色的内在要求一致，尽量做到穿戴与之相符，不可任性而为。

——举止应当端庄稳重，切忌放荡不羁。

由于职业所需，领导干部应当随时注意检视自己的举手投足。坐姿要稳重、端正、自然，立姿要挺拔、自信、稳健，步态要自然、优雅、协调。特别是在公共场合，务必注重风度，遵守基本的礼仪规范。比如，参加观演活动时，应当注意文明礼让，不可争抢座位、大声喧哗；参加宴会应酬时，应当举止得体、饮酒有度，不可酩酊大醉、酒后失态；与人交谈时，应当神情专注、认真倾听，不可东张西望、哈欠连天；涉及少数民族礼俗和涉外交际礼仪时，应当尊重对方的宗教信仰和风俗习惯，不可触犯民族禁忌、宗教禁忌；出席会议时，应当认真听讲，不宜萎靡不振，不要出现交头接耳、剔牙齿、抠鼻孔、掏耳朵、修指甲、玩手机、打瞌睡等不雅之相。

不少网络舆情危机，即源于领导干部的某些不宜之举。网上频频曝出某某在灾难事故现场“面带微笑”，某某在会场“酣然大睡”，某某在监管现场“跷着二郎腿、对监管对象却视而不见”，某某“手指来访对象破口大骂”、某某“强搂”女明星、某某“熊抱”主持人，等等。每次曝出此类仪态，势必会引起广大网友的激愤“吐槽”甚至对当事方发起“人肉搜索”。尽管这些不宜之举成因复杂，但是网友“抓住一点、不计其余”，其结果显而易见。这些事例一再提醒领导干部，约束自己的举止、规范自己的仪态，实乃网络政治时代领导干部树立良好形象的必然要求。作为众目所望的风向标，领导干部的仪态举止应当端庄稳重、自然大方，切不可放荡不羁。

三要过好“作风关”

◎在工作作风方面，务必大力治庸除懒。在生活作风方面，必须洁身自好，管住自己的“裤腰带”；克勤克俭，自觉抵制奢靡之风；出行谨慎，从严规范自己的“车轮子”。

对领导干部而言，作风问题绝非小事。江泽民同志曾经指出，党的作风是党的形象。[①]一个人的工作作风、生活作风如何，实质上是其世界观、人生观、价值观和权力观、地位观、利益观的体现。领导干部作风之优劣，不仅关乎个人的荣辱进退，而且关乎民心向背和事业顺逆。在工作作风方面，务必大力治庸除懒，狠扫消极怠政、人浮于事之风，杜绝上班时上网玩游戏、看电影、打牌、炒股等违纪行为。在生活作风方面，要洁身自好，严以自律。当前，全国上下正在大力开展抵制形式主义、官僚主义、享乐主义和奢靡之风的教育实践活动，广大领导干部应当借此契机，自觉加强作风建设，尤其要认真过好生活“作风关”，积极树立良好形象。

——洁身自好，管住自己的“裤腰带”。

近年来，网上关于领导干部情色丑闻的曝料一茬儿接一茬儿。从处科级干部到厅局级、省部级领导，从“艳照门”到“裸聊门”，从“调情门”到“开房门”，从“日记门”到“短信门”，从“二奶”翻脸、“小三”反目到妻子倒戈、“盯梢”要挟……实可谓艳照纷飞、五花八门，大有接二连三之势，令人瞠目。在很上程度上说，“色腐”已成为严重损毁

---

① 江泽民：《党的作风是党的形象》，载《江泽民文选》第三卷第322页，人民出版社，2006年版。

领导干部形象的一大通病。

事实表明，凡是涉及情色丑闻的落“网”领导干部，无一不被舆论指责弄得名誉扫地、狼狈不堪；生活作风不检点的领导干部，最终难免会自取其辱、自毁前程；一场风花雪月、一段桃色绯闻，足以终结一个人的政治生命。在天“网”恢恢的当今时代，领导干部应当从反面案例中吸取教训，充分认识玩火自焚的严重危害性，切实做到警钟长鸣，自觉担当道德风尚的标杆，洁身自好，自珍自重，正确处理好与异性同事、异性朋友的关系，始终把生活作风问题作为一条警戒线，识得破玫瑰陷阱，经得起桃色诱惑，过得了美色关，做一个品德高尚、善于自制的人。

当下中国正在兴起网络反腐热潮。随着领导干部“私生活”被中央纳入整个反腐体系，网上的情色反腐必将更加活跃。古人云：要想人不知，除非己莫为。在信息传播渠道极大丰富、社会透明度空前提升的今天，领导干部要想远离绯闻之害和情色之祸，必须加强生活作风建设，提高道德修养，切实管好自己的私生活，管住自己的“裤腰带”，切忌贪恋美色、放纵色欲，切莫对逢场作戏存有侥幸之心，绝不当绯闻闹剧的主角。2012年4月，广东河源保密局长邓某“包二奶”被停职调查，引起许多网友“吐槽”、戏谑，网上还出现了一篇名为《保密局长难保包二奶隐私，不只是冷幽默》的文章，令人深思。

——**克勤克俭，自觉抵制奢靡之风**。

一直以来，群众对领导干部作风轻浮、慵懒散漫颇多非议，对“三公”消费特别是领导干部利用公款奢侈享乐、大肆挥霍极为不满。中共十八大后，中央专门颁布了“八项规定”，大力开展整治“四风”活动，旨在推进勤政廉政建设。然而，逆势而行、顶风作案的现象仍然时有所见，有些当事者上班时间“走私”、完全不在工作状态，有些当事者大吃大喝，甚至遭到群众围堵，有些党政机关违规兴建豪华楼房、组织公款旅游，等等。这些有些领导干部情形曝现网络后，社会反响强烈，对官方形象冲击甚大。

克勤克俭、勤政廉政，历来是为官从政必须遵循的基本准则。既入仕途，就应爱岗敬业、勤勉工作、乐于奉献。在“俭”字方面，尤当自觉。正常的公务接待无可厚非，然若假借其名，慷国家之慨，行利己之实，“天天吃酒席、顿顿是豪餐”，则易犯众怒。值得注意的是，有些领导干部的雷言雷行屡屡出现在酒宴场合，不少网上舆论热点事件均因当事方纵酒、醉酒而起。比如，北京市密云县政协委员李某酒后对酒店员工大爆粗口，北大某副校长酒后称“超70%女博士遭导师潜规则”，中国银行河南省固始县支行行长闵某醉酒后猥亵、暴打陪同女子，河南省林州市民警郭某酒后重摔女婴，等等。这些事例莫不暴露了当事方的狂妄粗鄙，极易加深群众对领导干部群体的负面印象。

在全社会大力倡导厉行节俭、反对浪费的今天，广大领导干部要赢得公众信任、树立良好形象，必须“带头发扬艰苦奋斗、勤俭节约的精神，带头反对铺张浪费和大手大脚，带头抵制拜金主义、享乐主义和奢靡之风”[①]，严格执行公务接待和“三公”消费等方面的相关规定，切实按照规章制度办事，清简务本、厉行节约，不可为了“面子”好看或个人私欲而讲排场、比阔气，不可酗酒、纵酒，不可酒后滋事。除了要坚决遏制公款消费中的各种违纪违规现象，领导干部在日常居家和礼尚往来方面也应俭朴节约，不宜给人生活奢侈、大手大脚之嫌，在举办婚丧嫁娶、乔迁寿庆、子女升学等活动时不宜大操大办，不可借机敛财。只有这样，才能经得起网友的“围观”和质疑，才能获得公众的理解和支持。

——出行谨慎，从严规范自己的“车轮子”。

过好“作风关”，还包括一个“行”字。近年来，因“行”惹事、弄得声名狼藉的领导干部并不少见。前车之鉴，后车之师。在“行”字方

---

① 胡锦涛：《全面加强新形势下的领导干部作风建设》，《十六大以来重要文献选编》（下）第875页，中央文献出版，2008年版。

面，应当重点注意：

一是公务用车的配置不宜超标。领导干部不同于商贾老板，车辆配备应当遵守相关规定。有些领导干部以“借用”名义征用其他单位或私人豪车，也是不合适的。过于豪奢的车辆招人耳目，容易给外界留下猜疑空间。因此，领导干部的座驾不宜超标配置，即便私家车辆也应尽量内敛一点，谨防身陷“豪车门”。

二是不可公车私用。公车私用现象历来屡禁难绝，颇受网友非议。每到逢年过节，网上总会曝出公车私用方面的各类图文报道，有的用公车接送小孩上学，有的驾公车外出旅游，有的组织阵容庞大的车队参与私人化的红白喜事等，最终成为网友蹲点拍摄的对象。在舆论监督无所不在的网络政治时代，为官从政者切莫因小失大。

三是不可违章肇事。领导干部的座驾一旦违章、肇事，则极易引起公愤。网上不时曝现领导干部座驾闯红灯、超速、撞人致死等情况，民怨颇重。有时即使当事方不在车上，只要发生事故，亦难辞其咎。2009年5月，网上热传湖南一政府牌照汽车1年违章106次、违章记录近2米长，网友评议如潮。不管真假如何，这无疑是一记警钟。

四是不该去的地方不要去。除了管好自己的车，还要管好自己的腿。2013年5月，网爆郑州一夜店电子大屏幕滚动显示“热烈欢迎××局长来郑州做客，祝××局长身体健康，全家幸福”，后来官方称系恶搞，但此事颇具警示意义。一般情况下，领导干部不宜出入桑拿房、按摩店、夜总会等高消费娱乐场所以及看相算命、求神拜佛、聚众赌博的寺庙、教堂、赌场等地方，否则一旦被人曝光，则极易引起网友的热炒和恶搞，即使处于合法范围之内，也可能引来猜疑，致使当事方有口难辩。

此外，领导干部出行应当低调、务实，避免扰民，外出调研和公务考察宜轻车简从，不可前呼后拥、过于张扬，切莫动辄要求警车开道、封路让行。还有，非部队领导的车辆不宜随意套挂军牌，以免引起舆论质疑。

2013年4月，网友热议“河南安阳交通局领导出入坐军牌车，称为免交过路费”，可谓殷鉴不远。

四要过好“亲友关”

◎领导干部形象与其亲友往往“一荣俱荣、一损俱损”，因而必须加强家庭教育，管束好自己的亲属；加强对身边工作人员的监督，管束好自己的下属；择友而交，交友有度。

领导干部形象与其亲友、下属以及身边工作人员通常具有“一荣俱荣、一损俱损”的关系。网上出现的许多领导干部形象危机实乃受到亲友牵连所致。习近平同志在十八届中共中央政治局第一次集体学习时强调指出：“各级领导干部特别是高级干部要自觉遵守廉政准则，既严于律己，又加强对亲属和身边工作人员的教育和约束，决不允许以权谋私，决不允许搞特权。”因此，领导干部不仅要管好自己，而且要管好自己的亲友、下属和身边的工作人员。

——加强家庭教育，管束好自己的亲属。

配偶、子女的违法乱纪行为，势必使领导干部形象受损。比如，对于网上曝出的“陕西渭南民工拉条幅向副市长老婆讨薪”事件，网友难免会对“副市长”的清廉形象产生质疑；对于“我爸是李刚”事件，网友难免会把责难的矛头指向“李刚”；“最牛团长夫人”发飙掌掴讲解员，其丈夫亦因之受到牵连。在许多网络舆论风波中，涉事领导干部即因亲属的债务纠纷、情感纠葛等问题而“背了黑锅”。有时即使自己并未参与，甚至不曾知晓亲属的违法乱纪行为，然而一旦事发、舆论四起，也未必能撇清干系、全身而退。

时下，公众对“权力家庭化”、“官二代”和“衙内”现象普遍表现出一种敌对情绪，领导干部被亲属牵连的情况之所以屡屡造成形象危机，根本原因即在于此。网友在揭批某领导干部时，锋向所指往往会由当事方个人言行向其亲属言行延伸，领导干部亲属的不当言行常常成为网友隐射领导干部形象的间接依据。从反腐败斗争的实践看，有些不法之徒在腐蚀拉拢某位领导干部难以奏效的情况下，往往选择走“夫人路线”、“公子路线”，把目标瞄准领导干部的“后院”，企图从配偶、子女身上打开缺口。领导干部如果疏于对亲属的教育、管束，则极易导致“后院失火”，最终必受连累。

近年来，网上出现了一个新词——“坑爹族”，有关“儿女闯祸、爸妈受过”的“坑爹”事件时有所见。有人还专门编了一个流传甚广的段子，名为“中国三大著名‘坑爹’公子”，个中所及，多为真人真事。古人说：“子不教，父之过”。“官二代”、“星二代”之所以频频“坑爹”，显然与疏于管教有关。这些鲜活的案例一再警醒领导干部群体必须加强家庭教育，从严管教好自己的子女，防止他们利用自己的职权和影响胡作非为，切莫让“后二代”在溺爱、骄纵中成为自己事业的“掘墓人”。

——加强对身边工作人员的监督，管束好自己的下属。

领导干部的形象建构，与身边工作人员关系密切。在很多情况下，秘书、司机等下属经常被视为领导干部的形象代言人，其工作态度、业务能力以及品行修养直接影响外界对领导干部形象的评判。因此，领导干部加强对下属和身边工作人员的教育、监督，管束好自己的秘书和司机，管理好自己分管的部门和单位，责无旁贷、义不容辞。

作为团队的排头兵、领头雁，领导干部既要尊重、关心自己的下属和身边工作人员，多与他们沟通交流，乐于不耻下问，善于察纳雅言，切实使自己的团队同心同德，又要通过加强教育和监督，促使身边工作人员不断提升综合素养，摒弃特权思想和不良习气，规范言行举止，杜绝狐假虎威、弄权作伥、欺上瞒下、刁难群众等行为，切实为建构良好的团队形象添砖加瓦，积极贡献正能量。

当然，正人先正己。领导干部要管束好自己的下属和身边工作人员，首先必须以身作则、一尘不染，能够做到心底无私、俯仰无愧，没有“把柄”拽在人家手中，努力提升自身人格魅力，让下属和身边人员由衷敬服，以致不令而行、不禁而止。同时，应当始终保持清醒头脑，炼就一双犀利敏锐、明察秋毫的“火眼金睛”，对下属和身边人员不可偏听偏信，谨防其阳奉阴违、口是心非，避免“祸起萧墙”，最后被自己的“内助”拉下水。

——择友而交，交友有度。

古人云：近朱者赤，近墨者黑。清代重臣曾国藩曾说：“一生之成败，皆关乎朋友之贤否，不可不慎也。”自古至今，和什么人结交朋友历来不可小觑。尤其对领导干部而言，交友不仅仅是个人行为，更是一种社会导向。与谁交友，往往能表征为一个人、一个群体的政治品质和道德底线。在现代社会中，由于圈套、陷阱较多，一不小心则可能受其所害，因而领导干部在交朋处友方面必须慎之又慎。

首先，要择善而交。领导干部交友以志趣、信仰、价值观等相近者为宜，要多交“铮友”、“益友”,少交“利友”、“损友”。要多与正派质朴、诚实守信的普通群众、基层干部、先进模范、专家学者交朋友，注意净化自己的社交圈，千万不可热衷于“傍大款”，不可与“黑道”上的地痞流氓、不法商人，以及不怀好意前来拉拉扯扯的人混在一起。值得一提的是，每个人都有自己的喜好，有些人为遂己所愿、巴结领导干部，经常会千方百计投其所好，是谓“不怕领导讲原则，就怕领导没爱好”。领导干部在交友时一定要头脑清醒，把住“嗜好关”。如果交友不慎，整日与追名逐利、爱慕虚荣的狐朋狗友搅在一块，则迟早会落入他人编织的圈套、陷阱。

其次，要交友有度。许多落马领导干部声称自己的腐败是“被别人逼的”、“被朋友拉下水”，实际上主因在于自己。领导干部交朋处友，应当善养浩然之气，保持清正本色，坚守道德底线，平淡自持，力行正道。要不断加强自身修养，自觉抵制灯红酒绿的诱惑和“糖衣炮弹”的侵袭，谨防被人“捧杀”，要时常自警自重，不要被鲜花、掌声、笑脸冲昏了头脑，不要被别人的恭维、吹捧或金钱、美色迷失了方向。与朋友相处，不该做的不做，不该说的不说，不该拿的不拿，不可随意与人勾肩搭背、放浪形骸，不要轻意受人之托行违规违纪之事，不得接受可能影响正常公务、有损官方形象的宴请、娱乐、旅游等活动安排。

五要过好“危机关”

◎在危机事件中，领导干部应当处惊不变，临危不乱，善于控制不良情绪；勇于担当，速临现场，关键时刻身先士卒；开诚布公，坦然以对，及时回应公众关切；以人为本，生命至上，关爱体恤涉事群众。

沧海横流方显英雄本色。危机事件最能检验领导干部的政治品格、民本情怀、认知水平和处事能力，最能辨别领导干部综合素质的优劣高下。实践表明，危机事件一方面对领导干部形象构建提出了严峻挑战，另一方面又对领导干部展示自身魅力、提升良好形象提供了重要机遇。在危机频仍的当今时代，广大领导干部要构建良好形象，必须增强危机应对能力，过好“危机关”，善于化“危”为“机”。

——**处惊不变，临危不乱，善于控制不良情绪**。

领导干部如果能在危机事件面前表现出处变不惊、临危不乱、镇定自若、指挥有方的气度和涵养来，则往往能极大提升自己的威信。面对危机事件，当事方千万不可惊慌失措、手忙脚乱，不要甫一接触、情况未明便轻率地指手画脚、妄作决断，而应沉着应战，尽快掌握各方情况，善于抓住主要矛盾，迅速选准突破口，果决而有序地推进各项工作。惊慌失措、妄作决断容易给人历练不够、毛躁浅薄之感。相反，倘若能够稳健地驾驭复杂局面，妥善处理各类矛盾，干脆利落地化险为夷，充分展现清醒冷静的头脑、雷厉风行的作风和高超的组织协调能力，则对提振公众信心、树立良好形象大有裨益。

在实务工作中，当事方必须善于控制自己的不良情绪，不要动辄埋怨人、训斥人，不可情绪冲动地发脾气、拍桌子、摔东西，尤其在对待媒体记者采访时切忌态度傲慢、出言不逊、当众动怒，否则极易激化矛盾，引起舆论风波。危机事件出现后，媒体记者通常会闻风而至，记者的“长枪短炮”对于当事方来说无疑是一大考验。许多领导干部被曝光的“雷言雷行”，基本上是受气者“捅”出来的，大都是当事者发急、发怒、失态、失言之记录。南昌市卫生局某领导干部录制节目时的“发飚”事件、北京大学某教授大爆粗口拒绝记者采访的“三妈”事件等，均源于情绪失控，莫不使当事方备受诟病，后悔不已。

领导干部能否在危机事件中管理好自己的情绪，直接关乎危机应对工作的成效及其在公众心目中的印象。只有善于自制，从容理性，即便对刁难挑衅之举也能耐得住性子，才能化危为机，树立成熟、稳重的危机形象。在2010年香港高铁之争中，公众示威热潮一浪高过一浪，运输及房屋局局长郑汝桦当时面临巨大的舆论压力，然而在多场攻势凌厉的辩论中，郑汝桦始终沉得住气，态度诚恳，不愠不火，没有过激、横蛮之言，保持了良好的处事风度和职业形象。后来的民调显示，郑汝桦的支持率不跌反升。显然，这一案例对广大领导干部颇具启示意义。

——勇于担当，速临现场，关键时刻身先士卒。

古人云：为官避事平生耻。领导干部在应对和处置危机事件中通常负有主心骨的重要职责。面对危机事件，当事方不可临阵退缩、畏葸不前，不可敷衍塞责、“打太极”、“踢皮球”，而应身先士卒、靠前指挥，勇于直面风险和挑战，敢于承担领导责任，以“关键时刻冲在前头，危难之处豁得出来”的实际行动展示负责任、敢担当、靠得住的形象。

责任领导干部在危机事件中应当遵守速临现场原则。责任领导干部速临一线坐镇指挥，有利于表明官方态度、稳定人心和果断处置有关事宜。

2001年美国“9·11”事件发生后，纽约市长鲁迪·朱利安尼迅速赶赴事发地点看望工人、消防队员、警察、救援人员，不知疲倦地参加死者葬礼和相关活动。在媒体对该事件刚刚反应过来时，他就出现在现场直播的屏幕上，向全体市民发表掷地有声的讲话，之后又快速而高效地整顿股票市场，恢复经济。他的言行对于稳定民众恐慌心理、恢复社会正常秩序，起到了明显的积极作用。其实，在“9·11”事件之前，他正面临“下课”危险，但“9·11”事件让他的名望大为提升。2008年汶川特大地震发生后仅4个小时，温家宝总理即赶赴灾区，亲自在灾区一线指挥抗震救灾，随后多次冒险前往余震不断的震区视察，赢得国内外人士的广泛好评。

近年来有关反面案例也不少。比如，在2008年贵州瓮安事件中，当形势逐步升级、局势严重恶化的关键时刻，当地没有一个主要领导敢于承担风险，敢于出面与群众对话，敢于采取有效措施，果断制止，眼睁睁地看着事态扩大。更有甚者，从人群走过的时候，怕被人认出来，用衣服挡着脸，正义感、责任感荡然无存。①又如，在2010年辽宁庄河千人下跪事件中，面对百姓请求市长孙某出面答话的诉求，孙某却待在办公楼内避而不见，任凭百姓长跪不起，其结果促使事态不断升级。再如，许多“暴力执法”事件经过曝光后，当事部门经常习惯于拿“临时工”、“实习生”、“协管”、“协警”类外聘人员当挡箭牌、替罪羊，公众对此颇多非议。此类忌惮风险、推诿卸责的表现，极易给外界留下不负责任、不敢担当的恶劣印象。

——开诚布公，坦然以对，及时回应公众关切。

在危机事件中，越是信息畅通、公开透明，越有利于消除疑虑、引导舆论，越有利于化解危机、维护稳定，也越有利于展现官方民主、开放的良好形象。当事方如果不顾公众的知情权、监督权，选择“捂”、

① 陶淑艳等主编：《领导形象：新媒体时代领导者形象塑造与管理》第7页，中共中央党校出版社，2012年版。

“堵”、“瞒”、“拖”的方式，噤声不言，躲躲闪闪，则极易激起公众的质疑和不满。许多形象危机源于责任事故，却成于消极回应。2010年年末浙江乐清的“钱云会事件”、2011年4月黑龙江鸡西的矿难瞒报事件等，莫不如此。阳光是最好的杀菌剂、疗伤药。危机事件出现后，当事方最明智的做法就是迅速表态，及时回应公众关切，不断告知事件进展、解疑释惑。只有摒弃“消灾于无言”的旧思维，重视主动发布和积极回应，才可能取信于民、赢得支持。

在回应社会关切中，当事方一定要开诚布公、坦诚相告，不可讳疾忌医、回避敏感问题，不要施放“烟雾弹”糊弄公众，尤其不可说谎诳人，否则必将招致舆论“炮轰”。许多涉官形象危机有一个共同点，即事发之初，当事方矢口否认，然而后来经不起舆论拷问，很快在真相面前崩溃。2010年重庆市江津区某书记所涉的“风水门”就是这样的例子。网上热传“风水论”后，该书记表现镇定，甚至召开新闻发布会辟谣，底气十足地声称“身正不怕影子斜”，“我没有说出这样的言论，有本事就把录音发到网上来”。不少媒体因之还用首页标题来力挺其正名之举。岂料才隔一天，网上曝出完整录音，真相大白，该书记迅速从“开明领导干部”变成“大灰狼”，本来一个很可能会成为领导干部正面回应舆论监督的样板，倏尔成为一个利用公权公然说谎的闹剧，这显然不仅不能挽回当事方的名声，而且严重削弱了党和政府的信誉。

事实上，实事求是地直面问题、老老实实地知错就改，往往能得到公众的包容理解，有利于化危为机、矫正形象。2011年四川会理“悬浮照”风波出现后，当地领导干部迅速对外界说明真相、表达歉意，不遮丑，不掩饰，很快平息了风波。同年西安大楼爆炸事故发生后，陕西省省长赵正永亲赴医院看望伤者，并连声道歉说对不起，显然有利于平复民愤。2010年，江苏常州环保局局长周斌对批评其工作的网友不但没有打击报复，而且还送上“网络监督奖”，这种虚心接受批评的勇气和闻过则喜、善待网友的举动，无疑对提升自身形象颇有助益。

——以人为本，生命至上，关爱体恤涉事群众。

由于危机事件通常会危及涉事群众的生命财产安全，因而领导干部在处置危机事件时必须坚持以人为本、生命至上的价值取向，始终把人员救治放在第一位。从很大程度上说，领导干部如果能在危机事件中担当好群众生命财产的“保护神”，则必定会赢得舆论的敬重。近年来不少领导干部在群众危难时刻舍生忘死、奋不顾身，甚至搭进了宝贵生命，其形象令人景仰。

危机事件容易激发人们的悲悯心、凝聚力，也容易深化官民之间的情感，容易构建执政者的仁政形象。比如，2010年智利发生的一次铜矿坍塌事故及其“超级营救行动”，颇受世人好评。不少媒体把此次营救行动的成功称为智利的“国家重生”。其不仅使智利总统的支持率大幅度上升，而且大大提升了智利的国家形象。人们不会忘记这样一个细节：2008年5月14日，温家宝总理在北川县曲山镇察看地震灾情时，看到战士们抬着一个小女孩从县城方向跑过来，赶紧让路。温家宝叮嘱说，时间就是生命，要尽全力救人。这一饱含人文关怀的场景，不能不让人为之动情。

遗憾的是，个别领导干部在危机事件中表现出来的看客式的冷漠、官僚气十足的嘴脸以及低下的素质等，着实令人扼腕。上文提及的某县长在座驾撞飞行人后竟然没有下车、扬长而去，1994年12月新疆克拉玛依市友谊馆内特大火灾中那句“同学们，让领导先走”，以及2011年8月广东增城某领导干部在慰问为救他人英勇牺牲的消防战士的父亲时说的“恭喜你培养出这么优秀的儿子”，就是这方面的反面教材。其警示领导干部在危机事件处置中必须尽最大努力关爱群众，充分体恤他们的感受，倾注真情安抚民心。有时候，一句安慰鼓励的话、一次温暖有力的握手、一个悲悯同情的眼神，都可能对涉事群众传递巨大的正能量，也能为领导干部的危机形象“加分”。

第四节　领导干部的网媒素养与形象构建

上文分析了影响领导干部网上形象的基本要素，并着重从内强素质、外树形象两大方面就领导干部如何构建网上良好形象进行了探讨。这里所说的“网媒素养”，主要是指对网络媒体的认知能力、运用能力和管理能力，也可以说是对网络应用环境的适应能力。网媒素养属于内在素质范畴。鉴于其对领导干部形象构建意义特殊，故特设本节做专门述论。

一、网媒素养是影响领导干部形象构建的重要因素

◎规避形象危机必须提升领导干部网媒素养。优化领导干部形象必须加强网媒素养教育。在网络政治时代，谁抛弃网络，谁便可能被网络抛弃。只有全面提升网媒素养，领导干部形象构建才能日见成效。

网络媒体的运作和网上舆论的传播有其自身规律。能否正确把握这种规律并在实践中顺势而为，显然与领导干部的网上形象构建密切相关。社会学家陆学艺曾说：“三种领导干部最怕网，一种是不太干净、心里不坦荡的；一种是不敏感、不称职的，话都不会说，常说粗话的；一种是网络运用不熟练的领导干部。”[①]在网络应用广泛普及、网络监督相当活跃的社会环境中，领导干部网媒素养的高下，直接影响其形象构建的成效。从

① 引自李美娟：《怕网爱网用网——领导干部上网心态调查》，载《半月谈》2011年第1期。

现实情形看，提升领导干部的网媒素养已十分迫切。

——规避形象危机必须提升领导干部网媒素养。

在网络政治时代，谁抛弃网络，谁便可能被网络抛弃。近年来，不少领导干部形象危机即源于当事方的网媒素养低下。最典型的例子莫过于2011年6月江苏省溧阳市卫生局局长谢某演绎的“微博开房门”——本来是秉着与时俱进的心态给自己开了个新浪微博，并起了一个很纯情的名字“为了你5123”，上传了一张自拍照做头像。之后，他与一位名为“Y珍爱一生Y”的女子互相关注、亲密热聊，直至发展到邀约开房。这些劲爆的直播式对话实录被网友看到并大量转发。然而，当被告知大家已看到其微博信息时，谢某惊诧道：“你看到我们发微博了啊？呵呵，你怎么看到的啊？这个都能看得到啊？这不可能吧？”此事作为一则真实的冷笑话，无疑让人慨叹。谢某“时髦”地使用微博，却对微博这一社交网络了解甚少，他浑然不知微博平台的公开性，以为这种新型聊天工具私密可靠，还和对方说：“宝贝，今后我们还是少通电话少发短信，微博上见。”正是这种懵懂无知，使其“自曝”成名，成为轰动一时的“网络红人”。

类似的情况不少。2011年6月广州市白云区新市街道办事处主任刘某演绎的“裸聊门”、同年8月成都教育局某领导干部与一女子微博调情遭“围观”事件，以及 2013年4月成都一民警网上“约炮”事件等，均属此类。其实，此类“网络菜鸟”型领导干部，并不是中国“特产”，网络发达国家也有一些政治大佬曾因网媒素养问题而被拉下马。据美国媒体报道，2011年5月，46岁的纽约民主党众议员安东尼·韦纳通过Twitter给西雅图一名21岁的女学生发去了一张自己的下半身照片，还特意突出了灰白色内裤中“雄伟”的“男性象征”。第二天，这张艳照就在网上疯传开来。面对铁一般的事实，33岁就当选为众议员并有望在2013年接任纽约市长的韦纳，不得不承认自己曾通过Twitter、Facebook等社交网站，与多名女子有过“不适当的沟通”，并宣布从国会辞职。[1]

诸多案例表明，时下不少领导干部对网络应用环境仍然存在这样那样的不适应性。正如有人评析2011年“7·23”温州动车追尾事件中有些领导干部的表现时所说：“列车已处于高速的动车时代，但他们的思维还停留在蒸汽机时代。”[2]在“毁”人不倦的网络语境中，领导干部如果不了解、不熟悉网络应用常识，则必定落伍于时代，一不小心便可能卷入形象危机的旋涡，稀里糊涂地栽倒在互联网上，甚至成为公众调侃的谈资和笑柄。因此，从规避形象危机的角度看，当今的领导干部群体大有必要提高自身的网媒素养。在“微博开房门”、“裸聊门”、“约炮门”等事件中，当事方的网媒素养若能稍高一点，知道别人可以看到自己的网上行迹，怎么会出现这种明目张胆、肆无忌惮的事情呢？这种自曝丑事、引火自焚的“玩法”，不仅使自己受到惩处、声名狼藉，而且使官方形象严重受损。这是当事方始料未及的。

——优化领导干部形象必须加强网媒素养教育。

领导干部要真正适应“数字化生存”的大潮，构建网上良好形象，必须大力加强网媒素养教育。有些领导干部即便在内正其心、外正其行方面用力颇巨，但由于对网络媒体的重要性认识不深、重视不够，运用网络平台治国理政的能力不强，因而很难在热浪滔滔的网络舆论中赢得上佳的口碑和声誉。在网媒影响力日益凸显、各类形象危机频频出现的今天，网媒素养对广大领导干部来说无疑是一种非常重要的能力。比如，在回应敏感舆情时，究竟“什么时候出来说”、“说什么”、“怎么说”等，怎么把握好舆论引导的时、效、度，都是需要尊重规律、注意分寸的。近年来，中央层面一直积极倡导领导干部要主动“拥抱网络”，不断提高识网水平

① 参见于青：《政治大佬的社交网络补习课》，载2011年8月8日《新周刊》。

② 转引自周波：《领导干部不当言行是引发网络舆论热点事件的主因》，载2011年9月9日《重庆日报》。

和用网能力，大力优化自身形象，许多地方在此方面已经进行了灵活多样、卓有成效的探索。概言之，主要有以下几种情形：

一是出台官方文件，要求领导干部学网、懂网、用网。

比如，2011年10月，广东省东莞市委、市政府专门出台《东莞市关于进一步加强新形势下媒介素养 提高舆论引导能力的意见》的文件，明确要求各级领导干部和公职人员进一步深化对新媒体传播规律的认知，培育更加平等开放的心态，提高舆论引导能力和社会管理科学化水平。其他不少省市也有类似举措。这种红头文件形式的官方要求，对于从面上促动广大领导干部了解网络媒体、强化网络思维、提高用网能力，作用明显。

二是将“网媒素养课”列为官方培训内容，组织领导干部参加专题性业务培训。

早在微博兴起不久的2011年年初，浙江省就在省委党校专门开设“微博与领导工作”课程，要求数千名领导干部参加培训学习，旨在普及新媒体知识，让新媒体更好地成为官民互动的平台，提升网上舆情危机应对能力。与之同时，北京市委党校也为区县局级领导干部开设了一门名为“博客与微博的使用”的课程。最近两三年，互联网方面的培训已成为各地各部门开展业务培训时必须安排的一门显学。不少地方将其列入党校的教学内容，也有一些地方积极借助高校、网站或职业培训机构的力量组织开展业务培训。

三是推动党政部门和广大领导干部积极利用传媒新工具，搭建网上信息沟通平台，主动与公众进行“零距离”接触。

其中包括建设官方网站，开设个人博客，运营政务微博，以及组建网评员队伍，健全网友留言回复机制等。2006年11月，江苏宿迁市委书记张新实和该市12个部门的“一把手”均开通了贴有真实照片的实名博客，试图通过“领导博客”加强与百姓的沟通交流。2009年11月昆明发生“螺蛳湾事件”后，云南迅速推出“微博云南”，以之传播政府声音，得到网友一致好评。这些做法，不仅能在实战中提升领导干部的网媒素养，而且有利于展示当地领导干部的良好形象。

今后，如果这些网媒素养教育能够针对领导干部如何掌握形象塑造技巧、规避形象风险、化解形象危机、优化执政形象等，组织专题培训，甚至将借网理政能力和网络危机应对能力等作为考核领导干部综合素质的一项内容，那么，领导干部群体的网媒素养则有望全面提升，领导干部网上形象构建工作必定成效更佳。

二、现代领导干部应当善用网媒为自身形象“加分”

◎高层领导率先垂范，展现了中国领导干部全新的形象观。利用微博、微信等方式与公众沟通，已成为现代领导干部践行群众路线的新形式新举措。构建良好形象，需要善于设置议程，主动传播正能量。

当今之世，广大领导干部与互联网、手机等新兴媒体的接触日益密切，网络舆论对政治生活和政治人物的影响越来越大。在这种环境中，领导干部群体要构建良好的公众形象，无疑应当强化网络政治思维，善于运用新兴媒体，主动为自身形象“加分”。近十年来，从中央高层到地方领导干部，这方面的尝试可谓亮点频现。

——高层垂范：从“胡温在线”到“国家领导人动漫”。

早在2003年“非典”时期，媒体上就刊发了时任中国最高领导人的胡锦涛和中国政府首脑温家宝亲自上网了解舆情的报道，广大网友对“总书记、总理也上网”好评如潮。2008年6月，胡锦涛同志赴人民日报社视察时，特意在人民网与网友进行了在线交流。2009年全国“两会”前夕，温家宝同志接受中国政府网、新华网的联合专访，并坐进了网站的视频直播室，与网友在线交流。胡锦涛、温家宝上网与网友进行“零距离”接触，亲身传递“中国信心”和“中国形象”，具有鲜明的政治导向意义。他们的举动，将中国领导与“网”俱进、极具亲和力的形象展呈于世，赢得了海内外人士的广泛赞誉。一位来自印度尼西亚的网友“缄默之虹”就此评论称：“中国主要领导人通过现代互联网络直面国外亿万公众，可以说是一次执政形式的创新，有利于改变长期停留在他们心目中的有关中国领导人的某些形象偏见。”①

2013年10月，一则名为《领导人是怎样炼成的》的动漫视频飙红网络。这则5分多钟的视频，首次以卡通人物的形象将中共十八大后的中央政治局七位常委与毛泽东、邓小平、江泽民、胡锦涛等往届党和国家领导人展现出来。其以习近平的晋升之路为例，介绍了中国领导人的选拔过程，并通过与美英两国的总统产生机制进行对比，称中国领导人的产生机制为“中国功夫式的长期锻炼、选贤任能”。该视频出现后，迅速引起广大网友高度关注，视频现身网络后仅两天点击量即超过百万，获得9500多次“顶”。网友普遍认为该视频运用生动有趣的卡通形象和轻松幽默的表达方式讲述中国领导干部选拔考核制度，堪称一个“跟得上时代的宣传片”。还有网友发表评论称，“国家领导人动漫”的出现是一次行之有效的“民主科普”，具有里程碑意义。

毫无疑问，这则备受关注和好评的视频是借助网络构建领导干部良好形象的一次成功尝试。其一方面传递了公众对于创新政治传播方式的期盼，另一方面也昭示了中国领导干部全新的形象观，展示了执政者的睿智、开放和自信。实际上，从“胡温在线”到“国家领导人动漫”，中国领导干部积极利用网络平台推动工作、优化形象的探索一直处于“进行”时态，且日见成熟。中共十八大后，网上频频出现涉及习近平、李克强等主要领导人公务活动、家庭生活、成长经历等方面的信

① 章利新：《中国政府首脑首次全球在线交流传递“中国信心”和“中国形象”》，载2009年2月28日新华网。

息，微博上还出现了“学习粉丝团”、“向李学习”等特殊账号。这种景象，对于促进广大领导干部借网理政、积极展现良好形象，营造了良好氛围，带来了绝佳机遇。

——开设官微：领导干部践行群众路线的新形式新举措。

随着现代政坛逐渐进入“魅力影响”时代，借助网络平台了解民情、听取民意、纾解民困的党政部门和各级领导干部不断增多，网上受到热捧的领导干部“红人”、“潮人”竞相涌现。2011年年初，时任浙江省委常委、组织部部长的蔡奇曾颇有感触地说：“现在不是权势而是粉丝时代。”[①]作为国内第一个实名开设微博的副省级领导干部，蔡奇所言既是其个人用网、识网的心得体会，也是包括诸多领导干部在内的广大网友对于当今形势的一种共识。

在这种新情势下，开设政务微博和领导干部个人的博客、微博、微信，主动用好自己手中的“麦克风”，显然是应时之举。实践表明，政务微博、微信若能运营得当，则既有利于帮助当事方及时、全面地了解各方信息，有利于“以新对新”、“以快对快”地应对各类舆情危机，又有利于当事方直接按照自己的意愿，传播和放大自己的声音，有利于通过开展灵活、简便、个性化的互动形式，争取网友的认可和支持。比如网友评价较高、影响力较大的“上海发布”、“北京发布”、“广东省公安厅微博”、“好客山东”、“河北发布”等政务微博，以及蔡奇、伍皓、廖新波、章剑华、陈士渠、朱永新、段兴焱等领导干部的个人微博，不仅对构建博主自身良好形象大有助益，而且对提升博主所在的部门形象、地方形象乃至中国官方的群体形象，颇具积极作用。

在很大程度上说，开设官微实际上也是现代领导干部顺应潮流、践行群众路线的一种新形式、新举措。由于诸多原因，广大群众特别是年青人

① 李静睿：《中国领导干部的粉丝时代》，载2011年2月24日《中国新闻周刊》。

已越来越来习惯于通过网络平台了解官方信息、表达个人诉求、参与政治生活，微博、微信等当下人气较旺、深受网友喜欢的交流平台，自然契合群众之所好。许多党政领导干部纷纷亲近新媒体、亮相新媒体，借助新媒体架设官民互动桥梁，开通“民意直通车”，这无疑是党和政府密切联系群众、转变作风的内在要求，是建设现代政府、提高政府公信力的重要举措。2013年9月12日，中央纪委常委、秘书长崔少鹏称中央纪委监察部网站准备条件成熟时开官方微博、微信，引起网友强烈反响和热切期待。同年10月11日，中国政府网开通官方微博和微信，备受好评，新华网发表评论称“开通微博微信，中南海与百姓又近了一步”。可以断言，通过网络平台进行无障碍的沟通交流必将成为日后官民互动的常态。这种交流互动方式，会让群众工作更加亲切、轻松、便捷，容易引起网友的兴趣和好感。如果网媒素养较高的领导干部能够在网络舆论中争当“意见领袖”，则会大大优化领导干部群体的亲民形象，提升领导干部群体的权威性和公信力。

——主动传播正能量，大力唱响主旋律。

传播学中的“月明星稀”效应启示我们，月亮明则星星稀，月亮暗则星星密。在网络信息空间中，正面信息和负面信息同样是相互挤压、此消彼涨的。正面信息多，则负面信息的空间就会相对变小。当前，网上涉及领导干部形象的负面信息较多，对领导干部形象构建工作颇为不利。要改变这种现状，亟须加强网上内容建设，壮大网上主流声音。对领导干部群体来说，要善于主动设置议程，不断传播正能量，大力唱响主旋律，积极开展各类形象推介活动，争取为自身形象“加分”。

一方面，要积极做好领导干部先进事迹的网上宣传，充分展现领导干部群体的正面形象。客观地说，较之于网上不时曝出的“害群之马”，为民、务实、清廉的优秀领导干部毕竟占绝大多数。有些群众对领导干部群体存有偏见、成见，其实与网络媒体的强光聚焦和加倍放大有关。要淡化不良领导干部的污行劣迹，需要各行各业在网络媒体上大力宣传推介爱岗敬业、遵纪守法、无私奉献、群众公认的先进典型，努力形成官民同心、风清气正的浓厚氛围。近年来网上兴起的“最美村官”、“最美教师”、“最美医生”等系列典型宣传，对于整饰行业形象就有明显效果。2011年6月，一则附有照片的“洪水中最美的女城管”的网帖引起广大网友的“围观”和热捧。照片中，该女城管挽起裤脚，帮助老人和小孩过街，被网友亲切称为“最美女城管”。这种助人为乐的事例，事实上千千万万，不胜枚举。如果网上到处都是这种洋溢着真善美、能让人心头一热的正能量，那么领导干部群体的形象则有望实现全面改观。

另一方面，要加强与国内知名网媒和国外目标网媒合作，实施“借水行船”、“借船出海”的外宣策略。相对其他传播方式而言，网络传播具有超疆域、跨国界和容量无限等鲜明特点，在扩大宣传覆盖面、确保宣传容量等方面优势明显。党政部门在策划组织重大主题宣传活动和重要外宣活动时，可以积极借重网络媒体的这种优势来放大社会影响力和美誉度。近年来，许多地方为了对外树立良好形象，纷纷组织“全国知名网络媒体行”活动，效果显著。有些地方还把外宣触角伸至国外，如在国外网站上开设专栏专题，并且通过雇用当地人士进行本土化包装，专门针对目标受众进行形象营销。在传播全球化浪潮中，这种主动出击的方式对于吸引国外人士关注，提升地方形象，促进经贸、文化、旅游等方面的交流合作，无疑是非常有利的。

三、领导干部必须高度重视网络应用安全

◎在“黑客”活跃、网络安全形势日益严峻的应用环境中，广大领导干部应当增强网络安全意识，提高风险防范技能，加强个人信息保护，遵守网络应用礼仪。

时下，网络应用已成为广大领导干部工作、学习和生活中不可或缺的

重要内容。要防止被“网”所伤，务必重视网络应用安全，切实增强网络安全意识，提高风险防范技能，遵守网络应用礼仪，争做“文明上网”的楷模。

——增强网络安全意识，“防人之心不可无”。

近年来，网络安全话题备受国际社会关注。特别是2013年美国“棱镜门”和斯诺登事件的曝光，让世人对互联网上这场“没有硝烟的战争”刮目相看，忧思至深。某些国家不惜耗费巨力，组建全球性监控系统，监看监听他国政府的重要举动及其领导人的通信、行迹，这对网络信息安全乃至国家安全显然带来了巨大威胁。

实际上，自从互联网问世以来，网上的“黑客”大战和网络犯罪活动一直未曾停息。有资料称，世界上第一个将黑手伸向军用计算机系统的竟然是15岁美国少年米尼克，他凭着破译电脑系统的特殊才能，曾成功进入“北美防空指挥中心”电脑系统。[①]随着信息技术快速发展，网络安全形势日益严峻，境内外敌对势力利用电脑病毒、电子邮件、间谍软件等对我党政部门实施的网络攻击和窃密活动不断加剧。不少地方政府网站曾出现遭到黑客攻击导致系统瘫痪，被恶意篡改页面、贴上了反动标语口号或色情淫秽图片的情况。有些党政部门和少数领导干部由于网络安全意识淡薄，疏忽大意，使用不当，屡屡出现网络泄密事件。

在这种网络应用环境中，领导干部群体作为被攻击的重点目标，尤其应当增强网络安全意识，充分认识安全隐患和风险因素的危害性，“防人之心不可无”，谨防掉入网络陷阱之中。以网络窃密为例，当国际社会正在上演涉及国家领导人的“窃听风云”之际，国内领导干部被人监控、“下套”的事例也时有所闻。比如，2012年2～3月，湖南省麻阳县三名干部就曾为了解决政治待遇和职务提拔问题，策划实施了对

① 唐风编著：《读网时代》第200页，中国商业出版社，2008年版。

县委书记胡某的非法偷拍事件。[①]近年来网上曝炒的“艳照门”、“日记门”、“电脑门”、“短信门”等一再提醒人们必须强化安全意识、保密意识，当心自己的上网设备被不法之徒监控、攻击，谨防自己的隐私被人通过网络渠道窃取、利用。古人云：隔墙有耳，伏寇在侧。在信息网络高度发达的今天，领导干部无疑应当高度重视自身的信息安全问题，否则难免会受其困扰。

——**提高风险防范技能，加强个人信息保护**。

要规避风险、防止泄密，关键是要提高自我防范能力，加强个人信息的安全管理，筑牢网络信息安全防线。在实务操作中，至少应当注意做好以下几方面工作：

一要严格执行保密管理规定，严禁在非涉密计算机上处理涉密信息。

涉密网络、办公内网和国际互联网切不可混合串联，否则在使用过程中极易出现泄密问题。凡是需要保密、不宜公开的信息，如政治秘密、商业秘密、科技秘密、经济秘密、军事秘密，以及暂时不适合对外界发布的内部管理规定、重大活动方案等，决不能在互联网上上传、存储，切实做到“涉密不上网、上网不涉密”。涉及个人隐私的重要信息，最好与互联网隔离，不要存放在用来上网的计算机里。

二要加强信息安全自查，及时消除安全隐患。

对自己的网络线路和上网设备，要经常进行检查、杀毒和风险评估，如果发现漏洞和问题，应当尽快妥善处置。为了提高安全系数，日常使用的计算机系统中要注意安装好合适的防火墙。防火墙可以安装在主机中，也可以安装在一个单独的路由器中，用来过滤不需要的信息包，防止外界的非法侵入和恶意攻击。一旦使用过程中出现被攻击、被瘫痪或被窃密等意外情况，要立即断网，及时向网络安全管理部门报案，积极寻求专业机

① 参见骆沙：《湖南麻阳3名干部为升职偷拍县委书记 恶性竞争引来“窃听风云”》，载2013年5月23日《中国青年报》。

构的帮助。

三要养成良好的上网、用网习惯。

不要随意下载陌生软件，对于来历不明的信息、链接或个性化功能服务，要及时关掉或删除。不要轻易在网络上留下个人私密信息。对于要求填写私人信息的一般性应用程序，用一些虚假信息来应付即可。对于必须填写个人真实信息的服务，应当先确定其是否具有保护网民隐私安全的措施。在与他人网聊时，不要随意提供自己的住宅电话、单位电话号码，不要随意给刚认识的网友发送自己、家人或朋友的照片，谨防居心不良之人利用PS技术破坏自己的形象。

四要妥善管理好自己的硬盘、U盘、手机SIM卡等移动存储介质。

特别是对于含有涉密内容的存储介质，一定要按保密要求来保管和使用。许多形象危机事件即源于此。比如，2011年昆明市发改委某领导干部因在某洗浴中心丢失储存了数段不雅视频的U盘而被引起各种猜测，2010年南宁市某小学副校长因丢失存有大量暧昧短信的手机而引发了备受关注的“短信门”。这些鲜活例子对现代领导干部管理好自己的涉密物件、加强个人信息保护，无疑颇具警示意义。

——遵守网络应用礼仪，做“文明上网”的楷模。

网络空间的开放性和网络传播的匿名性为广大网友表达意见、绽放激情提供了高度自由。也正因如此，“网络暴民”现象随之而生，各类网络谣言屡禁不止。许多现实生活中温文尔雅的人上网之后便可能完全放松自律要求，经常借着网络别名、昵称等隐形衣，在网上大放厥词、无所顾忌，其中不乏为官从政者。近年来曝光的某些领导干部在网上动辄骂脏话、爆粗口，抑或与异性进行非常暧昧、肉麻的挑逗性热聊，甚至把生殖器和其他隐私部位露出来与人“坦诚相见”，这显然极不合适。

自由与秩序是统一的。“网络自由”并非可以天马行空、肆无忌惮，“文明上网”是对每一位网友的基本要求。对领导干部来说，上网时更应自觉遵守基本的网络应用礼仪，做“文明上网”的楷模。首先，至少应当带头遵守网络界已达成共识的“七条底线”（即法律法规底线、社会主义制度底线、国家利益底线、公民合法权益底线、社会公共秩序底线、道德风尚底线和信息真实性底线），不造谣、不信谣、不传谣。2011年网上出现领导干部“裸聊”事件之后，有媒体人士曾著文指出领导干部在任何场合都应注意检点个人行为，维护官方政府形象，网上裸聊也是违纪。[①]2012年初，湖南省株洲市颁布《株洲市党员干部网络行为规范》，对党员干部从事网络制作、发布和传播信息作出明确规定，划出了“领导干部上网的底线”。之后，中央主管部门对党政干部如何使用微博等也提出过规范性要求，领导干部群体应当认真践行。

令人欣喜的是，随着公众对净化网络空间呼声日高，加之整治网络谣言行动不断推进，广大网友“文明上网”的自觉性逐步增强，许多网友还在网上发起相关倡议。比如，2010年，网上曾一度热传图文并茂的《网络十大礼仪》，倡议网友要“记住别人的存在”、“网上网下行为一致”、“尊重别人的时间和带宽”、“给自己网上留个好印象”、“分享你的知识”、“平心静气地争论”、“尊重他人的隐私”、“不要滥用权利”等。2013年，人民日报法人微博上出现了一条“微倡议：微博上请别骂脏话”的信息，呼吁广大微友“为了共同的言说空间，拒绝脏话，有话好好说”，备受业内人士认可。作为担负有重要社会责任的特殊群体，广大领导干部应当重视并力行这些倡议，积极引领网络风尚，其不仅有利于网络空间的净化，也有利于自身形象的构建。

① 高初建：《领导干部裸聊就是违纪》，载2011年6月23日《新京报》。

建设治理篇

“没有网络安全就没有国家安全，没有信息化就没有现代化。”“要把我国从网络大国建设成为网络强国。”

——习近平

第7章　加强阵地建设：通往网络强国的必由之路

建设网络强国是中共中央立足现实、面向未来做出的重大战略决策。如今，中国虽然已经成为网络大国，但仍非网络强国。较之于美国、英国、日本等网络发达国家，中国在基础设施、核心技术、人才队伍、国际话语权建设等方面尚存在一定差距，亟待加强和提高。

要实现网络强国的战略目标，必须强化阵地意识，顺应数字技术大潮，抱持积极主动的攻势心态，迎难而上，锐意进取，切实把加强网络阵地建设作为一项关乎全局和未来的重大战略工程来抓，必须站得高、看得远、想得深，善于在整体规划、技术创新、争先抢位、引领潮流等方面下功夫。今日中国正在加快向世界中心挺进，在这一重要的历史进程中，加强网络阵地建设既有利于构建舆论引导新格局、把握舆论引导主动权，有利于促进改革发展、维护政治稳定，又有利于塑造国家良好形象、增强中国的国际影响力。

本章探讨的主要问题有三：一是如何认识强国战略背景下加强网络阵地建设的重大意义及内在要求，二是大数据时代应当如何搞好地方网站建设，三是怎样在网络问政新风中有效运营政务微博。

第一节 强国战略驱动下的网络阵地建设

自20世纪90年代起，互联网以令人难以想象的势头迅猛发展，对全球政治、经济、文化、军事、外交等各个领域产生了广泛而深远的影响。世界各国普遍重视网络建设，互联网现已成为群雄纷争、列强角力的战略新高地。中国同样高度重视互联网的发展，特别是中共十六大以来，中央高层就加强互联网建设、发展健康向上的网络文化提出了明确要求，并采取了一系列重大举措。2014年2月27日，中共中央总书记、国家主席习近平在中央网络安全和信息化领导小组第一次会议上强调指出，要从国际国内大势出发，总体布局，统筹各方，创新发展，努力把中国建设成为网络强国。这一战略决策无疑再次为加强网络阵地建设吹响了冲锋号，具有重要的指导意义和强大的驱动作用。谋划当前的网络阵地建设，必须着眼于党和国家事业发展的战略高度，深刻认识互联网强势崛起后整个舆论环境出现的新变化及其对国家政治经济安全、中外文化交流等诸多方面带来的机遇与挑战，具有宏阔深邃的战略眼光和敢为人先的创新精神。

一、网络媒体已成为国内外舆论场中的生力军

◎网络媒体的勃兴改变了传统的传媒市场格局，加剧了市场竞争程度，拓宽了信息传播渠道，丰富了信息传播形态，同时在很大程度上改变了公众的信息消费理念，影响着社会舆论的走向。

首先，网络媒体的勃兴改变了传统的传媒市场格局，加剧了市场竞争程度，并在很大程度上促使整个舆论生态发生了深刻嬗变。经过20年的

蓬勃发展，互联网的媒体属性彰显无遗。1998年5月，联合国新闻委员会将互联网确定为继报纸、广播、电视之后的“第四媒体”。从近十多年全球媒体发展的总体情势看，作为“融媒体”、“全媒体”的网络媒体后来居上，大有从“老四”位置向“老大”位置转变的可能。在中国，这种势头自2007年中共十七大起也初露端倪，网络媒体在媒介方阵中正日益从边缘位置向中心地带挺进，其在舆论场中已从原来的“跟跑者”变为引领其他媒体的“领跑者”——绝大多数舆论热点事件均肇始于网络传播，且放大于网络传播。从2008年胡锦涛称互联网为“思想文化信息的集散地”、“社会舆论的放大器”到2013年习近平称“互联网已经成为舆论斗争的主战场”、“要把网上舆论工作作为宣传思想工作的重中之重”，人们不难体会到互联网对舆论生态和中央决策的深刻影响。事实表明，网络媒体倚凭自身的诸多优势和巨大潜力，现已跻身主流媒体之林，奠定了在传媒市场格局中的重要地位。

其次，网络媒体的勃兴拓宽了信息传播渠道，丰富了信息传播形态，并在很大程度上改变了公众的信息消费理念。在现代信息科技的牵引下，各种网络新技术新应用日新月异，层出不穷，公众因之迎来了信息传播空前活跃的“大众麦克风时代”、“自媒体时代”、“移动互联网时代”、“云计算时代”、“大数据时代”。众所周知，网络媒体在信息的海量性、传播的时效性、传受的交互性、检索的便捷性等方面具有传统媒体不可比拟的优势。统计资料显示，2008年汶川特大地震发生后不足十天，人民网、新华网、央视网、中国网共发布抗震救灾新闻（含图片、文字、音视频）123000条，腾讯、新浪、搜狐、网易整合发布新闻133000条，此八家新闻网站点击量达116亿次，跟帖量达1063万条。如此巨大的信息量和浏览量，显然是传统媒体无法比肩的。由于通过互联网、手机和其他移动终端获取资讯通常比传统媒体更快、更全、更便捷，因而越来越多的公众习惯于上网、读网、借网交流。有调查表明，当前中国阅读传统出版物的读者人数正在以每年12%的速度下降，而阅读新媒体的读者人数则以每年30%的速度增长。[①]随着上网环境不断优化、网络传播日渐规范，公众对网络媒体的认同度和依赖度必将不断攀升。

再次，网络媒体的勃兴拓展了民意表达空间，激活了公众的政治诉求，并在很大程度上影响着社会舆论的走向。较之于传统媒体，互联网更大程度地解放了公众的“嘴巴”，为公众表达意见、传播思想提供了绝好平台。在互联网上，每个人均可发表自己的所见、所闻、所感，阐述自己的见解、观点，甚至可以让自己的政治诉求直通“中南海”。正如汪玉凯先生所言，在新的历史条件下，网络已经成为重要而独特的渠道，以网络为媒介的“政府—公众”新互动模式已经成为中国政治文明的重要元素。[②]在这种话语环境中，民意表达和官民互动空前活跃，互联网既是广大公众表达意见建议的便利渠道，也是越来越多的党政领导干部了解社情民意的重要窗口。正因如此，网络媒体作为信息集散地和舆论放大器的功能日益凸显，其对舆论热点事件的干预能力不断增强。从孙志刚事件、刘涌案件到《劳动法》、《物权法》的网上大讨论，从重庆“史上最牛钉子户”、山西“黑砖窑”事件到陕西“华南虎照”、厦门“PX项目”事件，人们可以清楚地看到，网络媒体不仅深刻影响着社会舆论的走向，而且能在一定程度上推动现实问题的解决。时下，社会上有关“上访不如上网”的说法即缘于此。

最后，网络媒体的勃兴扩大了对外宣传阵地，丰富了对外宣传手段，并在很大程度上提升了对外传播能力。网络媒体具有超疆域、跨国界的传播优势，其迅猛崛起强有力地加剧了传播全球化的态势，大大促进了各国

---

① 蒋心和：《新媒体读者年均增30%　分流传统读物读者群》，载2007年4月13日《解放日报》。

② 转自肖尔亚：《以人民网“地方领导留言板”为例析我国电子政务发展》，载2009年12月21日人民网。

各地区之间的经贸往来、政治互动和文化交流，同时在影响国际舆论、提升国家形象等方面也作用显著。实践证明，网络媒体既是少数西方国家用以推行强权政治、实施文化渗透的首选工具，也可以成为我们开展对外传播工作的新阵地、提升对外传播能力的突破口，成为我们在国际舆论场中放大自身声音、维护国家利益的扩音器。比如，在2008年向海外人士披露拉萨“3·14”打砸抢烧事件真相、抗议西方媒体对我恶意攻击以及报道奥运火炬在境外传递遭受冲击等活动中，网络媒体担负了生力军的重要角色，发挥了其他媒体无法替代的作用。近年来，许多行业积极借助网络渠道，加强对外交流，展示自身形象，寻求发展机遇，大力实施“走出去”战略，效果颇佳。对于外宣工作而言，网络媒体的勃兴不仅有利于丰富对外传播手段，完善现代传播体系，而且有利于构建国际传播新秩序，营造于我有利的国际舆论环境。

二、加强网络阵地建设是一项关乎全局和未来的战略工程

◎加强网络阵地建设，是提高党的执政能力、维护国家政治经济安全的必然要求，是增强文化软实力、争取国际舆论话语权的迫切需要，也是一项争夺青少年、面向未来的战略举措。

如果说新闻媒体处于意识形态领域的前沿，那么网络媒体则处于“前沿的前沿”。随着时代演进，网络媒体已逐步占据了意识形态领域的制高点，担负着传播文化信息、引导公众舆论、凝聚政治认同、推动经济发展、促进社会和谐、构建国家形象等重要职责，对政治、经济、文化、军事、外交等各个领域的影响日益深刻。从党和国家事业全局与未来发展的高度看，加强网络阵地建设，具有重要的战略意义。

加强网络阵地建设，是提高党的执政能力、维护国家政治经济安全的必然要求。表面看来，互联网只是一种传播工具、信息载体、交流平

台。实际上，除了工具属性和技术属性，互联网还具有重要的政治属性、经济属性、文化属性等。在治国理政中，互联网既是一种至关重要的政治资源，又是一种不可或缺的执政工具，其不仅关乎先进文化的弘扬和核心价值体系的建构，关乎社会舆论的健康发展和人民群众精神文化诉求的满足，而且关乎经济发展和社会稳定，关乎党和国家工作大局。完全可以说，当今互联网的建设发展已不再是一个单纯的科技层面的问题，而是一个与政治、经济、文化、社会等“四位一体”建设密切关联的重大战略问题。互联网在给公众的政治生活、经济生活、文化生活和社会生活带来诸多便利的同时，也对提高党的执政能力、确保国家长治久安提出了严峻考验。有人认为互联网是执政者面临的“最大变量”，弄不好则会成为“心头之患”。有人认为共产党如果过不了互联网这一关，就很难长期执政下去。习近平总书记在2013年“8·19”讲话中深刻指出：“在互联网这个战场上，我们能否顶得住、打得赢，直接关系我国意识形态安全和政权安全”。由此可见，网络建设本身就是国家政权建设的重要组成部分。要应对各类风险、维护执政安全，必须应势而谋、顺势而为，先从加强自身建设、夯实自身阵地抓起。只有这样，才能为发展政治文明、推进执政事业创造有利条件。

加强网络阵地建设，是增强国家文化软实力、争取国际舆论话语权的迫切需要。当今时代，文化软实力对综合国力的支撑作用日益彰显。传播能力作为文化软实力的重要内容，对于放大中国声音、展示中华文化、构建国家形象、维护国家利益至关重要。时下，国际舆论场中各种思想文化的交流、交融、交锋相当活跃，舆论斗争的形势相当复杂，互联网正成为渗透与反渗透、颠覆与反颠覆的主战场。某些西方国家利用自身在互联网领域的技术优势和话语优势，大肆鼓吹所谓的“网络自由”，强力推行政治霸权、文化霸权和信息霸权，意欲将西方价值观念、政治模式毫无障碍地输入中国。然而，由于诸多原因，西强我弱的舆论格局仍然明显，中国与许多发达国家之间的数字鸿沟客观存在。这无疑对我们非常不利。2009年12月28日，时任中共中央政治局常委的李长春在中国网络电视台开播仪式上指出："在信息传播技术高度发达的当今社会，谁占领了新兴媒体阵地，谁的传播手段就更先进、传播能力就更强大。"此话意味深长。要真正增强对外传播能力，构建国际传播新秩序，为实现中华民族的伟大复兴营造良好的国际舆论环境，必须顺应时代发展潮流，大力加强网络阵地建设，切实在互联网战国时代积极开拓自己的网络疆土和数字版图，勇于扩展自身的战略发展空间。做好了这一工作，提升国家文化软实力、争取国际舆论话语权才有依托和保障。

加强网络阵地建设，是一项争夺青少年、面向未来的战略举措。青少年是祖国的未来、民族的希望。作为科技进步的产物，互联网容易为充满活力和好奇心的青少年所追逐、喜爱。有关资料显示，目前中国80%左右的网民是35岁以下的年轻人，90%的高校学生把互联网作为了解外部世界、学习文化知识、参与社会交流的重要工具。青少年对网络平台的依赖程度越来越高已成为不争的事实。许多年轻人睁眼起床后所做的第一件事就是开机上网，成天泡在互联网上的青少年不在少数。互联网之于他们，犹如空气和水。他们在网上逐浪，其思想观念、情感倾向、价值判断以及行为方式极易受到"网络世界"的影响。正因如此，西方敌对势力一直妄图利用互联网争夺青少年、分化青少年，以之"扳倒中国"，实现他们蓄谋已久的和平演变。多年前，就有西方政要声称"有了互联网，对付中国就有了办法"，"只要有互联网，就能摧毁中国的长城"，"社会主义国家投入西方怀抱，将从互联网开始"。个别国家政府甚至针对中国网民多为年轻人的现状，公然宣扬所谓"树根战略"，旨在通过互联网兜售自己的政治模式、价值观念和生活方式，对中国青少年实施浸染和渗透。有人称互联网为"软利器"、"没有硝烟的战场"，称网上的这场意识形态之争为"软刀子战争"、"新时代的鸦片战争”，着实精辟而深刻。从这种意义上说，加强网络阵地建设，顺应青少年的心理特点和接受习惯，主动提供优质、丰盛的精神食粮，不断满足青少年的多样化需求，积极引导青少年健康成长，无疑是一项意义深远的战略举措。

三、推进网络阵地建设必须具有战略眼光和创新精神

◎推进网络阵地建设，必须瞄准建设网络强国的战略目标，具有宏阔深邃的战略眼光和敢为人先的创新精神。当务之急应着重在整体规划、战略投入、技术创新、以管促建等方面下功夫。

当前，中国的网络阵地建设既面临大好机遇，又面临诸多挑战。就机遇而言，一是党和国家对此项事业高度重视，社会各界对互联网的认识日益深化，网络应用广泛普及；二是中国经济社会发展势头向好，能够在财物、人才等方面提供有力保障；三是中国互联网的发展几乎与国际同步，且在近20年的积极探索中积累了许多宝贵经验。这些因素无疑为建设网络强国、开创网络阵地建设新局面提供了有利条件。就挑战而言，主要包括：国际互联网的核心技术仍然掌控在美国等西方发达国家手中，世界各国对互联网这一战略要地的争夺相当激烈，而中国在网络基础设施、内容建设、技术创新、人才队伍、管理经验等方面尚存在不少问题。中共中央提出的网络强国战略，至少包括基础要强、内容要强、技术要强、人才要强、传播力和引导力要强等基本要求。因此，在这种情势下推进网络阵地建设，必须瞄准建设网络强国的战略目标，不仅需要强烈的战略自觉性和时代紧迫感，而且应当具有宏阔深邃的战略眼光和敢为人先的创新精神，切实从党和国家未来发展的战略

高度来审思和谋划。

一要深化战略认识，注重整体规划。扎实推进网络阵地建设，必须把互联网作为一种重要的战略资源，把网络阵地建设作为一项事关全局和未来的战略工程，认真抓好科学规划和战略布局，努力把互联网建设成为先进文化的新阵地、公共服务的新平台、精神文化生活的新空间、经济社会发展的新引擎，使之在传播中国声音、影响国际舆论、构建国家形象等方面发挥重要作用。目前，中国已初步形成了以中央重点新闻网站为龙头，以地方重点新闻网站为骨干，各类政府网站、商业网站和专业网站积极参与的网络发展格局。下一步，要积极引导重点新闻网站创新体制机制，大力打造具有国际影响力的网媒集团，充分发挥其在阵地建设中的主力军作用；要下大气力办好政府网站，畅通官民沟通渠道，凸显其在政策宣传、权威发布、公共服务等方面的特殊优势；要引导各类商业网站和专业网站做大、做强，鼓励其多提供丰富多彩的文化产品服务，以满足广大网友多样化、多层次的精神文化需求；要培育一批网络技术服务重点企业，使之成为网络阵地建设不可或缺的力量。同时，要尽力克服不同地区和不同媒体形态间的发展不平衡现象，注意整合资源、和谐发展。要通过科学规划和战略布局，使不同类型、不同层级、不同区域的网点建设成为覆盖广泛、各擅其胜、优势互补、互相支撑的“一盘棋”。

二要加大战略投入，增强保障能力。网络阵地建设涉及诸多方面的投入。没有强大的人力、物力、财力做后盾，网络阵地的战略构建则难有保障。特别是作为一项需要“烧钱”的工程，经费投入尤显重要。除了行业本身应当自力更生、善于开拓之外，网络阵地建设亟须各级政府在政策、资源、资金等方面予以大力扶持。在此方面，政府的决策必须深谋远虑、高瞻远瞩。就当前形势论，中国对网络阵地建设必须抱持积极的攻势心态而非消极的守势心态。中共十八大政治报告提出了“构建和发展现代传播体系，提高传播能力”的要求，为加强网络阵地建设指明了方向。有学者认为，“打造中国媒体的国际竞争力，应当网络先行。”[①] 而要实现这一目标，战略投入必不可少。从实际情况看，应当重点增强以下几方面的保障能力：一是集中各方力量，加强重点新闻网站和社会知名网站建设，打造一批具有品牌效益的龙头网站；二是加快文化信息资源的开发利用，推进中国数字图书馆、国家知识资源数据库等网络文化工程，培育一批公益性的文化类网站，积极构建公共文化信息服务体系；三是抢占移动互联网发展的主导权，推动中国互联网向更高阶段发展；四是扶持一批有实力的技术研发单位，鼓励其在技术攻关和标准制定方面建功立业；五是加强网络安全建设，增强自我防护能力；六是加强人才队伍建设，为推进网络阵地建设积蓄后劲，提供根本保障。

三要注重技术创新，提高传播质量。能否具备技术领先优势，占据技术创新的制高点，直接关乎中国在网络空间的位置和前途。从国际竞争角度看，要想由网络大国变成网络强国，必须不断提高自主创新能力，争取在互联网技术领域引领潮流，尤其应当在参与技术标准制定方面拥有一席之地。近年来，中国网络硬件和软件产业发展迅速，并在国际互联网标准制定方面逐渐接近核心协议层，取得了不少突破。据媒体报道，截至2010年11月IETF[②]第79次会议召开时，以中国研究人员和机构为主制定的互联网标准RFC共有17个。推进网络阵地建设，必须强化“面向未来、创新为王”的理念，瞄准下一代互联网的发展趋势，大力开展技术创新，积极争取在网络新技术的研发和应用中创造佳绩。与此同时，必须加强网络内容建设，提高文化产品和服务供给能力，推动网络文化繁荣发展。当前，要加快传统文化产业与网络文化产业的融合发展，提高网络文化创作生产水

① 于燕枝、刘华：《从“拉萨3·14打砸抢烧”事件看提升民族“网媒”的舆论引导力》，载《传媒》2008年第4期。

② IETF是Internet Engineering Task Force的简写，中文名为互联网工程任务组，成立于1985年底，是全球互联网最具权威性和影响力的技术标准化组织，主要任务是负责互联网相关技术规范的研发和制定，当前绝大多数国际互联网技术标准出自IETF。

平，满足不同社会群体的信息需求；要积极传播社会主义核心价值体系，广泛宣传马克思主义中国化的最新成果，大力唱响网上思想文化主旋律，不断壮大健康向上的主流舆论，为促进网络传播的清朗、有序奠定坚实基础。特别是在突发事件报道和重要资讯供给方面，要契合网络传播规律和受众诉求，主动争抢信息传播的制高点和舆论引导的主动权，提高信息服务质量，增强自身的吸引力和影响力，以之赢得广大网友的青睐和认可。

四要推进法制建设，坚持以管促建。建设与管理辩证一体，相辅相成。离开建设谈管理，则言之无物；抛开管理搞建设，则行之不远。在很大程度上说，加强管理的最终目的还是促进建设，搞好建设既是出发点，又是落脚点。近20年来，中国互联网事业发展迅猛，但在管理方面也存在不少问题，对今后健康繁荣发展的消极影响已逐步显现。要遏止谣言四起、“恶搞”频现、“水军”猖獗等种种乱象，促使网络阵地建设迈上新台阶，除了应当在渠道建设、内容建设、队伍建设等方面发力外，还必须在加强法制建设、健全监管体系方面下大功夫。近年来，中国加快了互联网立法进程，颁布了一系列法律法规和规章制度，并加大了依法治网力度，对规范网络传播秩序、净化网络文化环境颇具积极意义。但是，由于互联网行业点多面广，涉及内容相当复杂，现有法律法规尚不完善，有些政策法规适用性不强，加之公众网媒素养参差不齐等诸多因素，要真正实现科学监管、有效监管，难度甚大。在推进网络阵地建设中，必须把加强网络法制建设摆在重要位置。当前，应当进一步完善监管体系，提高政策法规的适用性和前瞻性，综合运用法律、行政、经济、技术等多种手段，强化公众的网络法制意识，加快形成依法监管、行业自律、社会监督、规范有序的网络传播秩序。只有做到建管并重、以管促建，网络阵地建设才能持续健康发展。

第二节　大数据时代的地方网站建设

大致自2012年起，随着信息通信技术快速发展特别是移动互联网广泛普及，人类迎来了信息规模海量化、信息来源多样化、信息层次多元化的大数据时代。有资料称，2013年互联网上仅一天产生的信息量即可刻满1.88亿张DVD光盘。① 在信息大爆炸的环境中，人类的注意力资源变得相对匮乏，公众的信息消费要求越来越高。如何对无处不在的海量数据进行挖掘、分析和价值“提纯”，以满足公众日益个性化、专业化、精准化的需求，如何利用自己的信息产品，有效吸引世人眼球、赢得市场竞争，已成为一个备受关注又极具挑战意味的课题。

对网站建设而言，大数据时代带来的机遇与挑战不言而喻。截至2014年12月，中国网站总数达335万个，“.cn”下网站数为158万个，②互联网发展主题正从“数量”向“质量”转换。在门类繁多、大大小小的网站中，地方网站是主体，所占比重最大。长期以来，地方网站散滥现象严重，知名网站较少，多数网站的市场竞争力和舆论影响力较弱。随着大数据时代的到来尤其是移动互联网的勃兴，地方网站面临的发展形势更加严峻。笔者以为，地方网站要想在大数据时代稳站稳脚跟、迎难而上，必须把品牌建设、制度建设和队伍建设摆在突出位置，坚持走特色立网、依法治网、人才强网之路。

一、注重品牌建设，坚持特色立网

◎择要而言，主要包括：找准市场定位，强化服务功能；培育

① 邬贺铨：《大数据时代的机遇与挑战》，载《求是》2013年第4期。

② 引自中国互联网络信息中心（CNNIC）2015年2月3日发布的《第35次中国互联网络发展状况统计报告》。

“招牌菜”，办好特色栏目；重视技术创新，便于用户使用；抓好宣传推介，扩大社会影响。

当今社会已进入品牌消费时代，文化信息的生产与消费同样如此。在数目甚巨、形形色色的网站中，网民关注较多的只是知名度较高、与自己关系较为密切的一小部分。特别是在五花八门、琳琅满目的地方网站方阵中，受到网民追捧、“双效”均佳者更是寥若晨星，平庸者、沉默者占绝大多数，加之近年来公众的价值观念日趋多元，网民的信息需求日益呈现出“部落化”、分众化、个性化等趋势。这种现况显然昭示网站建设已进入品牌运营阶段。对区域性、本土性色彩较浓的地方网站来说，强化品牌意识，注重品牌建设，坚持走特色立网之路，实乃发展壮大的不二之选。择要而言，地方网站的品牌建设应当在以下几方面下功夫：

一要找准市场定位，强化服务功能。其关键在于明确目标受众和服务指向，解决好“为谁服务”、“如何服务”的问题。只有瞄准目标受众创办网站，其功能定位、服务内容及建设规划等才可能富有针对性。网站建设在受众定位上必须突出目标群体，注重目标群体的独特性；在功能定位上必须突出主攻方向，注重主打产品的市场差异性；在服务内容上必须突出“特色”二字，注重服务内容的专业性。网站的市场定位应当讲究新意、与众有别，而不可简单地依照某一模板去“克隆”、“跟风”；服务指向应当相对专一、突出重点，而不可贪大求全、“眉毛胡子一把抓”。实际上，对一般网站而言，要汇集新闻、娱乐、就业、求学、交友、音乐等各个门类于一体，既受人力、财力、物力和技术等因素的制约，又容易弄得千网一面、不伦不类，其结果必定难以提升自身的市场识别度，也难以培养受众的消费忠诚度。只有顺乎市场行情，扬己所长、独辟蹊径，才可能凸显出自身的特点和优势，为未来发展确立明晰的战略方向。需要指出的是，市场定位必须把准目标受众的资讯需求，强化服务功能和实用价值。通常而言，网民接触网站，都有一定的应用目的。如果网站不能为目标受众提供针对性、实用性较强的信息产品，那么受众则会渐行渐远。近年来，许多政府网站办得难如人意，主要在于服务能力弱、有用信息少。中国软件评测中心发布的《2009年中国政府网站用户满意度调查》和《2010年中国政府网站绩效评估报告》显示，在接受调查的网民中，2009年和2010年对政府网站“很不满意”的人数分别占83.7%和78.5%，原因即在于政府网站提供的内容与网友的需求严重脱节——“想要的内容没有”，“网站上的内容不实用”和“网站内容和政府的业务结合不紧密”。这无疑提醒我们，在地方网站的筹划和运营中，必须把找准市场定位、服务好目标受众作为最重要的指导思想。特别是在信息海量的大数据时代，创办功能清晰的服务平台型网站应当是地方网站建设的一个基本趋向。

二要培育“招牌菜”，办好特色栏目。其关键在于打造核心竞争力，解决好“拿什么吸引受众、留住受众”的问题。俗话说，“一招鲜，吃遍天”。在资讯过剩、令人目眩的大数据时代，公众个性化、定制化的信息需求日增，地方网站要赢得网友的青睐，强化市场竞争优势，必须摒弃“大杂烩”、“一锅煮”的做法，切实把炒好“招牌菜”作为突破口，狠抓特色栏目（频道）建设，积极运用特色栏目（频道）的“晕轮效应”来提升网友对网站的整体认同度。有些地方网站契合目标受众的兴趣爱好，把建设特色栏目（频道）作为打造核心竞争力的根本手段，效果显著。比如，大河网的“焦点网谈”、红网的“红辣椒评论”、四川新闻网的“麻辣社区”、广西新闻网的“红豆社区”、荆楚网的“东湖评论”、东南新闻网的“西岸时评”、南方网的“南方时评”、东方网的“媒体特快”、胶东在线的“网上民声”等，对于提升整个网站的知名度和美誉度，激活网站的市场拓展能力和综合盈利能力，大有裨益。不难看到，这些栏目之所以颇受好评，其中一个重要原因在于它们将地方特色与互动交流有机地结合了起来。互动性强是网络传播的重要魅力之一，它能激发网民内心的表现欲，让网民在相对自由的沟通交流和思想碰撞中获得一种自我释放式的情感体验。随着互联网从Web1.0时代向Web2.0、Web3.0方向发展，互动交流能力已成为网站核心价值的重要评估指标之一。今后，地方网站的建设必须高度重视互动类栏目的培育。只有培育好互动类栏目，提高网友参与度，才有利于积累人气，进而有利于提升网站的影响力和品牌价值。时下，地方网站可以把办好地方性论坛作为一道“招牌菜”来抓。较之于全国性论坛，地方性的网络论坛对于吸引本地网民的关注、促进官民互动、解决实际问题、化解舆情危机等，具有诸多便利性。如果能够将其建设成为本地网民反映问题、表达意见和党政部门了解民情、疏导民意的便捷平台，那么这道“招牌菜”则必定会受到各方热捧。

三要重视技术创新，便于用户使用。其关键在于借助科技手段改进平台服务，解决好“读网轻松、用网简便”的问题。网民在信息消费中，除了会考虑信息来源和信息产品是否权威、有用外，通常还会注重信息获取是否简便。如果一个网站的访问速度太慢，页面打开不够流畅抑或经常出现“此页无法显示”现象，资讯检索程序烦琐，资料的下载和信息的上传非常复杂、耗时，那么，即便其相当权威、有用，浏览者也难有足够耐心。网民读网的“七秒效应”[①]要求网站建设必须高度重视技术创新问题，不断提高网页跳转速度，努力增强网上操作的简易性。同时，网页设计、板块分类、专题制作、检索导航、图文组合、音视频嵌入等应当契合目标受众的视觉习惯和接受特点，善于借助新技术新应用，尽量使之灵活生动、新颖时尚，富有创意和视觉冲击力。“美国政府网站”（USA.gov）在便于用户使用方面颇有借鉴意义——其在设计上充分体现了实用、简洁、人性化的特点，以白底黑字为主，文字不多、布局宽松，让人一目了然。首页只有“获得服务”、“搜索话题”、“寻找政府机构”和“联

① “七秒效应”概指网民在网上点击某一页面或查询某一内容时，等待打开的耐心一般不超过7秒钟时间。

系我们”等四个分类导航按钮，但其子菜单却能提供全面而有条理的服务信息，且搜索引擎功能强大，操作便捷。[①]时下，不少地方网站在技术创新、方便用户方面仍然重视不够，网站建设科技含量低，读网、用网多有不便，这对其做大、做强显然非常不利；而有些网站奋力追踪新技术的发展和应用，切实将推进技术创新作为提升网站品牌价值的重要驱动力，在探索集成式报道、开设微博、微信等方面进行了富有成效的探索，大大扩展了自身的话语空间和应用价值。自2010年年微博在中国快速推开后，媒体微博乘势而上。据人民网舆情监测室统计，截至2012年年底，仅在新浪微博平台经过认证的媒体微博即超过11万个。不少传统媒体（包括《人民日报》）通过运营微博强化了自身的吸引力和影响力，地方网站在此方面完全可以借水行船、大有作为。在公众注意力高度碎片化的大数据时代，此类创新性探索对网站建设至关重要。

四要抓好宣传推介，扩大社会影响。其关键在于传播品牌形象，解决好“如何提高社会知名度和影响力”的问题。“酒好也怕巷子深”。一个网站要提升自身知名度和影响力，除了狠练“内功”外，还必须强化形象意识，积极做好宣传推介工作。通常的做法包括：在新闻媒体、公交汽车、电子屏幕或其他人气较旺的场所投放宣传广告（如赶集网、百合网、有缘网等均在电视上投有广告）；通过策划组织主题活动（如“名家访谈”、“高端峰会”、“爱心捐助”公益活动等）借势宣传，扩大社会美誉度；借助贴吧、QQ群、论坛、网摘、图片水印等渠道和方式，主动进行口碑营销等。宣传推介应当重视品牌符号传播和品牌口号传播，善于将网站形象变为让人过目难忘、易于记忆的符号或口号。前者如Google 网站的节日logo卡通形象、腾讯QQ的小企鹅形象等，后者如金羊网打出的“华南地区最出色的新闻网站”、汽车之家网打出的“第一汽车互动媒体”等，

① 参见秦逸：《操作便捷的电子政府》，载2011年4月12日《人民日报》。

这些生动的品牌符号和响亮的品牌口号，对于网站建立品牌认知度、提升市场影响力颇有助益。此外，在涉及网友较为关注的重大突发事件特别是发生在本地的重大突发事件中，地方网站应当积极争抢信息发布的主导权，使自己成为外地媒体竞相援引的第一信息源。突发事件报道是对地方网站综合实力的一大考验，如果遇到突发事件形如鸵鸟、闷不作声，这种网站自然会坐失自我宣传的良机，如果善于抓住机会，掌控引导舆论的指挥棒，那么对于提升自身知名度和影响力则十分有利。

当然，品牌建设是一项系统工程，涉及功能定位、内容建设、形象设计、市场拓展、精细服务等诸多方面。品牌成长也不是一蹴而就的事情，需要不断调适和培育。此外，地方网站要顺应差异化竞争、彰显独特优势，还应充分考虑区域性、本土性的问题，这里不作赘述。

二、注重制度建设，坚持依法治网

◎要促进网络事业健康发展，地方网站必须依法运营，规范信息服务活动，加强导向管理，注重制度建设，不断提高科学管理能力。

依法治网是推动互联网健康有序发展的内在需要。近年来，互联网的迅猛发展及其衍生的种种乱象对依法治网提出了迫切要求。时下，有些地方网站内部管理混乱，规章制度残缺，经常投机取巧“打擦边球”甚至违规运营，对构建网络传播良序、发展健康向上的网络文化形成了干扰和冲击。要遏止“劣币驱逐良币”现象、维护公平竞争格局、促进网络事业健康发展，网站运营必须从严自律，注重制度建设，坚持依法治网。

首先，各类网站必须严格遵照现行的政策法规，自觉履行许可备案制度，切实做到依法运营。《互联网信息服务管理办法》、《互联网新闻信息服务管理规定》等政策法规明确要求，从事新闻、出版、教育、医疗保健、药品和医疗器械等互联网信息服务，开办电子公告、时政报道、视听节目、广告发布、微博服务等业务，均须申请经营许可，报经相关主管部门审核同意并履行备案手续。然而，目前有些网站未经许可开设论坛、博客、微博、搜索引擎及医疗咨询、药品广告等栏目，有些非新闻类网站任意提供时政类电子公告服务、变相从事“洗稿”活动，有些新闻网站超范围登载新闻信息，甚至为非法公关者和境外敌对势力提供传播渠道，还有少数网站公然刊载贩卖枪支、卖淫招嫖、聚众赌博等非法信息，等等。这些违规运营的现状亟须遏止，否则不仅会扰乱网络传播秩序，加剧市场“混战”程度，最终对市场监管形成严峻挑战，而且会消极影响网站运营发展的战略规划和宏观布局，对公众和国家的信息安全产生巨大冲击。地方网站建设一方面要积极适应大数据时代，尽量满足某些个人或企业对信息挖掘处理业务的需求，倡导数据共享，另一方面在数据挖掘和信息供给中必须依法行事，界定好数据挖掘、利用的权限和范围，防止滥用数据，侵犯个人隐私，危害公共利益。

其次，各类网站必须规范信息服务活动，加强导向管理，增强舆论引导力。如同对其他媒体一样，导向问题始终是网站建设之根本。导向问题所涉甚广、维度颇多，除了政治导向、思想导向、价值导向，还包括生活导向、学习导向、审美导向、消费导向、语言导向等各个层面。鉴于当前网上不良信息屡清难绝、噪音杂音喧嚣不止、造谣传谣及“恶搞”现象不时出现等情况，各类网站应当加强自律、守土尽责、高举旗帜、激浊扬清，切实担负起“把关”责任，建立健全先审后发、双岗过滤、设疑核验等工作机制，规范编辑流程，坚决摒弃各种虚假信息、精神垃圾和信息毒品，自觉抵制庸俗、低俗、媚俗之风，大力弘扬社会主义主流价值观，始终坚持正确舆论导向，努力营造健康文明、积极向上、高雅和谐、团结奋进的时代风尚，为广大网友提供优质、“环保”的精神食粮。地方网站在从事信息服务活动中，必须恪守“七条底线”和相关规定，致力于传播先进文化，大力加强内容建设，弘扬主旋律，扩充正能量，把自身建设成为格调高、有品位、洋溢清朗之气的文化信息服务平台。从当前情势看，加强导向管理，增强舆论引导力，既是网站恪守社会责任之必需，也是其提升自身影响力和权威性之必需。个别网站为了刺激网友眼球，热衷于追新猎奇、炒作花边新闻，甚至不论是非曲直，不辨真假善恶，以讹传讹、混淆视听，这种服务取向亟待矫正。

最后，各类网站必须加强内部管理，注重制度建设，提高科学管理能力。“没有规矩、不成方圆”。任何一家成功的网站，莫不具有清晰的管理思路、完善的管理制度和适宜的管理手段。在实务操作中，要善于把文明办网、依法治网的理念和思路形诸于各项规章制度，使之成为网站从业人员共同遵循的行动指南，促使各项工作日趋制度化、规范化。具体说来，其至少包括采编制度、签稿制度、转载制度、广告制度、值班制度、办文制度、财务制度、人事制度、技术保障制度、学习培训制度以及各类奖惩制度等，提供了论坛、微博、微信、咨询、留言、热线等服务内容的网站还必须制定相应的管理制度，确保相关环节的运转高效、有序、安全。制度建设应当与现行的政策法规保持一致，突出导向管理与经营管理兼顾、坚持社会效益优先的指导思想，同时还必须切合实际，注意从激励和约束两个层面统筹考虑。实践表明，一个网站一旦形成了比较成熟的制度优势，其科学管理能力必定大幅提升，市场竞争胜势也将因之而生。反之，如果一个网站忽视制度建设，内部管理混乱，则迟早会捅出这样那样的“娄子”，对自身发展带来极为不利的影响。在竞争相当激烈、监管日益规范的市场环境中，这类网站要想做大做强、做出“彩”来几无可能。

三、注重队伍建设，坚持人才强网

◎人才资源是最宝贵的资源，人才竞争是最核心的竞争。地方网站要突破发展瓶颈，必须建立健全科学灵活的进人、用人机制，重视

“灵魂人物”和高端专才的培养。

互联网行业是一个人才密集度高、知识更新要求快的地方。要适应环境变化、切实与时俱进，人才队伍建设是关键。在诸般网络资源中，人才资源是最宝贵的资源；在网络市场竞争中，人才竞争是最核心的竞争。进入大数据时代，创新型人才对于未来事业发展的战略价值更为凸显。对于地方网站而言，加强人才队伍建设无疑是一个至关重要而又形势严峻的问题。近年来，由于从业入口比较宽松、整个队伍比较年轻、人才流动比较活跃等原因，地方网站普遍存在队伍素质欠高、高端人才稀缺、智力支撑乏力等问题。从现实情况看，强化“人才为本”、“人才制胜”的理念，注重队伍建设，坚持人才强网，已成为地方网站突破发展瓶颈、推进改革创新、谋求市场胜势的必由之路。在实际操作中，至少必须做好以下几方面的工作：

一要建立健全科学灵活的进人、用人机制，妥善把好“入口关”和“出口关”。网站在招聘新生力量时，应当根据自身的市场定位、品牌特色和发展需要，切实从专业方向、学习背景、工作经验、男女比例、年龄结构等方面提出要求，择善而为，下大力气集聚一批起点较高、颇有潜力、能够胜任工作的采编人才、经营管理人才和技术人才。只有把好“入口关”，才能为日后的队伍建设打好基础。在用人方面，要量才而用、惟贤是举，大胆推行合同聘用制、岗位责任制、考核考评制等激励约束型机制，真正形成“能进能出、能上能下”的局面。对于想干事、能干事、会干事的人才，要不拘一格，尽早重用，而不宜叶公好龙、纸上谈兵，让优秀人才荒废、流失。对于才识平庸、作风懒散、不适应岗位工作的人员，要通过轮岗、换位、解聘等方式，依照相关政策法规果断予以调整或淘汰，以规避“短板效应”，确保整个队伍的战斗力。

二要狠抓业务培训，不断提高从业人员的政治素质和业务水平。由于许多从业人员并非新闻科班出身，对媒介竞争态势、网络传播规律以及相关政策法规、宣传纪律了解不多，加之业内行情和信息科技日新月异，因而亟须不断“补课”和“洗脑”，加强业务培训工作。从实际情况看，业务培训的目标重在夯实从业人员的思想理论功底、政策法规功底和采编业务功底，强化从业人员的政治意识、大局意识、阵地意识、责任意识、受众意识和创新意识。针对当前网上违规运营、低俗之风、虚假信息泛滥等突出问题，地方网站应当继续深化马克思主义新闻观教育，深入开展“走基层、转作风、改文风”活动，切实把提高从业人员的政治思想素质、政策法规水平、职业道德修养和信息把关能力摆在首要位置，帮助从业人员养成爱岗敬业、锐意进取、严谨细致、勇于创新的作风。在学习培训方面，地方网站一定要舍得投入，多采取“走出去、请进来”的方式，让从业人员定期“充电”，开阔眼界，增长见识，不断提高创新能力。

三要重视“灵魂人物”和高端专才的培养，努力搞好人才高地建设。群雁高飞靠头雁，船载万斤靠舵人。在网站发展中，“一个人改变一个网站命运”的事例多有演绎。没有“大家”和“高手”，是很难办出一流网站、很难树立品牌形象的。正所谓“千军易得、一将难求”，地方网站最紧缺的就是复合型领军人才和专业型拔尖人才。在队伍建设中，除了全面实施素质提升工程外，必须特别注意做好这两类人才的培养和引进，通过培养和引进名总编、名记者、名主持、名版主、名评论员、名技师、名市场营销员等“灵魂人物”和高端专才，提升网站的品牌气质，带动网站队伍整体素质的提高。值得一提的是，在网络人才流动性较强的市场环境中，唯有着眼长远、肯花本钱，对内“掘智”、对外“融智”，切实将事业留人、感情留人、待遇留人落到实处，才有望让人才高地建设开花结果，长盛不衰。

四要加强企业文化建设，积极营造宽松和谐、催人奋进的创业环境。

良好的企业文化和创业环境是网站吸引人才、培育人才、留住人才、发挥人才效应的重要保证。有些网站不惜重金千方百计挖来一些优秀人才，然而并未产生实际效用，甚至时隔不久这些人才便跳槽而去，多数情况即缘于没有适宜于人才施展才华、建功立业的氛围和环境。加强企业文化建设、营造良好的创业环境，就是要尽量消除“劣币驱逐良币”、英雄难有用武之地的现象，大力营造尊重人才、尊重知识、尊重创新、尊重劳动的工作氛围，尽可能为干事创业者、推陈出新者提供宽松环境和大力支持，充分调动从业人才的积极性、创造性，让其在心绪愉快、友好融洽、互相激励的环境中迸发自己的创造力，奋力拼搏，敢做善成。在很大程度上说，只有真正珍视人才、爱护人才，才能吸引人才、留住人才；只有贴近从业人员的心灵，努力形成人尽其才、各擅其胜的局面，才能激发人才队伍的活力，掌握决胜市场的金钥匙。

总之，地方网站建设涉及方方面面，上述所及只是择要而谈。在笔者看来，品牌建设是目标、方向，制度建设和队伍建设是两个关键点。如果地方网站能顺应大数据时代的内在要求，坚持走特色立网、依法治网、人才强网之路，勇于创新，善于借鉴，勤于探索，那么，网络阵地建设则必定能迎来百花齐放、欣欣向荣的喜人景象。

第三节　网络问政新风中的政务微博运营

当今中国，网络问政已深入人心，蔚然成风。特别是随着微博的快速兴起，网络问政工作进入了一个全新阶段，出现了诸多新气象。由于政务微博具有鲜明的政治宣传功能和形象代言功能，因而大力建设好政务微博平台，对于助推网络问政深入发展、不断创新政治传播工作，具有多重积极意义。

一、网络问政在蔚然成风中深入发展

◎如果说2006年前后网络问政开始“试水探路”，2008年左右尚属“星星点灯”，那么2009年之后则是全面提速、“四面开花”，日渐形成了燎原之势。

互联网在官民之间搭建了一座沟通便捷的连心桥。这一“桥梁”，有助于公众向官方反映问题、表达诉求、建言献策，也有助于官方借以了解民情、汇聚民智、纾解民困。而网络问政，恰恰充分展示了这一“桥梁”的重要作用。一方面，网络问政畅通了公众的表达渠道，激活了公众的参政热情，为公众参与政治生活、行使民主权利提供了便利渠道。另一方面，网络问政为官方听取意见、优化决策、密切党群干群关系、促进社会和谐发展创设了一条新的路径。可以说，网络问政既是公众参政议政、维护自身利益的最好形式之一，也是官方在新的时代环境中创新社会管理、建设阳光政务、提高执政水平的必由之路。如今，网络问政已成为中国政治文明建设的助推器，它丰富了民主形式，拓展了民主空间，为推进现代民主政治注入了强大动力。

近年来，网络问政的理念深入人心，社会共识不断强化，各类实践蔚然成风，中国的网络问政已从尝试、摸索阶段，逐步走上了常态化、制度化的轨道，成为政府工作的重要内容。如果说2006年前后网络问政开始“试水探路”，2008年左右尚属“星星点灯”，那么2009年之后则是全面提速、“四面开花”，日渐形成了燎原之势。为了确保网络问政能够取得实效，各地的新闻网站和政府网站普遍开通了诸如“零距离”沟通平台、“地方领导留言板”、“我有话对××说”、“书记市长网上信箱”之类的栏目；许多政府部门专门成立了相关机构，建立健全了工作机制，安排专人负责网友留言的搜集、办理和回复等工作；有些地方和部门设立了“网络新闻发言人”，以便与“网”俱进，提高网上沟通水平。不仅如此，各地在完善激励约束机制、网上网下联动机制等方面，也是新招频频，如有些地方设立了网络问政“金点子奖”，经常开展有奖征询活动，对网友提出的有价值的建言给予嘉奖；有些地方完善督促检查制度，对回复网友投诉不及时、不认真的做法进行严厉问责；还有些地方组织“网友观察团”开展考察调研活动，以之激发网友的参政议政热情，促使网络问政工作更具贴近性。通过建章立制、规范运作，网络问政自浅至深，渐入佳境，一种理性问答、良性互动的氛围逐渐形成，网络问政平台的积极作用日益彰显。

一般而言，网络问政属于官民之间利益诉求范畴的问题，但是换个角度看，网络问政也是一种双向互动的政治传播行为。首先，网络问政注重平等协商、沟通对话，其根本目的在于融洽官民关系、夯实民意基础、缓和社会矛盾、推进执政事业，这显然与政治传播凝心聚力、统一思想的功效是高度一致的。其次，网络问政的参与主体大致由两方组成，一方是借网发问抑或建言献策的公众，一方是倾听民意抑或问计于民的党政部门，二者一传一受、有问有答，完全符合政治传播的基本形态，尤其是网络问政强调官民之间的双向互动，契合现代政治传播的核心精神，为开展政治传播工作提供了一块新领地。从这种角度看，大力建设好网络问政平台，对于推动网络问政深入发展、创新政治传播工作，意义重大而深远。

二、政务微博开创网络问政新局面

◎业界通常称2011年为中国的“政务微博元年”。之后，政务微博快速兴起，大放异彩，为党政部门改进执政方式、增强政治传播的影响力插上了无形的翅膀。

2006年3月，世界上第一家微博网站Twitter（即“推特”）在美国面世。2007年5月，我国首家微博网站“饭否”上线。2010年以后，随着新浪微博、腾讯微博、人民微博、新华微博等纷纷登场，微博迅速成为广大网友的新宠儿和信息传递最活跃的舆论场。作为一种新技术、新应用，微博的出现再次刷新了人们的交流方式和信息传播模式，给人们提供了一个门槛低、效率高、参与性强、高度社会化的信息共享平台。通过微博平台，人们可以随时随地、十分便捷地传受讯息、表达意见、开展交流，同时也容易引起广泛关注、放大舆论影响。从某种程度上说，微博能满足公众内心的表达欲和分享欲，且顺应了现代人快节奏、碎片化的信息消费方式。因此，微博甫一出现，便受到广大网友特别是年轻人的追捧。2012年9月互联网监测研究平台（DCCI）发布《2012中国微博蓝皮书》时，中国微博用户总量已达3.27亿。这种井喷式发展，使中国互联网事业的发展迅速进入了微博时代。

毫无疑问，微博的广泛应用为网络问政带来了新机遇。一方面，微博平台在及时传播信息、促进官民互动等方面具有得天独厚的优势。其大大降低了内容创建和信息发布的门槛，减少了社情民意和政务信息的传播成本，更合乎网络问政的发展需要和效率要求。另一方面，微博平台有利于吸引越来越多的网友关注时政，参与政治生活。有研究者指出，微博让中国公众更关注政治，71%的微博使用者认为微博提高了他们对政治的关注度。[①]由此看来，在信息传播科技的推动下，网络问政逐步向微博平台延伸，政务微博应时而兴并开创了网络问政的新局面，实属必然。

业界通常将2010年称为中国的“微博元年”，称2011年为中国的“政务微博元年”。2011年11月，@桃源政府网站和@微博云南通过新浪认证，这是国内最早出现的两个政务微博。之后，各地各部门竞相开设政务微博，发展极快。仅以经新浪网认证的政务微博来说，截至2011

① 段聪聪：《微博让中国民众更关注政治》，载2011年4月2日《环球时报》。

年10月底，政府机构及领导干部微博近2万个，政务微博覆盖了所有省级行政区；截至2012年10月底，新浪政务微博数量突破6万个，年增长率达231%，全国共有22个省级政府开通了新浪官方微博；截至2013年上半年，新浪认证的政务微博总数超过7.9万个；截至2013年12月底，新浪认证的政务微博总数超过10万个。[①]从这些不断跃升的数据中，我们可以强烈地感受到政务微博的快速兴起。实际上，目前全国政务微博的总量至少超过20万个。国家行政学院电子政务研究中心发布的《2012年中国政务微博客评估报告》显示，截至2012年12月，中国在新浪网、腾讯网、人民网、新华网等四家微博网站上经过认证的政务微博账号数量即已超过17万个。

有人认为，近年来中国政务微博的发展态势呈现出四大特点，即“全面覆盖，普遍增长，东西共荣，后发有力”。[②]从覆盖面看，政务微博已延伸到全国各省、区、市和政府机构的各个领域。从区域分布看，全国政务微博呈“雁阵式”发展，其中江苏、广东、北京等省市为“雁头”，浙江、上海、山东等省市为“东翼”，四川、新疆等省区为“西翼”。[③]从行业情况看，公安、宣传、法院、司法、旅游、共青团等系统的政务微博相对活跃。从层级分布看，中央部委积极开通政务微博平台，基层微博亦在齐头并进，县处级机构的政务微博数量在各层级中所占比重最高。从平台功能方面看，政务微博正在从最初的以信息发布为主、“单兵作战”为主，向多样化服务、集群化服务转变，应用范围呈现不断扩展之势。

总体而言，当前中国政务微博的数量越来越多，活跃度越来越高，影

① 相关数据引自人民网舆情监测室发布的《2011年新浪政务微博报告》、《2012年新浪政务微博报告》和人民网舆情监测室联合新浪网共同发布的《2013上半年新浪政务微博报告》、《2013年新浪政务微博报告》。

② 刘鹏飞等：《2012年网络舆情走势和社会舆论格局》，载《新闻记者》2013年第1期。

③ 参见2013年7月31日人民网舆情监测室和新浪网共同发布的《2013上半年新浪政务微博报告》。

响力越来越大。这种情势，有力地推动了网络问政的创新和发展，促使网络问政进入了一个全新的阶段。作为网络问政的新平台、官民沟通的新渠道，政务微博在传播官方声音、引导社会舆论、回应网友诉求、提供便民服务等方面大放异彩，为党政部门改进执政方式、增强政治传播的影响力插上了无形的翅膀。

三、近年来政务微博运营中存在的六大问题

◎一是定位不清、特色不明，二是服务能力差、实用信息少，三是互动性不强、活跃度不足，四是语言生硬、官腔官调，五是缺乏专业团队，六是营销意识淡薄。

近年来，中国政务微博的发展相当迅猛，在推进网络问政方面发挥了重要作用。但是，不少政务微博在运营管理中仍然存在这样那样的问题，吸引力不强、影响力偏低，致使平台作用不够凸显，问政效果难如人意，甚至还在一定程度上损害了官方形象，削弱了党政部门的公信力。概括起来，以下六大问题比较突出。

一是定位不清，特色不明。政务微博的运营主体、用户群体、基本功能、主要板块、语言风格等，与普通微博不同，但有些运营者在这方面缺少清晰认识，对政务微博的功能、角色、应用要求等含混不清。比如，有人把政务微博仅仅当作信息发布的工具、平台、窗口，视政务微博为自己的传声筒、扩音器，对微博平台的互动、服务功能重视不够；有些政务微博不以发布与机构职责相关的内容为主，却偏好推送幽默、笑话、时尚、养生、情感、音乐等方面的信息，主次不分，甚至出现某政务微博只关注日本女星苍井空的情形。定位不清必然导致特色不明。有些政务微博随意命名，名称与工作机构没有明显的相关性，公众查寻、搜索起来颇为不便，不利于推广和宣传；有些政务微博邯郸学步、盲目跟风，毫无个性可

言；有些政务微博纯粹是政府网站的缩减版，除了重复发布网上信息，没有任何新意。显然，这类定位不清、特色不明的政务微博很难提升自身的知名度和美誉度，很难在网络问政中发挥积极作用，取得良好的应用效果。

二是服务能力差，实用信息少。具体表现为：开设微博主要为了应景“作秀”、赶时髦，开通之后未能用心维护，很快沦为形式化、空心化的“空壳微博”、“僵尸微博”，形同虚设，无人问津；服务意识淡薄，患有明显的“痴呆症”，缺少原创内容和实用信息，不能及时更新信息内容；对网友反映的问题爱理不理、敷衍了事，常以“请你咨询××处”、“你反映的问题属于××部门负责，建议直接向其反映”等辞令进行回复，抑或胡乱应承，却提供不了实质性帮助，解决不了实际问题；关键时候“沉默无语”、回避问题，面对重大突发事件和网友的追问、质疑不能主动发声、解疑释惑，满足不了网友的资讯需求，不能在传播权威声音、遏制流言蜚语方面发挥作用。有人曾以“洗手”为喻，将政务微博分为敷衍型、腾空型、说教型、间歇型、推诿型等类型。[①]说到底，这类政务微博形式大于内容，象征意义大于实际意义。仅有一个匆匆搭起的“花架子”，却无网友期盼的实用内容和服务水平，其吸引力自然不够。

三是互动性不强，活跃度不足。注重双向互动本是微博问政的一个突出特点，也是影响网友参与积极性的重要因素，但有不少政务微博却忽视了官民沟通的平等性和双向性，只顾自说自话，一味单向地向外界发布信息、宣传政绩，而对网友的反应和意见却漠然置之、不太重视，对网友的咨询、求助等反应迟滞、久不理睬，或者不闻不问，不做回应。有些政

---

① 江西省九江市公安局纪委副书记段兴焱2013年10月15日在其微博上写道：“对部分政务微博印象：以洗手为喻。一、敷衍型：亲，今天天气很适合洗手的哦；二、腾空型：X长今天莅临幼儿园亲自指导幼儿洗手；三、说教型：专家警告，任何一个人每天洗手严禁超过500次；四、间歇型：今天有关洗手就聊到这儿，半年后见；五、推诿型：昨日有关洗手不得用XX牌肥皂微博，纯属临时工所为。”

务微博对于网友留言，只理会和保留好的内容，对于有些锋芒、批评自己的留言，动辄直接删帖，关闭评论功能，拒绝交流和沟通。事实表明，过分强调“以自我为中心”、缺乏与网友的有效互动，老让网友遭受“冷遇”，则必定积聚不了人气，问政工作亦难深入进行下去。当今许多政务微博活跃度不足、影响力不大，一个重要原因即在于此。有些政务微博虽然号称拥有近百万粉丝，但与外界鲜有互动，一直处在自弹自唱的世界里，其实际功效可想而知。有人认为微博世界党群关系有三种类型，即鱼水关系、油水关系和蛙水关系。[①]毋庸讳言，目前处于“鱼水关系”状态的太少，而处于“油水关系”和“蛙水关系”状态的太多。

四是语言生硬，官腔官调。不少政务微博在发布信息、回复网友问询时，不会运用鲜活生动的“网言网语”，只会将官网上的公文拆分转发，充斥枯燥刻板、令人生厌的官话、套话，缺少情感的温度和语言的美感。有些政务微博对网友反映的困难麻木、冷漠，缺乏人文关怀，给人“脸难看、话难搭、事难办”的疏远感。少数政务微博在与网友沟通交流中居高临下、盛气凌人，遇到网友抱怨、质询时极不耐烦，甚至情绪失控，与网友互相谩骂。近年来，政务微博中大爆粗口、大开骂战的事例“前赴后继”，时有所见。比如某地发生一起交通事故，有网友在微博上对交警的处理提出质疑，相关官方微博后来回应称：“真相都没搞清楚，就乱吠？”再如，有位网友因为不明白交通违章的处理依据，遂向该县交警的官方微博咨询，结果被对方回复“你个白痴”。此类粗俗“雷语”一旦曝光出来，便极易引起广大网友的口诛笔伐和狂轰滥炸。其结果不仅会伤害网友的感情、给自己带来麻烦，而且会损害官方形象。这显然与开设政务

① 新浪微博博主王蕾曾在“2012年度海宁市政务微博应用交流会”上称微博世界党群关系有三种类型，即：“1. 鱼水关系：认证过，发布积极、与民互动、沟通有效；2. 油水关系：不敢开微博，开了也不去维护，不与群众互动；3. 蛙水关系：开微但潜水，想了解民情舆论便跳入水中看看，受不了微博世界便跳上岸悠哉一下。”

微博的初衷是大相径庭、背道而驰的。

五是缺乏专业团队，内部管理不善。政务微博的运营是一项政治性、政策性、专业性要求较高的工作，非一般人员随便可以胜任，但是当前多数政务微博人手短缺，没有专业化、高素质的维护管理团队，有些依靠单位里懂点宣传、电脑的人员兼职而为，有些则干脆将运营维护任务委托给外面的企业团队，自己当上了“甩手掌柜”。在这种没有人才队伍支撑的情况下，相关工作机制自然难以健全，要实现规范化管理、高水平运营、提升政务微博的影响力等目标，无疑是一桩难事。时下，许多政务微博没有建立完善的内部管理机制，在信息把关、内容发布、流程管理、责任追究、安全防范等方面缺少制度性规范，存在不少纰漏和隐患。有的政务微博因此出现了信息更新不及时、内容发布太随意、公共服务不到位、突发事件应对能力明显不足等现象，有的甚至存在违反法律法规、传播虚假信息、泄露国家机密、给工作帮倒忙等情形。这一问题在政务微博运营中具有一定普遍性，值得特别注意。

六是营销意识淡薄，自我推广缺失。除了“内功”火候不够、对外吸引力有限外，自我营销意识不强也是许多政务微博影响力不大的重要原因之一。众所周知，政务微博的粉丝量、知名度与其影响力是成正比的，而粉丝量的多寡和知名度的高低在很大程度上取决于服务品质的优劣和对外形象的好坏。有些政务微博缺乏积极的营销理念和必要的营销手段，忽视了对自身的宣传和推广，也从未与其他微博进行过联动、协作，其受关注度和社会影响力难免有限。在当今琳琅满目、数量甚众的政务微博群落中，若无主动而有效的自我营销，则很难获得广大网友的青睐。

四、增强政务微博影响力的八条路径

◎一要明确自身定位，二要增强服务功能，三要盘活互动交流，四要强化亲民风格，五要规范运营管理，六要重视队伍建设，七要注重宣传推广，八要打造官微集群。

作为网络政治时代的产物，政务微博开启了一条全新的官民沟通之路，对于推动社会公共协商机制的形成、促进科学执政和民主执政，意义重大。政务微博具有鲜明的政治宣传功能和形象代言功能，其影响力之大小直接体现了政府部门在微博平台上舆论引导水平的高下，表征了广大网友对政务工作和政府形象的评价。笔者以为，要增强政务微博的影响力，促进政务微博健康持续发展，可以从以下八个方面下功夫。

一要明确自身定位。清晰的定位是政务微博良性运营的前提。与企业微博、媒体微博、名人微博以及普通个人微博一样，政务微博具有信息共享、传播快捷、注重互动等共同特征，但它在社会角色、主要功能、运营主体、服务对象、关注重点、基本风格等诸多方面，又与其他微博存在明显的差异性。从角色、功能角度看，政务微博是政府部门用以发布信息、了解民意、回应关切、促进交流的资讯服务平台。尽管政务微博通常也受理公众的投诉、举报，但它不同于、也替代不了纯粹的信访窗口、举报热线，很难做到有问必答、有求必应。政务微博的运营主体是政府部门，因而其关注重点自然是政务活动、民生话题，而非奇闻逸事、情感杂谈，其服务对象和“粉丝圈”主要是关心时政、热心公益、有表达诉求需要且具有一定网媒素养的群众。由于各行业各部门的职能、特点不同，故其微博平台的定位应当与之相符，而不宜生搬硬套、千部一腔。比如，山东省旅游局运营的@好客山东的内容定位即为“发布旅游资讯，向民众提供吃、住、行、游、购、娱等各方面的一手信息，不参与其他社会微博各类热点问题的讨论。”在基本风格方面，政务微博应当注重实用、可信、严谨、规范，不可花里胡哨、油腔滑调。只有厘清认识、明确定位，之后的具体运营才可能有的放矢、有序推进。

二要增强服务功能。对于已进入务实应用阶段的政务微博而言，搞好公共服务是第一要务，提升服务能力是根本要求。具体而言，主要包括：多提供贴近生活、便民利民的实用信息和高品质、吸引人的原创内容，帮助群众了解与自己息息相关的政务工作；切实抓好政策解读、资质申报、手续办理等方面的咨询服务，尽可能做到“民有所问、我有所应”，通过温馨提示、权威解答、快速查询等工作提高政务微博的公信力；及时回应网友的重大关切，特别是对于发生在属地内的地震、火险、洪灾、疫情、车祸、凶杀案件等突发事件，要善于与小道消息“赛跑”，力争第一时间发布权威信息，防谣辟谣，引导舆论；积极处理群众的举报、投诉，加强部门协调，尽力帮助解决实际问题；等等。在提供上述服务方面，一定要注重时效、讲究实效，千万不可摆架子、做样子。只有不断强化服务意识、增强服务功能，切实改变“僵尸”、“菜鸟”状态，多为群众办实事、办好事，政务微博才能走得稳、走得远。群众的眼睛是雪亮的，只要服务态度好、服务能力强、服务质量高，则必定会赢得网上用户的认可和赞誉，提升政务微博的吸引力和影响力。

三要盘活互动交流。政务微博的灵魂在于互动交流。盘活互动交流，不仅有利于了解民意、汇集民智、疏导民怨、化解矛盾，而且有利于吸纳人气、活跃气氛，为树立品牌形象打好基础。政务微博如果经常“装聋作哑”，“剃头挑子一头热”，则必然“神情呆痴”，了无生气。因此，要增强政务微博的影响力，必须高度重视互动交流，积极做好留言回复、解疑释惑等方面的工作，同时应当讲究互动交流技巧，提高沟通效果。在这种互动交流中，政府部门必须平易近人、坦诚谦和。网上的传者和受者是平等的，只有尊重对方、放低身段，弃除“上位”思维和倨傲心态，才能拉近彼此之间的距离。对于网友的发问和诉求，要实事求是、坦然相告，不要故意回避、推诿问题，能解决则解决、解决不了则应说明原因、提出建议，让网友感觉他们的声音得到了尊重。对于有价值的意见和观点，应当给予鼓励、支持，而对于偏激的质疑和尖锐的批评，应当抱持宽容心态，耐心交流，避免与之激辩争吵，除了违法信息和人身攻击言论外，不要随意删帖或关闭微博的评论功能。同时，对于网友的问询，要尽快答复、勤于沟通，不宜反应迟滞、拖拖拉拉。必要时，还应采取“网上交心、网下服务”等方式，促进良性互动。

四要强化亲民风格。政务微博为民而生、因民而兴，运营者要想使之广受欢迎，必须确立躬身服务、亲民爱民的基本理念，真正做到“接地气”，注重增强亲和力。首先，话语方式要“亲民”。在微博平台这种草根气息浓厚的话语环境中，“假、大、空”的官话大话套话显得格格不入。要让网友愿听、爱听，必须摒弃陈旧僵化、过于严肃的话语体系，改变官腔官调、居高临下的话语方式，学会多用生动活泼、通俗易懂的生活语言和网络用语来析事明理，多用平民化、口语化、拉家常的方式与网友进行沟通交流。@平安北京和@外交小灵通之所以受到热捧，即与它们在亲民化的表达方面下了很大功夫密切相关。这两个政务微博开通后注重以轻松幽默的网络词语发布信息，大大改变了网友对警务人员和外交部的刻板印象。其次，关注内容要“亲民”。政务微博设置的议题、关注的重点应当“想群众之所想”、“应群众之所需”，贴近群众生活，增强本土性和接近性。除了发布正儿八经的政务信息外，也应适量发布一些生活化、趣味化的内容。此外，信息的发布还应注意图文并茂，积极使用图片、动漫、微视频、微直播等形式，这样既容易吸引网友眼球，还容易被转发和热传。

五要规范运营管理。政务微博要在渠道丰富、平台众多的信息环境中满足广大网友日益增长的要求，必须建立规范的运营管理机制，促使各个环节能高效、有序地运转。从加强自身建设来说，主要包括：制定信息发布与更新制度，确保信息发布、更新工作日常化、持续化；健全内容把关制度，防止不实内容和保密信息公之于众；出台突发事件应对制度，明确工作流程和相关要求；完善网友意见建议的收集、研判、回复及批转、协调、督办制度，促使网友留言办复工作能有条不紊地进行；设立政务微博绩效考评制度，最大限度地调动维护人员的积极性和创造性；等等。近年来，南京、银川等许多地方就加强政务微博建设出台了专门的红头文件，有些部门还积极借鉴国外政府的运营管理经验，编制了政务微博使用指南、网络问政口径库等资料，这些做法对于规范政务微博的运营管理无疑大有裨益。从加强宏观管理的角度看，主要包括：要统筹考虑各个地域、各个行业、各个层级的战略布局，做好整体规划；要规范政务微博名称，便于用户搜索查询；要完善法律法规，为依法运营、依法管理提供基本保障；等等。

六要重视队伍建设。一流的政务微博必须有一流的维护团队。目前中国影响力排名靠前的几家政务微博，莫不拥有专业化的维护团队。若随便安排兼职人员“应付”一下，抑或将维护任务“分包”给外面的企业或个人，则难免会沦为沉默寡言、浑浑噩噩的“僵尸微博”，甚至出现造谣传谣、泄露机密等问题。既然开通政务微博，就应安排专门人员负责运营。对于这些人员，必须加强业务培训，提高其政治素养、政策水平以及对微博等新兴媒体的应用能力，使之熟悉相关法律法规和内部管理规定，明晓工作流程和有关要求，掌握敏感舆情应对技巧，尽力规避可能因业务素质不高而导致的各类风险。只有真正重视队伍建设，打造一支专业能力强、综合素质高的维护团队，政务微博才能越办越好。在队伍建设方面，除了培养网络编辑、技术骨干、外联人员等外，还应注意培养一批政府网络新闻发言人和“意见领袖”，以便增强政务发布和舆论引导的权威性、影响力，特别是在遭遇舆论危机时，要注意发挥他们作为权威代言人、舆论风向标的特殊作用。近年来，广东、云南、四川、贵州、陕西等地有关政府部门已做了积极尝试，这一路径值得继续探索。

七要注重宣传推广。作为官方的“微型广播”，政务微博覆盖的受众越多，则影响力越大。从这种意义上说，政务微博应当强化自我宣传、自我推广意识，善于通过各类有效的营销手段吸引“粉丝”，提升自身的知名度和美誉度。一般来说，此类手段主要有：适情通过报刊、电视、户外广告、电子屏幕、门户网站等平台刊出形象广告，让人记住自己的标识和宣传口号；适时利用新闻媒体宣传报道自己的运营经验、网友的积极评价等，继而通过转载、议论等方式做好“正面放大”工作；积极与其他政务微博、媒体微博、名人微博等交换关注，开展“互粉”，尤其要加强同相关领域的微博“意见领袖”的联络、交流与沟通，必要时可主动请其帮助转发和推介，借助其对“粉丝”圈的吸引力、感召力来提高自我“营销力”；巧妙设置一些各方关注的公共议题，邀请领导干部、专家学者以及“草根”名人等参与讨论；组织策划一些主题鲜明的“随手拍”、“微直播”、微视频等有奖征集活动、爱心公益活动，吸引网友踊跃参加；利用节假日效应，精心打好情感发布牌，善于以温馨的问候、诚挚的祝福、精美的图片来吸引网友的关注和追捧；等等。实践表明，重视宣传推广对增强政务微博的影响力至关重要。

八要打造官微集群。如果说单个的政务微博有如单兵作战、势单力薄，那么，打造官微集群则类似组建一个集团军，其能整合各方资源，避免“散、滥”现象，在放大官方声音、辟谣纠错等方面易于形成合力，获取集团作战的协同效应。2010年5月，广东省公安厅组织广东21个地级市公安局开通“广东公安微博群”，成为全国第一个公安微博群。之后，河北公安微博群、济南公安微博群等相继面世。2011年11月，北京市开通全国首个省级政务微博发布群——“北京微博发布厅”，市政府新闻办、发改委、环保局、卫生局等20个委办局入驻。随后，安徽微博发布厅、山西微博发布厅、深圳微博发布厅纷纷亮相。从实践情况看，官微集群对于加强部门协作、方便广大用户等方面颇受好评。特别是在设置议题、引导舆论中，官微集群能让部门“独唱”变为集体“合唱”，成倍放大宣传效应，也能对各类谣言进行群防群治，大大降低了辟谣成本。比如，2010年春节前后，全国近千家公安微博同步直播“春运安保”和“严查酒驾”话题，效果甚佳，成为各地协作联动的一个典范。近年来，各地各部门的政务微博普遍加强了纵横联系，逐步形成官微矩阵，以之提升政务微博的影响力。这是微博问政不断发展的一个新趋势。

第8章　深化网络治理：世界各国面临的共同议题

建设和治理犹如车之两轮、鸟之双翼，二者只有协调一致、齐头并进，网络事业才能健康发展，网络空间方可清朗起来。事实表明，网络治理只要稍有懈怠，诸般乱象便会乘势而起。进入21世纪以来，随着网络安全形势日益严峻，网络治理问题已成为国际社会高度关注的热点问题。对世界各国而言，加强网络治理具有重大的现实意义。

自1994年接入国际互联网以来，中国政府一直积极探索网络治理之策，成效明显，但当前形势仍然不容乐观。2014年2月，中国成立了中共中央总书记任组长、国务院总理等人任副组长的中央网络安全和信息化领导小组，并宣示“没有网络安全就没有国家安全，没有信息化就没有现代化”，这无疑对深化网络治理提出了更高要求。

放眼全球，网络安全上升为国家战略堪称大势所趋。在网上违法犯罪活动不断增多的环境中，各国政府越来越清晰地认识到，网络不是化外之地，网民亦非化外之民。唯有趋利避害、深化治理，网络发展才能避免误入歧途。近年来，美国、英国、德国、日本、俄罗斯等50多个国家先后将加强网络管治、保障网络空间安全提升到国家战略高度，采取各种举措推进此项工作，积累了诸多经验。

本章探讨的主要内容有二：一是近二十年来中国网络治理的基本历程、当前的形势与挑战，以及深化网络治理的若干建议；二是全球网络治理的基本趋向和美国、英国等国家的网络治理情势。

第一节　中国网络治理的探索与挑战

作为一柄双刃剑，互联网既极大地促进了经济社会发展，又对治国理政和主流意识形态建设带来了严峻挑战。要切实使之为我所用、造福民众，必须建管并重，加强治理。与许多国家一样，中国政府一直高度重视网络治理工作，并通过一系列积极有效的探索，取得了令人瞩目的阶段性成果。随着中央高层正式提出"网络强国"战略，网络治理担负的责任越来越重，面临的压力越来越大，亟待破解的难题也越来越多。

一、近二十年中国网络治理的积极探索

◎自20世纪90年代中期至今，中国的网络治理已经走过四个阶段，呈现出认识不断深化、思路逐渐清晰、力度由弱到强、管理日趋规范、成效日见明显等良好态势，在制定政策法规、理顺管理体制、增强监管力量等方面成效显著。

20个世纪90年代中期至今，中国互联网事业的发展一直相当迅猛。与之同时，网络治理工作也呈现出认识不断深化、思路逐渐清晰、力度由弱到强、管理日趋规范、成效日见明显等良好态势。从政府监管和立法规制的角度看，近20年来中国的网络治理历程大致可以分为四个阶段：

从1994年到2000年左右，是第一阶段。该阶段主要从互联网技术、监

管机构等方面初步构建了中国网络管理的基本框架。1994年2月，国务院第147号令发布《中华人民共和国计算机信息系统安全保护条例》，这是中国最早的网络管理文本。1996年2月，国务院第195号令发布《中华人民共和国计算机信息网络国际联网管理暂行规定》。1997年3月，国务院新闻办和新闻出版署联合发布《利用国际互联网络开展对外新闻宣传暂行规定》，这是第一个以文件形式出现的管理网络的规定，其中明确由国务院新闻办负责统筹协调新闻宣传进入国际互联网络的有关问题。同年6月，国务院颁布了《中国互联网域名注册实施细则》。除此之外，公安部、国家保密局等部门也就网站备案、保密管理等发布了一些“通知”、“暂行规定”和“暂行办法”。

第二阶段大致从2000年至2005年。期间制定了不少法律法规，对规范网络媒体运营进行了积极探索。有人称2000年为中国的“网络立法年”，9月25日，朱镕基总理签发了《互联网信息服务管理办法》并正式实施，这是中国第一部对网络媒体进行规范管理的行政法规，它为加强网络媒体内容管理提供了根本依据，标志着网络媒体由无序运作状态走向有序发展阶段。12月18日，第九届全国人大常委会通过了《全国人民代表大会常务委员会关于维护互联网安全的决定》，这是当时中国互联网管理体系中具有最高效力的法律文件。同年，《互联网站从事登载新闻业务管理暂行规定》和《互联网电子公告服务管理规定》等相继出台。之后的三四年，又出台了多部“规定”和“办法”，如2003年的《互联网文化管理暂行规定》、2004年的《互联网出版管理暂行规定》、2005年的《互联网著作权行政保护办法》等。

第三阶段大致从2005年至2010年。为了适应互联网迅猛发展的形势，相关法制建设得到了进一步细化和完善，中国网络管理逐渐步入更加成熟的阶段。2005年9月，国务院新闻办和信息产业部联合颁布了《互联网新闻信息服务管理规定》，这是中国规范互联网新闻信息服务的一个重要规章，其中对从事互联网新闻信息服务的单位进行了分类，规定网上新闻发布实行行政审批制，并就信息服务中不得含有的内容做了明确界定，画出了11条“红线”[①]。2007年6月，中共中央办公厅、国务院办公厅就加强网络文化建设和管理提出了重要意见。2008年1月实施的《互联网视听节目服务管理规定》，对从事互联网视听节目服务的条件做出了严格限制，进一步为规范互联网视听节目服务秩序确立了依据。2009年7月，工信部、国务院新闻办、公安部等部门联合下文，就如何建立境内违法网站黑名单管理制度做出了具体规定。

第四阶段从2010年开始至今。2010年8月，中共中央办公厅、国务院办公厅联合下文，将加强和改进互联网管理工作提到前所未有的战略高度来认识、谋划，对理顺管理体制、健全管理机构、充实管理力量等提出了明确要求。次年5月，国家互联网信息办公室正式挂牌成立，这是中国网络管理进程中一件具有里程碑意义的大事，它翻开了网络管理新的一页。之后，各地深入贯彻中央精神，陆续设立了相应的管理机构，在加强网络管理中取得了诸多实质性进展。2012年12月，全国人大常委会通过了《关于加强网络信息保护的决定》，首次以法律的形式，明确了互联网用户和网络服务提供者的权利与义务，并对相关主管部门的权限做出了规定。2013年9月，最高人民法院、最高人民检察院出台《关于办理利用信息网络实施诽谤等刑事案件适用法律若干问题的解释》，为打击利用信息网络实施犯罪提供了法律依据和定罪量刑标准。特别值得一提的是，2014年2

① 11条“红线”是指互联网新闻信息服务单位登载、发送的新闻信息或者提供的时政类电子公告服务，不得含有下列内容：违反宪法确定的基本原则的；危害国家安全，泄露国家机密，颠覆国家政权，破坏国家统一的；损害国家荣誉和利益的；煽动民族仇恨、民族歧视、破坏民族团结的；破坏国家宗教政策，宣扬邪教和封建迷信的；散布谣言，扰乱社会秩序，破坏社会稳定的；散布淫秽、色情、赌博、暴力、恐怖或者教唆犯罪的；侮辱或者诽谤他人，侵害他人合法权益的；煽动非法集会、结社、游行、示威、聚众扰乱社会秩序的；以非法民间组织名义活动的；含有法律、行政法规禁止的其他内容的。

月，中央网络安全和信息化领导小组宣告成立，中共中央总书记、国家主席、中央军委主席习近平亲自担任组长，国务院总理李克强等任副组长，成员中有多位党和国家领导人及正部级领导干部。这一规格极高、力度极大的议事机构的成立，充分体现了中央高层保障网络安全、维护国家利益、推动信息化发展的意志和决心，预示着网络治理工作迎来了一个全新时代。

综观近20年来中国网络治理历程，人们可以清楚地看到，中央高层对加强网络管理一直高度重视，切实把互联网建设好、利用好、管理好是党和政府一以贯之的明确要求。早在2001年7月，时任中共中央总书记的江泽民就曾指出，对信息网络化问题，中国的基本方针是积极发展、加强管理、趋利避害、为我所用，努力推动信息网络事业快速健康发展。此后历年中共全会公报无一不对加强网络管理提出要求。比如，2013年11月《中共中央关于全面深化改革若干重大问题的决定》明确指出，要坚持积极利用、科学发展、依法管理、确保安全的方针，加大依法管理网络力度，加快完善互联网管理领导体制，确保国家网络和信息安全。2014年2月27日，习近平总书记在主持召开中央网络安全和信息化领导小组工作会议时提出“要把我国建设成网络强国”，指出“没有网络安全就没有国家安全”、“没有信息化就没有现代化”，要求依法治理网络空间，不断增强网络安全保障能力。中央高层的高度重视以及一系列重要指示，无疑为加强网络治理工作注入了动力，指明了方向。

从实际效果看，近20年来中国网络治理步伐稳健，成效显著。主要表现在：**一是**出台了一系列法律法规和管理制度，为依法治网奠定了良好基础；**二是**形成了法律规范、行政监管、行业自律、技术保障相结合的管理体制和归口负责、属地管理、部门协作、日趋有序的运作机制，治理工作日益规范；**三是**加强了组织领导机构，从1996年成立国务院信息化工作领导小组到2006年成立全国互联网站管理工作协调小组再到2014年成立中央网络安全和信息化领导小组，从2000年国务院新闻办设立网络新闻宣传管理局到2011年国家互联网信息办公室挂牌再到2014年其被确定为正部级机构，网管规格不断提升，监管力量明显增强；**四是**丰富了治理手段，网上舆论可管可控，主流舆论已占据强势地位，重点新闻网站在弘扬主旋律、传播正能量等方面正发挥着越来越重要的主导性作用；**五是**强化了社会共识，提升了公众的网媒素养。通过大力倡导“文明办网、文明上网”，深入开展“净网”行动、持续清理网上淫秽色情信息、坚决惩处网络大谣和网络水军以及严厉打击网上赌博、传销、贩毒等一系列专项治理活动，网络空间日渐清朗，传播秩序逐步规范，社会各界对加强网络治理已达成高度共识，遵守“七条底线”成为涵养网络文明的共同心声。总体而言，当前中国网络治理工作正在朝着法制化、科学化、规范化的方向迈进，治理能力和治理水平日见提升。

二、当前网络治理面临的形势与挑战

◎当前中国网络治理面临的形势不容乐观，规范网络传播秩序、引导网友理性表达、遏制网络违法犯罪活动等方面的任务十分艰巨，同时在立法规制、监管协调、技术创新、队伍建设等方面存在诸多挑战。

尽管近二十年来中国的网络治理成效明显，但当前形势仍然不容乐观，面临的挑战甚多。**首先，从规范网络传播秩序、净化网络文化环境的角度看，治理任务相当繁重**。时下，信息传播混乱无序的问题比较普遍，大量有害信息、低俗信息和垃圾信息充斥网上，加剧了网络文化环境的恶化。不少黄色网站大肆传播淫秽色情内容，严重污染了网络空间，对广大公众特别是青少年危害极大；有些网站把关不严，不时出现骇人听闻、蛊惑人心的网络谣言，对社会秩序和公众心理干扰颇巨；还有一些网站政治意识淡薄，是非观念含混，在网上舆论斗争中沦为境内外敌对势力借以攻击中国现行制度、开展思想文化渗透、实施西化分化图谋的渠道和平台。凡此种种，必须下大气力予以治理。

其次，从引导网友理性表达、促使网络政治健康发展的角度看，治理工作压力甚巨。由于种种原因，当今网上舆论众声喧哗，非理性的噪音杂音俯拾皆是，反政府的情绪潜滋暗长。有人经常恶炒突发事件，渲染社会矛盾，捏造政治谣言，抹黑党和政府的形象；有些“网络暴民”肆意信口雌黄，通过“爆料”、“揭秘”，发动“人肉搜索”，煽动“网络暴力”事件；有些网络推手采取非法公关手段，兴风作浪、操纵舆论，制造虚假民意；有些所谓的“维权斗士” 打着公平正义旗帜，借助自媒体大搞“舆论审判”，裹挟政府决策；还有一些人把互联网作为党同伐异的工具，诋毁攻击竞争对手，侵害他人的名誉权、隐私权；等等。这些乱象，严重扰乱了正常的话语秩序，对推进网络政治健康发展极为不利。而要彻底改变这些乱象，殊为不易。

其三，随着网络应用日益普及尤其是电子商务快速崛起，网上的违法犯罪活动日见猖獗，网络安全形势日趋严峻。近年来，网络黑客的非法攻击行为相当活跃，他们通过蠕虫、木马等病毒入侵目标计算机系统，或盗取涉密信息，从中谋利，或破坏原有程序，致其瘫痪崩溃，这使个人隐私和党政部门、企事业单位的工作机密遭到巨大威胁。有人指出，目前网络攻击已从原始的技术炫耀逐渐转向利益驱动，黑客组织形成了一个庞大的黑色产业链，中国已成为全球僵尸电脑最多的国家和网络安全的重灾区。[①]同时，许多“钓鱼”网站不断冒现，网络欺诈事件频繁发生，并呈现出案发数量与涉案金额大幅增长的趋势。仅2011年上半年，中国即有

① 参见宫承波等著：《新媒体失范与规制论》第50页，中国广播电视出版社，2010年版。

1亿网民被“钓鱼”。[①]2013年，针对银行等境内网站的钓鱼页面达30199个，境内感染木马僵尸网络的主机为1135万个，被篡改网站数量24034个，被植入后门网站76160个。[②]此外，网络色情、网络赌博、网络侵权等违法犯罪活动不断翻新花样，这无疑大大增加了网络治理的难度。

事实上，除了上述现实形势不容乐观，中国的网络治理工作在立法规制、监管协调、技术创新、队伍建设等方面，也存在诸多难如人意之处。

首先，立法规制尚待完善。这方面存在的问题不少。一是政策法规比较散乱。有资料显示，截至2008年，中国即出台了60余部与互联网管理有关的法律法规，成为世界上该领域法律法规最多的国家[③]，但至今尚无一部专门针对互联网管理的总体立法，多数法律法规均为信息产业部、国务院新闻办、公安部、文化部等部门制定的行政规章，立法层级较低，系统性不强，社会知晓度和约束力有限。二是立法规制相对滞后。其与互联网的快速发展密切相关。许多老问题尚未解决好，新问题却又冒了出来，如对手机、微博、微信等新媒体新应用的规制，总是被牵着鼻子走，相关规制难以及时跟进。三是违法难究，惩处乏力。由于网络传播可以匿名，隐蔽性强，加之调查取证工作经常需要多个部门配合甚至跨区域协作，因而对违法行为的查处殊为不易，很难做到违法必究。即便将肇事者绳之以法，而在刑拘、罚金等惩处方面普遍过轻，难以真正起到震慑作用。四是规制尺度不易把握。比如，何谓“时政信息”、何谓“低俗信息”、何谓“垃圾信息”等，并无明确界定，操作起来莫衷一是。此外，由于对新闻网站和非新闻网站的监管尺度不一，“劣币驱逐良币”的现象时有所见。

其次，统筹协调难度较大。中国参与互联网管理事务的部门颇多，网

① 吴月辉：《1亿网民被“钓鱼”》，载2011年9月22日《人民日报》。

② 资料来源于国家互联网应急中心（CNCERT）2014年3月28日发布的《2013我国互联网网络安全态势综述》。

③ 杜骏飞：《网络社会管理的困境与突破——“艳照门”解析》，载《传媒》2008年第4期。

络管理中“九龙治水”的问题相当突出。在国家层面，时下除了国信办、工信部和公安部之外，文化部、工商总局、新闻出版广电总局等部门亦承担了相关监管职责。这种多头管理模式，客观上使统筹协调工作面临不少难题。尽管各部门之间权责不一，且建立了日常协作机制，但容易出现职能交叉、各自为战的情况，难以真正形成步调一致、齐抓共管的工作合力，甚至容易出现重叠管理地带、灰色管理地带和无人管理的真空地带。比如，对于网络淫秽信息的专项整治，有时是全国“扫黄打非”办主导，有时是公安部牵头，有时则是国信办领衔。此类情形，协作当中容易出现“混战”。再如，网信部门负责网上内容管理，然其对网络运营商却没有直接调度权力，只能依靠其他部门配合，如此，管理效率不高便在所难免。从地方网站监管角度看，由于属地权限所致，管住了辖内网站却管不住外地网站。特别是市县以下的基层网管部门，对网站的管控能力极为有限，一旦遇到需要处置的敏感舆情，则只能四处“求人”。也正因如此，有些网民经常跑到外地网站甚至境外网站上发布帖文、制造舆论，有些网站故意在外地注册甚至将服务器放在境外托管。这无疑大大增加了监管协调的难度。

再次，管理创新要求越来越高。随着网络传播的渠道和方式日益多样化、个性化、私密化、隐蔽化，网上违法犯罪活动呈现出鲜明的高科技化趋势，有些境外敌对势力专门研制对付我信息关防的破网工具，不择手段地进行渗透和攻击，这必然对创新管理手段提出了新要求。由于当前中国网管部门的管理手段尚难及时跟上传播科技快速发展的形势，技术手段、监控能力等均相当有限，因此要想对网上违法犯罪行为及有害信息进行实时监测、快速处置，难度可想而知。时下，信息发布的门槛越来越低，每个公民均可成为网上“记者”、“出版社”或“电视台”。在这种传播环境中，以“爆料”、“揭丑”和代人维权为职业的所谓“独立调查记者”、“民间维权网站”等竞相涌现，网管工作面临诸多新课题，如各类自媒体的“监督”是否具有合法性、怎样防范其可能引发的消极影响、怎样对网媒记者证进行科学管理等，莫不亟须规范。从管理方式看，各地网管部门普遍存在战略性引导偏弱、宏观管理微观化的现象，整天忙于“灭火救急”，而对总结治理经验、制定战略规划等却无暇顾及，工作的前瞻性和主动性不够。有些领导尽管意识到加强网络治理的必要性，但因认识不透、业务不专，只能以老办法对付新问题。从长远意义上说，提升管理创新能力无疑是网管部门面临的一个重大考验。

最后，基层监管力量相当薄弱。近年来，网络应用迅速向社会基层普及，基层事务被推至风口浪尖的频率不断提升。然而，尽管各地各部门日益强化了网络监管意识，并在一定程度上增加了各类投入，但总体上基层监管力量仍然相当薄弱。以信息内容管理系统为例，中央层面现已正式成立了正部级机构（即国家互联网信息办公室），而各省、区、市的机构设置、规格级别、人力配备等却参差不齐。2011年2月，中央主管部门根据中办、国办有关精神就完善地方互联网管理体制提出了明确意见，要求加强地方管理力量，设立与中央层面相对应的局级机构，充实队伍人手，增强协调能力，可是至今仍然有不少省区难以落实到位，特别是在市、县以下，相关机构缺失的情况比较普遍。此外，地方管理队伍素质欠高、技术手段落后、财物保障不力等问题也相当突出，熟悉国内国际发展形势和网络传播规律、善于进行战略管理和实务操作的复合型人才不多，许多基层管理机构没有监管技术平台，无法及时发现、有效处置网上出现的问题，网络安全防范能力弱，不少地方在财力、物力的投入和保障方面明显不够。这些问题如果不能尽快改观，网络治理工作则必然会受到不利影响。

当然，在网络治理实务中，还有不少其他问题值得注意。比如，互联网基础管理中的部门衔接与企业履责问题、行业利益的平衡与自律问题、网络发布平台的责任与把关问题、网络传播资质的审核与规范问题、传者与受者的网媒素养问题等，都是日后网络治理不可回避的难点。这里不一一详述。

三、深化网络治理的七点建议

◎一要尽快完善体制机制，二要大力推进法制建设，三要切实加强传播平台管理，四要高度重视人才队伍建设，五要不断改进治理方式，六要抓紧制定网络安全战略，七要积极开展国际合作。

网络治理是一个内容复杂、涉猎广泛、极具挑战性的重大课题。要确保中国互联网事业持续健康发展，切实为广大公众构建一个开放、活跃而又颇有法度的公共舆论空间，助推社会和谐稳定与国家长治久安，必须深化网络治理，知难而进、迎难而上，努力在不断探索中谋求新发展、新突破。从当前情势看，笔者以为应当着重在以下七个方面下功夫。

一要尽快完善体制机制，整合各方力量，形成上下联动、内外协同、配合有力、运转高效的大联管格局。各网管部门应当在分工负责、各司其职的基础上建立权责更加明晰、联系更加密切、协作更加高效的统筹协作机制。要通过整合力量、适当“集权”，强化核心主管部门的权威性和主导力，探索从机构设置、联席会议等方面解决有关部门思想难统一、认识难统一、行动难统一、资源配置难统一等问题，尽量避免“九龙治水”、各自为战。今后，中央各网管部门必须统一在中央网络安全和信息化领导小组的旗帜下，国家互联网信息办公室作为该领导小组的常设办事机构，应当全面提高对其他网管部门的统筹协调力，加强对互联网行业管理、打击网上违法犯罪活动等工作的指导和协调。从上下协同方面看，应当在分级管理、属地管理的基础上延伸管理触角，逐步形成“中央—省—市—县”四级管理层级，这是基层网络应用广泛普及后必须随之调适的需要。只有设立市、县一级的网管机构，基层网络治理工作才能更见成效。在横向协作方面，要大力健全省际之间的日常协作机制，特别是在处置敏感舆情和查处网站异地备案、服务器异地托管等方面，各协作方必须畅通交流渠道，提高响应速度和协作效率，切实破解“东边日出西边雨”这一管理难题。网络资源占优的省市应当在全国“一盘棋”的格局下承担更大责任，提供更多服务，中央主管部门在此方面应当积极发挥指导、督促作用。

二要大力推进法制建设，增强法律法规的针对性、适用性和前瞻性，努力为深化网络治理奠定坚实的法制基础。坚持依法治网是深入开展网络治理的一项基本原则。只有及时从法制层面划定“红线”、“底线”，制定好“游戏规则”，网络治理工作才能有规有矩、日趋规范。当前，应当对现有相关法律法规和部门规章进行全面梳理，切实做好“立、改、废”工作。对于因情况变化而不合时宜的内容，如《互联网新闻信息服务管理规定》中涉及的前置审批主体、执法主体等，应当抓紧修订或予以废止。对于网络管理中的薄弱环节和新形势下出现的新情况、新问题，如微博、微信、微电影该如何监管以及各类网站跨区域设站运营应当如何规范等，必须积极查缺补漏，尽快出台法律法规，以免治理无据。要抓住网络传播链条上的各个环节，逐一完善对渠道提供者（电信运营企业、接入服务企业）、网站管理者（注册备案机构、网站管理人员）、信息发布者（信息提供单位或个人）等的权责认定，明确其法律责任，督促其依法依规运营。相关法律法规的制定，既要充分考虑现实针对性和可操作性，又要着眼未来发展，增强前瞻性和预见性。法律法规出台后，要配套做好司法解释工作，加大公开宣传力度，使之广为人知，深入人心。在执法过程中，要强化“治乱须用重典”的理念，对于网上违法犯罪活动，应当执法从严、违法必究，增强法律法规的权威性和威慑力。

三要切实加强平台管理，严格资质把关，健全“一条龙”式的惩处体系，增强对违法违规行为的管控力和约束力。现行法律法规对网站提供时政新闻、视听节目、药品信息等服务，以及搭建论坛、微博、搜索引擎等平台，均要求前置审批，实行资质管理，但目前仍有不少网站未经许可擅自运营，有些接入服务企业亦未认真执行相关规定，致使传播失范、乱象迭现。今后治理应当注重把好源头关，狠抓接入服务管理，加强对网站发布平台的资质审查、安全审查，严格落实审批许可制度和登记备案规定，严禁为未经许可或备案的网站提供接入服务，坚决整治各类违法违规行为。对于具有新闻舆论和社会动员功能的业务平台，必须从严进行安全评估，督促责任方健全安全把关制度，确保“配好刹车再上路”。对于商业网站和部分网站跨区域开设的频道或办事处等机构，属地网管部门同样要加强登记备案管理，核实行为主体的身份信息，确保关键时候能进行有效沟通，以便令行禁止。同时，各网管部门应当落实“谁接入谁负责”、“谁主管谁负责”、“谁审批谁负责”等原则，认真履职，谨防“只管生孩子、不管养孩子”。从规范网民行为的角度看，推行电子身份证和实名制现已日渐成熟，此举尽管面临诸多压力，但势在必行，必须坚定、果决。此外，还应尽快完善网站工作考评体系，健全针对违法违规发布平台的谈话制度、黄牌警告制度、罚金制度、停网整顿制度、黑名单制度，建立IP地址境外申请批准制度，防止违法违规行为天马行空、无所顾忌。

四要高度重视队伍建设，充实网管力量，培育一支有规模、高素质、善创新、懂治理的工作队伍。事在人为，业靠人兴。在网络治理中，“人”是决定性的因素。随着网络治理任务越来越重，队伍建设问题日显重要。当务之急是要抓住中央高层极为重视网管工作、各地纷纷健全网管机构的大好机遇，扩充编制、增加人手，组建一支有相当规模，兼具网宣、网管、网评、网警、网研和技术人员的混编型队伍，切实改变人手少、力量弱的现状。近年来，许多地方公安部门尝试按照每万名网民配备一名网警的比例充实力量，值得借鉴。就互联网内容管理部门而言，笔者以为目前县一级至少应当配备5名专职人员，市一级至少应当配备15名专职人员，省一级至少应当配备40名工作人员，如此方能与繁重任务相适应。除了扩编增员，还应通过业务培训、组织研修、开展交流等多种方式，全面提升网管队伍的综合素养和履职能力，大力弘扬“忠诚、担当、创新、廉洁、团结、奉献”的网信精神，增强工作队伍的政治意识、阵地意识、责任意识，提高网络治理的专业化水平。要完善人才队伍的选拔、激励机制，培养一批视野开阔、政治坚定、熟悉政策、擅长传播、通晓技术且富有创新精神的复合型管理人才，为加强和改进网络治理工作提供强大的智力支撑。要重视建设一支专兼结合、训练有素的网评员队伍，使之在舆论引导中成为激清扬浊、辟谣纠错的突击队。在此方面，尤其要注意团结一批有影响的网络大V和“意见领袖”，争取其支持，发挥其正面导向作用。

五要不断改进治理方式，坚持“六个结合”，实现“五个转变”，增强治理工作的主动性、灵活性和实效性，大力提升治理水平。网络治理面临的形势相当复杂、变数甚多，其要求相关工作必须与时俱进、推陈出新。这里所说的“六个结合”，概指刚性管理与柔性服务相结合、日常监管和专项行动相结合、政府监管与行业自律相结合、人工监管与技术监管相结合、网上监控与网下整治相结合、参照国际惯例与适合中国国情相结合。这里所说的“五个转变”，概指从被动管理向主动管理转变，从应急管理向长效管理转变，从随意管理向依法管理转变，从单一管理向综合管理转变，从“道高一尺、魔高一丈”向“魔高一尺、道高一丈”转变。治理工作要取得长久成效，必须树立管理与服务并重的理念，善于主动出击，化被动为主动，避免“总是跟着问题转”；必须狠抓基础管理，刚柔相济，针对顽症要敢于出重拳、用猛药，且须坚持不懈，以图久久为功；必须调动各方面的积极性，形成合力，既要明确政府的监管职能，又要强化网站的自律意识、行业的督导责任；必须依法依规、妥把尺度，同时要适情运用行政、经济、教育、技术等多种手段，增强管控工作的灵活性和实效性；必须强化网上网下辩证统一的理念，注重从现实源头解决问题对于恶意滋事行为，要落地查人、依法惩治；必须契合国情，联系实际，同时要积极借鉴国外的成功经验和有益做法，以人之长补己之短。唯有秉持此般基本理念，切实改进方式方法，网络治理水平才能不断提升，进而实现规范有序、可管可控的治理目标。

六要抓紧制定国家网络安全战略，完善顶层制度设计，构建系统化的网络安全体系，增强对网络治理工作的宏观指导。网络治理的核心目标在于维护网络安全，促进互联网事业持续健康发展。而要真正实现建设网络强国的战略目标，必须坚持发展与安全并重，以安全保发展、以发展促安全，特别是在当前网络安全面临严峻挑战的形势下，必须把制定国家网络安全战略作为完善顶层制度设计的一项重要举措来抓。这是一件意义重大的工作，其不仅事关信息安全和传播规范，而且事关公共安全和国家安全。从全球范围看，美国、英国、德国、日本等数十个国家均制定了网络安全战略，大力构建网络安全保障体系，把维护网络安全作为提升国家治理能力、防范外敌入侵的一个战略抉择。中国应当参照其他国家的通行做法，放眼未来，立足实际，尽快出台具有中国特色、宏观指导性强、有助于提升网络防御和对抗能力的网络安全战略，努力构建一个系统化的网络安全体系。该体系应当涵盖工业、农业、国防等各个领域，涉及法律法规、部门职能、技术标准等各个方面，中央网络安全和信息化领导小组要加强战略统筹，网信、工信、公安、国安、宣传、外交、发改、科技、财政、法院等部门以及有关科研单位应当集思广益、齐心协力，分别从各自视角提出富有针对性、前瞻性的意见。当然，此项工作绝非一日之功，当前应当抓住核心问题、重点领域、关键环节，且须在深入调研、科学论证的基础上稳步推进。

七要积极开展国际合作，主动参与国际互联网治理的决策，建立双边、多边交流协商机制，树立中国互联网治理的良好形象。网络传播是跨疆域、超国界的，因而网络治理既是国内范畴的问题，也是一个国际化问题，需要有统筹国内国际两个大局的视阈和头脑。作为网民人数最多、市场规模最大的国家，中国在互联网领域面临的安全风险和潜在威胁远甚于一般国家，因此，中国在国际互联网治理中应当拥有更大的话语权和影响力，以便在构建国际互联网新秩序方面发挥更加重要的作用。近年来，中央主管部门以开放、自信、稳健的姿态，积极开展国际交流与合作，加强与国外同行对话，主动阐明中国在互联网领域的主张和立场，提出了网络主权原则、平衡协调原则、必要治理原则、和平利用原则、公平发展原则和国际合作原则等一系列主张，致力于推动建立和平共处、共同发展的网络空间治理体系，并在建立中美、中英、中韩以及中国-东盟等交流合作机制方面进行了积极探索，成效明显。今后，应当及时了解国际动态，知己知彼，利用各种机会主动发声，大力维护网络主权，加强与ICANN等国际机构的协商合作，积极参与标准制定，努力争取更多的国际互联网基础资源管理权限，保障中国在网络空间的权益，同时要着眼于互利共赢，继续扩大双边、多边交流的范围，开展多形式、多层次、常态化的对话和合作，建立相互信赖、相互支持的跨国协商机制，共同打击网上跨国犯罪活动，为优化国际互联网治理格局、共同应对网络安全挑战做出新的贡献，充分展现中国互联网治理的良好形象。这也是建设网络强国的应有之义。

第二节　国外互联网治理的实践与经验

网络安全问题是事关国家安全、政权安全和未来发展的重大战略问题。加强网络治理是当今世界各国共同面临的一道重要命题。近年来，世界各国都在积极探索适合自己的互联网治理模式，并积累了不少颇具参考价值、富有借鉴意义的宝贵经验。概而言之，各国政府在网络治理方面既有趋同之举，又有各自特点。

一、全球网络治理的七大基本趋向

◎建管并重成为全球共识；网络安全逐渐上升为国家战略；依法治网乃大势所趋；保护青少年免受侵害高度一致；社会公众教育颇受重视；推行实名制的呼声不断高涨；国际合作日趋深化。

建管并重成为全球共识。尽管有些国家在网络自由主义论调的影响下曾主张对互联网实行“放任自流”政策，并一度出现重建轻管的现象，但是随着网上违法犯罪活动频发，各国政府均已认识到建管并重的必要性，从而不约而同地把建设好、管理好互联网作为“一块硬币的两面”，倡导以安全保发展、以发展促安全。一方面，各国政府都在加快推进网络基础设施建设，大力发展信息技术产业，旨在为公众提供最佳的网络应用服务，另一方面各国政府又都在竭力维护网络传播秩序，净化网络文化环境，加强网络空间管治，以确保网络事业持续健康发展。近二十年来，中国一直倡导自由与秩序相统一，坚持建设、管理“两手抓”，始终把积极发展与加强管理作为“车之两轮”、“鸟之双翼”，在促使互联网规范有序运行方面进行了大力探索，并得到了许多国家的青睐和认同。实践表明，互联网越发达，则越需要加强管治；只有确保健康、安全地向前发展，互联网才能成为人类文明的硕果和现代社会的福音。

网络安全逐渐上升为国家战略。随着世界各国对互联网的认识不断提升，网络安全话题倍受关注和热议。由于网络安全不仅直接关乎信息安全、文化安全、政治安全、经济安全、军事安全等诸多重大事项，而且深刻影响国家战略利益、未来世界格局，因而各国政府无不把维护网络安全作为重要议程，采取各种措施竭力而为之。近年来，美国、英国、德国、日本、俄罗斯、加拿大、澳大利亚、印度等50多个国家先后将保障网络空间安全提升到国家战略高度，纷纷推出各类政策法规和战略规划，并在机构设置、人力配备、财物保障、技术支撑等方面不惜代价。中国政府向来高度重视网络安全问题，特别是2014年2月成立了高规格的中央网络安全和信息化领导小组，更是被外界视为此项工作已正式上升为国家战略。实际上，虽然有些国家至今仍未对外宣称要将网络安全问题提升到国家战略，如伊朗、泰国等，但它们均已将网络安全议题纳入国家安全政策的优先领域，制定了相关法律，采取了不少针对性行动，以保障自身网络安全。

依法治网乃大势所趋。为了加强网络治理，各国政府均结合自身实际，采取了诸多办法，而健全立法规制、注重依法治网却是共同取向。无论是强调行政监管、政府主导，还是侧重于行业自律、自我规制，其主要依据莫不在于法律规范。美国、英国、法国、德国、俄罗斯等欧美国家和中国、韩国、日本、新加坡、印度尼西亚等亚洲国家以及澳大利亚等国家，在完善法律法规、加大法治力度方面大都理念相通、行动趋同，且普遍形成了依法管治的基本框架。2013年8月，中国政府为营造健康向上的网络环境，倡议国内所有互联网从业人员、网络名人和广大网民都应坚守“七条底线”，其中第一条就是法律法规底线。当然，从目前情况看，各国立法规制的步伐不尽相同，执法松严尺度的把握也各异。比如，美国的法律法规涵盖了互联网管理的方方面面，个中条款非常具体，对违法犯罪行为的处罚相当严厉，而印度等国家的相关法律体系则相对粗放，但不管怎样，依法治网已成为大势所趋。

保护青少年免受侵害高度一致。世界各国普遍把防止青少年遭受网络侵害作为治理重点之一，对于含有色情和暴力等不良内容、可能诱导青少年走上违法犯罪道路的传播行为，各国政府莫不持以“零容忍”态度。许多国家专门针对保护青少年安全上网而出台了法律法规或行动计划，严禁网络服务商向未成年人提供涉黄涉暴等有害信息，以便最大限度地为青少年营造良好的网络环境。比如，美国出台了《儿童网上保护法》，德国出台了《屏蔽通讯网络儿童色情内容法》，法国出台了《未成年人保护法》，俄罗斯出台了《保护青少年免受对其健康和发展有害信息干扰法》和《关于保护儿童免受损害健康和发展信息的联邦法律及其他法令》，日本出台了《打击利用交友网站引诱未成年人法》和《青少年安全上网环境整备法》，澳大利亚政府曾大力实施“互联网安全计划”，要求网络服务提供商安装强制性的过滤器，阻止非法及违禁信息的散播，等等。在从严打击危害青少年健康成长的网上违法犯罪活动方面，各国政府高度一致，一旦出现相关非法行为，相关责任人将面临严厉处罚。

社会公众教育颇受重视。作为一项长期而复杂的系统工程，网络治理除了政府主导、行业自律之外，还迫切需要社会公众的理解、支持和积极参与。在很大程度上，公众网媒素养的提升与网络治理成效密切相关。正是基于这种考虑，许多国家在面向社会公众开展网络安全教育方面可谓不遗余力。比如，新加坡政府经常开展针对青少年和广大家长的教育宣传活动，早在1999年就成立了志愿者组织互联网家长顾问组，由政府出资举办培训班，旨在通过加强网络教育，培养公众特别是孩子们的正确用网习惯。韩国政府在重视借助宣传渠道进行正面教育的同时，还动员学校、街道、社区居委会予以配合，广泛开展宣传活动，教育部门在中小学生教科书中专设了有关网络伦理的内容，并在全国范围内开展青少年网络道德巡回讲演活动，意欲全面提升公众的责任意识和自律意识。此外，中国、俄罗斯、德国、法国、澳大利亚、印度、日本等国家均通过多种方式开展网络教育活动，普及网络安全知识，倡导文明用网、安全用网，效果良好。

推行实名制的呼声不断高涨。关于网络实名制问题，向来争议颇大。反对者认为推行实名制可能损害言论自由，有碍于信息流动；而赞成者则认为推行实名制有利于弥补网络匿名传播的不足、变“言责不一”为“言责合一”，有利于更加有效地打击网上违法犯罪活动。韩国是世界上首个实施实名制的国家，但其2012年宣告终结。当然，这一终结主要源于韩国在推选实名制的过程中未能解决好技术保障问题，致使用户信息大规模外泄，进而引发广大用户的质疑和不满。事实上，推行实名制的呼声一直未曾停息，美国、德国、澳大利亚、中国等国家虽然至今仍未全面推行实名制，但都在积极稳妥地进行探索，或是尝试先在某些领域实行局部实名，或是按照时间表、路线图正在分步骤推进。比如，从2011年起，美国政府就公开宣称将启动网络身份证计划，并视之为国家网络安全战略的重要组成部分，德国网民的邮件地址及其在社交网络中普遍使用实名注册，而澳大利亚网民必须以真实身份才能登录上网。近年来，随着网上违法犯罪活动日益猖獗，日本、挪威等国家的民众也开始从排斥实名制向逐渐接受实名制转变。从长远意义上看，推行实名制必将是未来全球网络治理的一个趋向。

国际合作日趋深化。网络传播和网上交易不受疆域、国界的限制，这种特性客观上增加了跨境违法犯罪的可能性，大大提高了网络管治的难度。可以说，当今之世，任何国家都不可能仅仅以己之力、在本国之内独立实现完全有效的网络治理。要真正应对世界各国面临的共同挑战，保障网络安全，必须加强国际合作。随着网上跨国性的黑客冲击、窃密监视、诈骗活动等违法犯罪行为日益严重，国际合作问题备受关注。在此背景下，许多国家主动加强国际磋商，积极推进国际对接，试图通过建立多边协作机制，以便共同维护网络安全，实现互利共赢。同时，不少人士认为各国民众必须切实践行《网络犯罪公约草案》、《突尼斯信息社会议程》等国际性公约，并结合实际，尽快制定和完善相关国际规则，为打击网上跨国犯罪、保障网络传播良序提供统一遵循。当前，国际社会正在推行“边界网关协议”，试图从技术和管理对接上建立网络行为规范，明确各国网络安全责任，克服网络管理漏洞，维护全球网络安全。虽然国际合作因所涉甚多，殊为不易，但已步入日趋深化之途。

二、部分国家的网络治理情势

◎由于世界各国国情不一，因而网络治理方式亦各具特色，不尽相同。相对而言，美国、英国、法国、韩国等国家比较规范，德国、新加坡、澳大利亚、俄罗斯等国家比较严格，而日本、印度、加拿大等国家则比较松散。

纵观世界各国的网络治理情势，堪称“八仙过海，各显神通”。有的注重立法规制，有的沿用传统手段，有的强调政府主导，有的侧重行业自律，有的倚重技术保障，有的趋于多管齐下，有的主张从严管控，有的偏向相对松散，实可谓各擅其胜，各具特色。兹将美国、英国等11个较有代表性的国家的相关情况介绍如下。[①]

美国：在网络自由的旗号下不断加大管治力度

作为互联网的发源地和拥有核心技术优势的网络强国，美国在互联网管治方面一直实施两面策略和双重标准。一方面，其热衷倡导“少干预、重自律”，极力鼓吹“网络自由”，肆意批评其他国家的网络监管；另一方面却从未放弃网上内容监管，对网络运营的限制相当严格。除了对国内社交网站、网络论坛等进行常规监管，严控不利于自身安全利益的“噪音杂音”（如维基解密事件），美国还经常对别国网络通讯实施敌意性监控（如“棱镜门”丑闻），甚至进行信息制裁（如封杀伊拉克和利比亚的顶级域名）。

在网络规制方面，美国是立法起步最早、法规数量最多的国家，先后

① 本部分述论参见了2010年以来《人民日报》、《光明日报》、《网络传播》等报刊以及人民网、光明网等网站上有关介绍国外互联网管理的文章。由于涉及的篇目、作者及相关内容较多，恕不一一列出，在此特表歉意和谢忱。

出台了130多部与互联网管理相关的法律法规。早在20世纪七八十年代，美国就颁布了多部涉及计算机犯罪的法律法规。1987年，美国国会批准成立了国家计算机安全技术中心，制定了《计算机安全法》。1996年，美国国会通过了《传播净化法》。2000年，美国开始实施《儿童网上保护法》。在通信法、电子商务法、知识产权保护等领域，美国亦设立有涉及网络监管方面的条款。值得注意的是，“9·11”后，美国出台《爱国者法案》，赋予安全部门能以反恐为由监控网络通信内容等权限；2010年出台的《将保护网络作为国家资产法案》规定联邦政府在紧急状况下，拥有绝对的权力来关闭互联网；2012年出台的《信息安全与互联网自由法》授权总统可以宣布“信息空间的紧急状态”，在此状态下，政府可以部分接管或禁止对部分站点的访问。

近年来，美国政府对网络空间的管治进入了一个新阶段。有学者将美国互联网管理的新变化表述为：管理理念由依法自律向公权干预转变，管理力度由“软”约束向“硬”监管升级，管理内容由公民权利保护向国防与强化军事能力拓展，管理范围由本土行动向全球战略布局拓展，实现技术由被动监测向主动进攻和前瞻埋设转变，参与主体由官方主导向全民动员转变。总体而言，美国政府利用公权对互联网的干预越来越多、管控的力度越来越大、内容越来越广。[①]为了加强网络安全，美国继推出国家网络安全战略之后，启动了“网络身份证计划”，拟通过推行“实名制”，提高网络管治的有效性。虽然该计划因种种争议尚未正式实施，但政府已采取多项政策鼓励用户使用实名，有关网站也在积极配合，如网络零售巨头亚马逊网站会优先显示实名消费者的评论，“脸谱”（Facebook）等社交网站也要求用户注册时使用真实姓名及个人信息。

① 谢新洲：《美国互联网管理的新变化》，载《新闻与写作》2013年第3期。

英国：行业自律模式相当成熟

英国是一个网络应用相当广泛的互联网发达国家，其一向较为重视网络治理。2009年，英国出台了国家网络安全战略，是最早将网络安全上升为国家战略高度的国家之一。近年来，英国大力实施国家安全与商业安全并重的网络战略，在互联网内容管理、技术支撑、行业自律、法律法规等方面用力甚巨，成效显著。

在网络管理方面，英国政府主张法治与自律相结合。英国没有对互联网管理单独立法。1996年以前，其主要沿用《黄色出版物法》、《公共秩序法》等法规对网络内容进行约束和规范。1996年9月，英国政府颁布了第一个网络监管行业性法规——《R3网络安全协议》[①]。1999年，英国出台《电子通信法案》，将网上内容视为一种出版物，规定凡在网上散布违规信息均将受到处罚。英国的网站很少开设论坛和新闻跟帖，相关管理比较严格。互联网服务提供商须对自己提供的服务承担把关责任，以确保内容合法，对于可能引起用户反感的内容（如不适合青少年的色情信息）要进行分级标注，以便用户自行选择。

英国网络治理的最大亮点在于行业自律。在此方面，互联网监看基金会居功至伟。其成立于1996年，是一个由政府牵头成立而又相对独立的行业自律组织。该基金会成立之前，英国政府对互联网的管理缺乏统筹协调，各网站的自律行为亦缺乏统一标准，网上的有害信息不少。为此，由英国贸工部牵头，召集内政部、伦敦警察局等政府机构以及主要的互联网服务提供商，共同商讨网络监管问题，最终达成了《R3网络安全协议》，随后成立了互联网监看基金会。基金会由互联网行业人士组成的董事会进行管理，主要职责是负责督促《R3网络安全协议》的实施，处理各种不良信息举报。网络用户如果发现不良内容，可以登录基金会的网站进行检

① “R3”是对分级（Rating）、报告（Reporting）和责任（Responsibility）等三个英文单词的简称。

举、投诉，基金会随之将进行调查和评估，如果认定是非法内容，则会通知服务提供商将内容删除，并视情将问题移交执法机构处理。对于将服务器放在其他国家的不良网站，基金会除了会联系所在国的相关机构进行处理外，还会专门列出一张黑名单。只要是在黑名单上的网站，英国的网络服务提供商一般都会切断网络访问途径，或采取其他方式干扰对这些网站的访问。自成立以来，基金会在处理各类不良信息、规范行业行为等方面做出了突出贡献，声誉颇佳，各网络企业均愿意自动遵守基金会制定的规章制度。其为英国网络治理探索出了一个行之有效、相当成熟的行业自律模式。

法国：注重依法治网和安全防护

近十年来法国的互联网事业发展迅速。法国政府一方面积极推动互联网的发展和应用，保障个人通信自由，另一方面非常注重以严格的法律规范传播秩序，在加强网络管理、注重安全防护、净化网络环境等方面做了诸多努力。

法国的网络立法工作在欧洲处于领先水平。20世纪70年代末，法国政府即开始关注互联网的发展并陆续提出了一些法律草案。进入21世纪后，法国政府明显加快了立法步伐，力求有法可依、依法治网。2004年，法国议会通过了《数字经济信任法》，其阐明了互联网对公民隐私权、知识产权以及国家信息安全等方面的潜在威胁，明确了网民享有的权利和责任，提出要保障网上信息传播、通信和电子交易的安全，实现信息社会的规范管理和有序运转。2006年，为加强网络管控，法国颁布了《信息社会法案》，强调保护网民的隐私权、著作权以及国家和个人的安全。2009年3月，法国议会通过了《内部安全行动法》，其中有多项措施涉及网络管理，旨在加大打击网络犯罪力度，保障网络信息安全。该法案规定，对窃取他人网络信息、盗用网络身份的犯罪行为，可处以1年有期徒刑和1.5万欧元的罚款；网络运营商必须屏蔽被列入黑名单的网站，对内政部指定的IP地址进行内容过滤。此外，该法案还扩大了警方的网络执法权，规定警方可以通过包括远程操控等各种方式进入犯罪嫌疑人的电脑，以获取证据资料，也可对潜在犯罪人员的电脑加装监控软件。同年4月，法国议会又通过了被认为是世界上最为严厉的打击网络非法下载行为的法案——《网络著作权保护法》，规定非法下载属于犯罪行为，对于受到警告后仍然屡犯不改者，最高可处断网1年并罚款1500欧元的惩罚。之后，还专门成立了网络著作传播与权利保护高级公署，以切实增强依法监管力度。

法国政府高度重视对未成年人的网络安全保护，从严惩处利用互联网诱导青少年犯罪的行为。1998年颁布的《未成年人保护法》规定，在网上向未成年人传播色情内容，最高可处以7年监禁和10万欧元罚款。在倡导从严打击网络犯罪行为的同时，法国政府也注重以控制加引导的方式开展网络治理。比如，在校园网上安装浏览自动监视器，限制学生的上网内容及范围；积极开展网上文明教育，开设网络安全课程，引导青少年文明上网，强化信息安全意识。此外，教育部等政府部门还会同互联网行业，共同为青少年创建“放心互联网”，提供适合青少年阅读特点与爱好的信息产品，满足他们的精神文化需求。

德国：严格实行责任制与审查制

德国是发达国家中较早对网络传播进行立法监管的国家，也是一个网络管理相当严格的国家。1997年，德国出台了世界上第一部规范网络传播的法律——《信息和通信服务法》（又称《多媒体法》），确立了传播自由与责任并重的基本原则。之后，又陆续出台了《电讯服务数据保护法》、《数字签名法》等法律法规，并对《刑法法典》、《危害青少年传播出版法》、《著作权法》等进行修改完善，以加强对网络传播内容的管理。

德国法律规定所有网络传播参与方都应承担相应责任。根据规定，网络运营商有义务制止网上传播的非法内容，如色情、谣言、极端宗教、纳粹思想等；所有网站、移动内容提供商及其他电信媒体必须主动配合青少年保护工作，对自身传播内容进行严格分级并设置年龄许可标志，含有色情内容的服务平台必须启用成人认证系统和技术防护手段，确保青少年在浏览网络时只能看到其年龄范围内所允许接触到的内容；所有网吧电脑必须设置黄色信息过滤器和网站监控系统，若有网民登录“黄网”，电脑就会发出警告，不听警告者将被处以罚款并受到指控；公民必须对自己的网上行为负责，16岁以下的学生不得进入非专供网吧。

除了较完善的法律法规和责任界定，德国还有多层面的监管机构和严格的审查制度。联邦内政部是负责网络信息安全的最高国家机构，其下属的联邦刑警局和信息技术安全局专门负责监控、调查网上可疑信息，应对网络安全问题。在联邦政府层面，家庭部也下设青少年有害媒介联邦检验局，并在州政府层面设立了青少年媒介保护委员会，其下还有青少年保护网络有限公司，共同对互联网实施监管。此外，政府还积极寻求社会力量的合作监管，如“危害青少年媒体检查处”等社会组织负责检查网络信息内容，监测不良网站的发展状况，协同其他商业机构免费为青少年提供过滤软件，以防范有害信息的影响。

在网络内容审查方面，德国政府对破坏国家民主秩序、宣扬种族主义的言论以及传播儿童色情信息的行为十分严厉。网络警察无需根据具体的嫌疑指控，即可24小时不间断地跟踪和审查互联网上的信息，一旦发现登有违法言论、图片的网站，立即予以查封或关闭。传播儿童色情内容者，将面临最高达15年监禁的处罚。警方和安全部门为了打击犯罪和保护国家安全，可以随时向网络运营商索取相关用户上网信息，网络运营商必须依法提供。德国五大网络运营商均与政府签订了自律条款和网站屏蔽协议，必须积极响应政府指令，及时删除和屏蔽网上不良信息。

俄罗斯：全力保护网民免受不良信息侵害

近年来，俄罗斯的网民人数不断增长，用户上网日趋活跃，各类色情、暴力、谣言、诽谤等有害信息屡见不鲜，网上违法犯罪活动越来越多。鉴于此，俄罗斯出台了一系列法律法规，采取了诸多富有针对性的治理措施。

俄政府一方面支持网络通信自由，另一方面强调网络通信自由必须在法律框架内进行。目前俄罗斯涉及网络管治的法律法规主要有《俄联邦信息、信息化和信息网络保护法》、《俄联邦通信法》、《俄联邦大众传媒法》、《俄联邦计算机软件和数据库法律保护法》、《个人信息法》、《电子数字签名法》等，共20余部。随着网络安全问题日益凸显，俄罗斯建立了由政府主导、科研与商业机构广泛参与的安全保护体系。俄罗斯安全互联网中心是保障俄罗斯互联网安全的国家枢纽，俄联邦安全总局、俄内务部和俄联邦媒体与文化管理局等部门均成立了专门的网络监管机构。

为了加强对网络平台的监管、防止有害信息侵害，俄司法机关负责对网络内容进行分级，有关法律要求所有上网电脑必须设置内容分级系统，只有达到法定年龄者才能浏览含有色情、暴力等内容的网页。从2011年9月起，俄罗斯大力建立“信息过滤”的防火墙，所有网吧均被强制安装防止接触有害信息的系统（即信息过滤系统）。同时，政府规定所有网站都应及时清理自身发布和网民发布的违法信息，执法机关如发现违法信息，将通知有关网站立即删除。如果网站拒绝配合，执法机关将发出警告。两次警告无效，执法机关将通过法院、检察院关闭网站。值得一提的是，俄政府还就加强外资控股网络平台监管制定了《外国投资俄罗斯国防和国家安全战略意义的企业的管理办法》，规定外国在俄投资控股网络平台者必须经得俄国家安全总局、国防部等机构的同意，这在法律上提高了外国资本控股俄网络公司的门槛。

俄政府对未成年网民的保护非常重视。2010年年底，俄国家杜马通过了《保护青少年免受对其健康和发展有害信息干扰法》，规定有关部门必须实行“时段防火墙”制度，即通过技术手段每天12时至18时对有未成年人的网络用户采取专门的信息过滤措施，预防青少年免受淫秽和色情网站侵蚀。2012年7月，俄国家杜马又通过了《关于保护儿童免受损害健康和发展信息的联邦法律及其他法令》修正案，增加了“对含有禁止在俄罗斯联邦传播信息的网站、网页的网址、域名进行统一登记”等条款。目前，凡是传播对未成年人有害内容的网站、域名都将被列入黑名单。当然，除了立法规制和技术防控，俄政府还重视在日常生活中加强对未成年人的教育和引导，使其具备辨别是非和善恶美丑的能力，养成健康高雅的生活方式。

2014年5月，俄罗斯总统普京签署《知名博主新规则法》，规范网络空间秩序。根据俄官方法制信息网站当天公布的法律文件，网页日均访问量超过3000人次的博客写手被认定为知名博主。知名博主必须履行俄法律对大众媒体提出的要求，不能匿名，不能利用网站或自己的网页从事违法活动，不能泄露国家机密，不能传播宣传色情、暴力、极端主义、污言秽语等内容。知名博主在发布信息前必须检验其可靠性，一旦发现信息不可靠应立即删除，如果滥用传播信息权利，将被追究刑事、行政或其他责任。

加拿大：网络管理以自我规制为主

加拿大的网络应用普及较快。早在20世纪90年代，加联邦政府就推出“连接加拿大”的上网计划，大力推进网络教育，建立了世界第一家全国性的“学校网络”。有资料显示，1999年全国上网的中小学生平均比例即达94%，家庭上网普及率和人均每周上网时间均高于美国。时至2010年，加拿大成为全球最爱上网的国家之一，网民使用互联网和社交媒体的时间位居世界首位，平均每人每月上网时间为42小时。

加拿大虽然号称自由开放的国度，但为了规范网络传播秩序、保障网络安全，先后出台了一系列法律法规，如《信息获取法》、《隐私权法》、《统一电子证据法》、《个人信息保护和电子文档法》、《安全的数字签名条例》以及《自律性规范指南的发展和应用》等。2004年，该国颁布了《保卫开放式的社会：加拿大国家安全政策》。2010年，加拿大又推出了新版国家网络安全战略，以适应国家及个人生活已全面信息化和数字化的新形势，促进和保障国家网络空间的安全与繁荣。加拿大法律规定，非法使用计算机和损害政府信息资料的行为属于犯罪行为；严禁在互联网上传播涉及种族歧视、儿童色情以及危害国家安全等方面的信息内容；只有具备加拿大国籍的人或者在加拿大国内开展业务的公司才能申请“.ca”域名；等等。

加拿大对互联网的管理以自我规制为主，要求网络服务者严格自律、依法运营，同时通过国家授权，由行业组织对网络内容进行管理。在监管体系中，加拿大官方机构和民间机构并重，各负其责。官方机构包括加拿大皇家骑警、加拿大安全情报局、加拿大通信安全研究院、加拿大网络事件反应中心等，民间机构包括加拿大标准委员会、加拿大网络运营商联合会等。在监管过程中，加拿大政府扮演政策倡导者和引路者的角色，重在保障“自我规制”实践的公平运作，尤其注重保护消费者、公众和中小企业的权益。民间机构侧重发挥行业督导作用，制定自律性道德规范，如加拿大网络提供者协会订立了从业者行为准则，要求从业者主动同政府、国际组织、社团合作，遵守现行政策法规；互联网服务商协会规定“各成员不应有意提供非法信息的服务”，“要和法律执行部门保持合作”。

加拿大政府将网上负面信息分为两类——非法信息与攻击性信息。前者遵照法律法规来处置，后者通常依赖用户与行业的自律来解决。近年来，加拿大政府在保障网络自由、维护网络安全方面做了不少工作，如积极向网络色情“开战”，推出了“纯净加拿大项目”（Project Cleanfeed Canada），但是由于受“自我规制”这一核心理念的影响，整个网络管治工作仍然相对松散，特别是在打击黑客、诈骗、煽动恐怖主义等网络犯罪方面力度稍弱，因而不少人担心加拿大或将成为网络犯罪的大本营。

韩国：实名制的兴废让人深思

韩国是世界上互联网最发达、普及率最高的国家之一，也是世界上最早设立网络审查机构、第一个推行网络实名制的国家。韩国政府对互联网的监管非常重视，为了维护网络安全、规范网上行为、保护用户权益，其在立法规制、机构设置、推行网络实名等方面进行了大力探索。

韩国重视网络法制建设，涉及互联网管理的法律法规有数十部，主要包括《电子通信基本法》、《国家信息化基本法》、《促进信息通信网络使用及保护信息法》、《网络安全管理规定》、《不健康网站鉴定标准》、《互联网内容过滤法令》等。这些法律法规确立了网络审查和网上信息内容过滤的合法性，明确了互联网服务商和各网吧、网站的责任，并对各类网上违法行为及其惩罚措施等做出了规定。比如，《互联网内容过滤法》规定，互联网服务商不得接入被韩国政府列入黑名单的网站；所有网吧必须安装过滤软件，引入内容分级管理制度，以便最大限度地保护未成年人。1995年，韩国成立了世界上最早的网络审查机构——信息通信伦理委员会，负责对互联网进行监察，对网络纠纷进行仲裁，关闭国内违法违规网站，屏蔽国外不良网站。2000年，韩国警察厅成立了网络犯罪应对中心。2010年，韩国国防部成立了信息安全司令部。 此外，韩国还设立有违法和有害信息举报中心，以加强对网上信息传播的监督。

最受世人关注的，是韩国政府对网络实名制的推行和废止。从2002年起，韩国政府就开始启动了实名制计划，起初各方争议较大。直到2005年，随着韩国出现了一系列轰动性的网络暴力事件（如“狗屎女”事件、某演艺明星的所谓“X档案”事件等），社会各界对推行实名制逐渐形成共识。经过2005~2006年在立法和舆论等方面的准备，韩国自2007年起正式强力实施网络实名制，明确要求对邮箱、论坛、博客以及网络视频和游戏网站等实行实名制管理，用户注册登录时必须使用真实身份信息并得到验证，发布消息可以使用化名。从实际效果看，实名制对遏制网络欺诈、恶意诽谤、人身攻击、网络暴力以及打击网络违法犯罪活动等确实起到了积极作用。但是，随着因之而起的网络用户个人信息泄露事件不断发生，特别是2011年7月韩国门户网站Nate遭到黑客袭击，造成超过1000万用户的个人信息被窃取，公众质疑、反对实名制的呼声越来越高。2012年8月23日，韩国宪法裁判所裁定网络实名制违宪。至此，实施了五年之久的网络实名制宣告终结。作为一种旨在加强网络监管、维护网络安全的大胆尝试，韩国实名制的兴废让人深思。在利弊相生的网络应用环境中，如何实现自由与秩序、公开与隐私的统一，如何通过加强技术保障以实现网络安全目标，等等，均有待进一步探索。

日本：从相对松散转向加大监管力度

由多种原因所致，日本对互联网的管理一度倡导行业自主，民间力量的推动作用较大，政府监管相对松散。1996年12月，日本政府发布的《关于互联网上信息的流通》报告书就曾明确指出，互联网管理以自我约束为主，不宜用法律做出新的规定。但是，随着网络诈骗、病毒攻击等违法犯罪行为不断增多，网络传播环境日益恶化，日本政府的监管态度明显发生了变化。

近年来，日本不断通过加强立法加大对互联网的监管力度。进入21世纪后，日本相继出台了《规范互联网服务商责任法》、《打击利用交友网站引诱未成年人法》、《青少年安全上网环境整备法》、《规范电子邮件法》等法律法规，为强化网络服务商的责任、保护青少年防止网络污染、规范电子邮件传播秩序等提供了法律依据。除此之外，日本还制定了《个人信息保护法》、《反垃圾邮件法》、《禁止非法读取信息法》和《电子契约法》等专门法规来处置网络违法行为，受法律制裁的网上违法犯罪行为包括损毁名誉、侵犯隐私、著作权和知识产权、非法侵入、胁迫、煽动非法行为等。

尽管也有不少人士批评政府加大网络管治力度，认为加强网上监控有可能侵害公民的隐私权，但是多数公众支持政府，认为加强网络管理有利于应对日益增多的网上犯罪，有利于保护大多数网民安全上网、放心用网。在这种情势下，日本政府按照内紧外松的原则，通过法律手段不断加强对互联网的监管。根据现行法律，网络服务供应商、内容供应商和公共机构网站、个人网页、网络论坛的管理人员等均有义务对违法和不良信息进行把关；警方在发现可疑信息后，有权要求网络服务商提供相关信息或查封网页；如果有人在网站上传播违法和不良信息，登载该信息的网站须承担连带民事法律责任。值得一提的是，2011年3月，日本内阁会议向国会提交部分修改刑法的草案，其不仅将制作、传播、拥有电脑病毒纳入刑法处罚的范围，而且还规定政府可以要求网络运营商保存特定用户最长60天的上网和通讯记录。

目前，日本形成了以总务省为核心，其他各省各司其职、分工协作的网络管理体系。总务省负责制定互联网发展的总体规划，对完善管理法规提出建议，指导网络协会开展工作。文部科学省负责互联网相关技术研发和教育普及。经产省为企业信息化及产权保护提供指导。警察厅、法务省和内阁调查室负责监控和打击网络犯罪活动。警察厅设有网络技术中心和技术对策课，各管区警察局也配有网络机动技术力量，专门负责打击网上违法犯罪行为。从实践情况看，正是由于加大了监管力度，完善了法律法规，健全了网管体系，日本的良好网络环境才有保障。

新加坡：政府主导下的从严管治卓有成效

新加坡的信息产业发达，网络普及率居于世界前列。新加坡政府认为，网络媒体是非常重要的战略阵地，对于国家安全、社会人心影响巨大，一旦失守，后果不堪设想，因此，作为国家利益和公众利益的代表，政府必须全力抓好网络管治工作。事实表明，通过政府主导、行业自律、公众配合等多种举措，新加坡在加强网络管治、保障个人信息权益、维护国家安全等方面找到了一条卓有成效的路子。

新加坡政府对于网络管治一向直言不讳。从互联网应用伊始，新加坡就明确了政府的主导地位，制定了比较严格的管理制度，并指定了专门的监管机构。该国最初把互联网作为一种广播服务加以管理，主管部门是新加坡广播管理局。2003年1月，新加坡设立了媒体发展局，此后该局替代广播管理局成为互联网主管机构。早在1996年7月，新加坡政府即宣布对互联网实行管制。这一年，该国颁布了两部互联网管理的基础性法规——《广播法》和《互联网操作规则》。为了防范网络侵权、打击危害公众安全的行为，后来又陆续出台了《行业内容操作守则》（2001）、《垃圾邮件控制法案》（2007）、《个人信息保护法案》（2012）等一系列法律法规。此外，《国内安全法》、《煽动法》、《维护宗教融合法》等传统法律同样对网络管治具有法律效力。

新加坡在网络法治方面的主要规制包括：禁止传播有违公共利益、公共道德、公共秩序，威胁公共安全和国家防务，影响种族和宗教和谐，宣扬色情暴力等方面的内容；互联网服务提供商和内容提供商必须在政府主管机构登记注册，获得许可才能运营，必须承担自审内容责任，主动过滤不良信息；禁止向个人发送市场推广类短信等垃圾信息，违者将面临重罚（1条垃圾信息最高罚款达1万新元）；等等。在净化网络环境特别是在维护社会稳定方面，新加坡政府经常动用重典。2005年17岁的高中生颜怀旭因在博客上发表数篇攻击其他族群的言论而被法院判处缓刑监视2年且须从事180小时社区服务，2008年美籍人士高帕兰·奈尔因在博客中辱骂新加坡法官而被判以侮辱公务员罪入监3个月，即是例证。

除了立法规制和行政监管外，行业自律、公众教育等软约束对保障互联网健康发展也发挥了积极作用。政府部门在加强立法监管的同时，积极构建互联网行业自律体系，鼓励互联网内容提供商制定自己的内容管理准则，鼓励互联网服务提供商提供带有过滤功能的“家庭上网系统”，避免未成年人接触不良网站，学校服务器一般也会对网站内容进行过滤和限制访问。此外，新加坡政府非常重视对青少年和广大家长进行教育宣传，旨在帮助年轻人正确使用互联网，不断提升他们的网媒素养和法治意识。近年来，轻管治、重教育的理念日见盛行，不少人认为加强公民教育乃网络治理的长远之计。

澳大利亚：多管齐下从严管控

澳大利亚是网络审查制度较为严格的西方国家之一。澳政府认为，互联网是信息通信和发布的平台，若任其发展，国家信息安全、企业电子商务以及公众个人隐私则会受到损害，因而政府必须强化监管，从严审查。基于这种认识，澳政府一直坚持多管齐下，建立了一套相对健全的互联网信息管控体系。

一是健全网管机构，充实管控力量。澳大利亚主管互联网工作的机构是传播和媒体管理局（ACMA），该局将广播电视和电信、互联网的管理结合在一起，在首都堪培拉、墨尔本和悉尼设有办事处，主要负责监管媒体的信息传播活动，打击网络谣言、网络色情和网络诈骗等违法犯罪行为。同时，澳大利亚联邦和各州政府警署设有专门的互联网监控部门，负责网上监控和相关执法工作。2010年1月，澳大利亚建立了国家网络安全运行中心，该中心隶属国防部，聘有约130名高水平的信息科技专家、工程师及分析师，旨在保障信息安全，维护国家利益。此外，澳大利亚互联网协会作为社会组织在协助政府加强网络管治方面也发挥了积极作用。

二是完善法律法规，注重依法管理。澳大利亚涉及网络管理的法规主要有《电信传输法》、《广播服务法》、《数字保护法》、《反垃圾邮件法》和《互联网内容法规》、《电子营销行业规定》等，另外还制定了一系列网络安全标准，包括网络安全管理体系标准、澳大利亚联邦政府网络安全手册等。根据法律规定，任何网络服务商不得在网上传播含有淫秽色情和极端暴力等内容的信息。在网上发表亵童照片，最高可处以11万澳元罚款和5年监禁；在网上出售色情内容信息的公司，最高可处以22万澳元罚款，涉案人员可处以5～10年的监禁。网络服务商有义务阻断非法网站的非法行为，并应遵照政府指令，积极做出响应。在澳大利亚，互联网用户必须年满18岁，并须用真实身份登录，未成年人上网必须由其监护人与网络公司签订合同。

三是坚持严格审查，警方积极配合。为了防范各类有害信息的侵害，澳政府主张采取严格的网络过滤监管措施，推行互联网强制过滤计划。尽管此举遭到美国等西方媒体的抨击，但澳政府一直坚持实行网络审查制度。传播和媒体管理局对服务器在澳大利亚境内的所有网站内容拥有审查控制权。该局与各网络服务商签订协议，向其提供过滤软件，要求其不得传播危害国家安全、不利于青少年健康成长的有害信息。出现违法内容时，该局会勒令网络服务商予以删除、屏蔽或关闭相应服务器。在开展网上执法方面，传播和媒体管理局与警方密切配合，共同查处各类非法行为。传播和媒体管理局接到违禁内容投诉或违法行为举报后，将通知警方前往查处。

此外，澳政府重视开展国际合作，通过国际网络检举热线联盟，积极与美国、加拿大、中国、日本、新加坡以及欧洲国家进行互联网管理方面的交流与合作，同时注重加强网络安全教育，通过学校、社区等途径，引导学生和公众正确使用互联网，保护自身信息安全。

印度：从技术防范走向系统化监管

印度是信息技术发达的国家，庞大的人口基数使其网络应用市场颇具潜力。近年来，该国的互联网事业发展迅猛，但也面临巨大的安全隐患，各类违法犯罪案件层出不穷，网络传播秩序相当混乱。有资料显示，印度是继美国之后的第二大垃圾邮件发送国，垃圾邮件泛滥，同时也是恶意软件的主要受害国之一，一些特殊组织曾借助黑莓手机、谷歌地图、“超级工厂”病毒等多次对印度境内的信息基础设施进行攻击，并造成了严重破坏。2010年诺顿公司发布的一篇网络安全报告称，约76%的印度互联网用户成为网络犯罪的受害者。显然，这种状况不仅严重侵犯了公众的合法权益，而且直接危及印度的社会稳定和国家安全。

起初，由于担心网络管控不利于言论自由等诸多原因，印度政府只是倡导网络公司加强自我约束，而未曾实行网络审查制度，也没有出台专门的网络安全法，网络监管主要着眼于技术防范层面。随着网络安全形势日益严峻，印度政府开始多措并举，不断完善监管制度，丰富监管手段，加大监管力度，逐步对互联网实施系统化监管。

2000年6月，印度颁布了《信息技术法》，为实行网络监管提供了法律框架。2001年9月，印度成立了专门应对网络犯罪的网络警察局，还建立了一个电脑犯罪分析实验室，配备了一批先进设备和顶尖专家，以提高了网络犯罪侦破率。同时，印度中央调查局还与美国安全机构开展情报合作，联手打击跨国网络犯罪活动。2008年和2011年，印度为适应形势发展需要，先后两次对《信息技术法》进行修订，旨在加强对网站、网吧、社交媒体以及网络运营商的规范管理，强化对网络通信的监控。《信息技术法》规定，印度政府有关部门有权查封可疑网站，必要时可以对网络通信实施监听或监视；网站运营商须告知用户不得在网站发表煽动民族仇恨、威胁印度团结与公共秩序的内容，网站在接到当局通知后必须及时删除不良内容；网吧的所有电脑应配备安全过滤软件，以避免用户对淫秽、色情、恐怖主义等网站的访问，网吧业主应当要求客户在上网前出示身份证，并须保留一年内客户访问的所有网站日志。

为了加强对网络安全事件的早期预警，增强网络危机应对能力，印度自2011年起着手建立“国家网络警报系统”，搭建网络犯罪调查信息实时共享平台，不断完善互联网危机应急机制。在净化网络环境中，印度政府不断向谷歌、雅虎、Facebook等互联网巨头施压，要求它们依法运营，加强内容过滤，对不良内容和有害信息及时进行删除、屏蔽处理。此外，印度政府重视提高公众的网络安全意识，通过多种方式普及网络安全知识，提升公众的网媒素养。

主要参考文献

一、论著类（国内部分）

东鸟著：《网络战争》，九洲出版社，2009年版。

顺风等著：《互联网帝国》，中国铁道出版社，2006年版。

本书编写组：《与领导干部谈互联网》，党建读物出版社，2007年版。

西门柳上等著：《正在爆发的互联网革命》，机械工业出版社，2009年版。

郑海初著：《正在爆发的物联网革命》，中华工商联合出版社，2010年版。

陈光锋编著：《互联网思维》，机械工业出版社，2014年版。

张文俊编著：《数字新媒体概论》，复旦大学出版社，2009年版。

蒋宏、徐剑主编：《新媒体导论》，上海交通大学出版社，2006年版。

李希光、孙静惟主编：《下一代媒体》，南方日报出版社，2002年版。

唐风编著：《读网时代》，中国商业出版社，2008年版。

中国互联网协会等编：《中国互联网发展报告》（2008—2013），电子工业出版社。

钱穆著：《中国历代政治得失》，九州出版社，2012年版。

李鹏程等主编：《对话中的政治哲学》，人民出版社，2004年版。

王亚南著：《中国官僚政治研究》，中国社会科学出版社，2005年版。

刘华蓉著：《大众传媒与政治》，北京大学出版社，2001年版。

谢岳著：《大众传播与民主政治》，上海交通大学出版社，2005年版。

陈佩尧等主编：《新世纪机遇期与中国国际战略》，时事出版社，2004年版。

茹晴著：《未来世界九大趋势》，辽宁人民出版社，2001年版。

李智著：《全球化时代的国际思潮》，新华出版社，2003年版。

孟繁华著：《传媒与文化领导权》，山东教育出版社，2003年版。

孙晶著：《文化霸权理论研究》，社会科学文献出版社，2004年版。

陆扬、王毅著：《大众文化与传媒》，上海三联书店，2001年版。

中共中央党史研究室第三研究部：《中国改革开放史》，辽宁人民出版社，2002年版。

中国现代国际关系研究院：《国际战略与安全形势评估2010/2011》，时事出版社，2011年版。

李希光、周庆光主编：《软力量与全球传播》，清华大学出版社，2005年版。

赵刚、肖欢著：《国家软实力》，新世界出版社，2010年版。

孙聚成著：《信息力——新闻传播与国家发展》，人民出版社，2006年版。

沈昌祥、左晓栋著：《信息安全》，浙江大学出版社，2007年版。

支庭荣著：《大众传播生态学》，浙江大学出版社，2005年版。

崔保国编著：《信息社会的理论与模式》，高等教育出版社，2001年版。

李良荣等著：《当代西方新闻媒体》，复旦大学出版社，2003年版。

沈国芳著：《中国传媒大趋势》，四川人民出版社，2003年版。

张巨岩著：《权力的声音》，生活·读书·新知三联书店，2004年版。

李永刚著：《我们的防火墙：网络时代的表达与监管》，广西师范大学出版社，2009年版。

胡泳著：《众声喧哗：网络时代的个人表达与公共讨论》，广西师范大学出版社，2008年版。

宫承波等著：《新媒体失范与规制论》，中国广播电视出版社，2010年版。

明安香著：《传媒全球化与中国崛起》，社会科学文献出版社，2008年版。

马立诚著：《当代中国八种社会思潮》，社会科学文献出版社，2012年版。

王俊秀、杨宜音主编：《2011年中国社会心态研究报告》，社会科学文献出版社，2011年版。

刘京林著：《大众传播心理学》，中国传媒大学出版社，2005年版。

郑兴东著：《受众心理与传媒引导》，新华出版社，2004年版。

喻国明著：《传媒影响力》，南方日报出版社，2003年版。

吴飞主编：《传媒影响力》，中国传媒大学出版社，2005年版。

张国明主编：《新闻媒介与社会》，上海人民出版社，2001年版。

孙瑞祥著：《新闻传播与当代社会》，天津社会科学院出版社，2003年版。

胡钰著：《大众传播效果问题与对策》，新华出版社，2000年版。

廖永亮著：《舆论调控学——引导舆论与舆论引导的艺术》，新华出版社，2003年版。

陈力丹著：《舆论学——舆论导向研究》，中国广播电视出版社，1999年版。

李从军著：《谁能引领现代舆论场》，人民出版社，2014年版。

赵启正著：《向世界说明中国》，新世界出版社，2005年版。

李大玖著：《海外华文网络媒体——跨文化语境》，清华大学出版社，2009年版。

周光凡著：《领导者的媒体驾驭能力》，清华大学出版社，2008年版。

任贤良著：《舆论引导艺术：领导干部如何面对媒体》，新华出版社，2010年版。

王石泉著：《公共行政与媒体关系》，人民出版社，2012年版。

陆路、颜彦编著：《与领导干部谈如何应对新闻媒体》，国家行政学院出版社，2010年版。

聂晓阳著：《态度比事实更重要——领导干部网络素养与舆论危机应对》，新华出版社，2013年版。

洪向华主编：《媒体领导力》，中共党史出版社，2009年版。

范红主编：《媒介素养读本》，清华大学出版社，2008年版。

叶皓著：《政府新闻学：政府应对媒体的新学问》，江苏人民出版社，2006年版。

叶皓著：《政府新闻学案例》，江苏人民出版，2007年版。

求是杂志社总编室编：《加强党的执政能力建设大参考》，红旗出版社，2004年版。

高敬主编：《领导者核心能力提升》，中共党史出版社，2009年版。

孙国新等著：《提高领导干部应对突发事件能力》，中国方正出版社，2009年版。

杜骏飞等著：《政府网络危机》，中国发展出版社，2011年版。

曹劲松著：《政府网络发言》，江苏人民出版社，2012年版。

蒲红果著：《说什么　怎么说：网络舆论引导与舆情应对》，新华出版社，2013年版。

胡百精著：《危机传播管理》，中国传媒大学出版社，2006年版。

赵志立著：《危机传播概论》，清华大学出版社，2009年版。

陈燕、刘东平主编：《危机事件报道案例分析》，外文出版社，2007年4月版。

薛澜等著：《危机管理》，清华大学出版社，2003年版。

人民网舆情监测室出品：《2008—2009突发公共事件舆情案例库》（上下册）。

燕道成著：《群体性事件中的网络舆情研究》，新华出版社，2013年版。

秦启文、陆林等：《突发事件的预防与应对》，新华出版社，2008年版。

金舒编著：《与领导干部谈如何应对突发事件》，国家行政学院出版社，2010年版。

李洁著：《从容不迫的领导者突发事件应对》，红旗出版社，2012年版。

应对突发事件课题研究组编写：《各级领导者应对和处置突发事件必备手册》，中国商业出版社，2012年版。

贺文发著：《突发事件与对外报道》，中国传媒大学出版社，2008年版。

叶皓著：《突发事件的舆论引导》，江苏人民出版社，2009年版。

叶皓著：《正确应对网络事件》，江苏人民出版，2009年版。

人民网舆情监测室著：《如何应对网络舆情——网络舆情分析师手册》，新华出版社，2011年版。

汪兴明、李希光主编：《政府发言人15讲》，清华大学出版社，2006年版。

李希光、孙静惟著：《发言人教程》，清华大学出版社，2007年版。

国务院新闻办公室新闻局：《政府新闻发布工作手册》，五洲传播出版社，2007年版。

丁海宴等编著：《新闻发言人与媒体沟通策略与技巧》，中国传媒大学出版社，2009年版。

陶淑艳等主编：《领导形象：新媒体时代领导者形象塑造与管理》，中共中央党校出版社，2012年版。

孙颜彬编著：《与领导干部谈领导形象塑造》，国家行政学院出版社，2010年版。

刘敬华编著：《领导者形象设计》，中共党史出版社，2008年版。

龙永枢、杨伟光主编：《领导者媒介形象设计》，社会科学文献出版社，1997年版。

宣宝剑著：《媒介形象》，中国传媒大学出版社，2009年版。

唐钧主编：《形象危机应对研究报告（2012）》，社会科学文献出版社，2012年版。

韩方明主编：《中国人的国际新形象》，新华出版社，2012年版。

刘继南等著：《国际传播与国家形象》，北京广播出版社，2002年版。

金常德编著：《领导者不可不懂的形象礼仪》，广西人民出版社，2012年版。

刘玉瑛著：《给领导干部提个醒》，新华出版社，2010年版。

时政文编著：《从政提醒——党员干部应当树立的25种意识》，中国方正出版社，2013年版。

中石编著：《领导十诫：给领导者的10堂警示课》，金城出版社，2010年版。

王艳春编著：《党员领导干部十九堂礼仪课》，华文出版社，2010年版。

李洁编著：《礼仪是一种资本》，北京出版社，2008年版。

夏志强编著：《不可不知的礼仪》，中国书店出版社，2007年版。

蒂姆·韦纳著，杜默译：《监听大国》，海天出版社，2014年版。

李开复著：《微博改变一切》，上海财经大学出版社，2011年版。

喻国明等著：《微博：一种新传播形态的考察》，人民日报社，2011年版。

窦含章、李未柠主编：《政府如何开微博》，中共中央党校出版社，2011年版。

卢金珠著：《微博问政》，东方出版社，2012年版。

人民网舆情监测室编著：《指尖上的“政”能量——如何运营政务微博与微信》，人民日报出版社，2013年版。

二、译著类（国外部分）

（英）安德鲁·查德威克著，任孟山译：《互联网政治学：国家、公民与新传播技术》，华夏出版社，2010年版。

（美）尼葛洛庞帝著，胡泳、范海燕译：《数字化生存》，海南出版社，1996年版。

（美）阿尔文·托夫勒著：《第三次浪潮》，中信出版社，2006年版。

（美）阿尔文·托夫勒著：《权利的转移》，中信出版社，2006年版。

（美）阿尔文·托夫勒著：《未来的冲击》，中国对外翻译出版公司，1985年版。

（英）约翰·诺顿著，朱萍译：《互联网——从神话到现实》，江苏人民出版社，2001年版。

（英）维克托·迈尔—舍恩伯格等著：《大数据时代》，浙江人民出版社，2013年版。

（德）弗兰克·施尔玛赫著，邱袁炜译：《网络至死》，龙门书局，2011年版。

（美）保罗·莱文森著，何道宽译：《新新媒介》，复旦大学出版社，2011年版。

（英）布赖恩·麦克奈尔著，殷祺译：《政治传播学引论》，新华出版社，2005年版。

（英）约翰·基恩著，刘士军等译：《媒体与民主》，社会科学文献出版社，2003年版。

（美）W.兰斯·班尼特著，杨晓红等译：《新闻：政治幻象》，当代中国出版社，2005年版。

（加）文森特·莫斯可著，胡正荣等译：《传播：在政治和经济的张力下》，华夏出版社，2004年版。

（美）雷迅马著，牛可译：《作为意识形态的现代化——社会科学与美国对第三世界政策》，中央编译出版社，2003年版。

（美）J.赫伯特·阿特休尔著，黄煜等译：《权力的媒介》，华夏出版社，1989年版。

（美）丹尼斯·朗著，陆震纶等译：《权力论》，中国社会科学出版社，2003年版。

（英）约翰·B. 汤普森著，高铦等译：《意识形态与现代文化》，译林出版社，2005年版。

（加）哈罗德·伊尼斯著，何道宽译：《传播的偏向》，中国人民大学出版社，2003年版。

（加）哈罗德·伊尼斯著，何道宽译：《帝国与传播》，中国人民大学出版社，2003年版。

（美）塞缪尔·亨廷顿著，周琪等译：《文明的冲突与世界秩序的重建》，新华出版社，2002年版。

（法）阿芒·马特拉著，陈卫星译：《世界传播与文化霸权》，中央编译出版社，2001年版。

（美）诺姆·乔姆斯基等著，信强译：《宣传与公共意识》，上海译文出版社，2006年版。

（美）玛格莱特·苏丽文著，董关鹏译：《政府的媒体公关与新闻发布》，清华大学出版社，2005年版。

（美）哈罗德·D.拉斯韦尔著，张洁等译：《世界大战中的宣传技巧》，中国人民大学出版社，2003年版。

（印度）帕萨·查特杰著，田立年译：《被治理者的政治：思索大部分世界的大众政治》，广西师范大学出版社，2007年版。

（英）麦奎尔、潘邦顺译：《大众传播理论》，台北风云论坛出版社有限公司，1996年版。

（美）沃尔特·李普曼著，阎克文等译：《公众舆论》，上海世纪出版集团，2006年版。

（英）丹尼斯·麦奎尔著，刘燕南等译：《受众分析》，中国人民大学出版社，2006年版。

（美）尼尔·波兹曼著，章艳译：《娱乐至死》，广西师范大学出版社，2004年版。

（美）埃利奥特·阿伦森著，郑日昌等译：《社会性动物》，新华出版社，2002年版。

（法）勒庞著，冯克利译：《乌合之众——大众心理研究》，中央编译出版社，2005年版。

（美）特里·K.甘布尔等著，熊婷婷译：《有效传播》，清华大学出版社，2005年版。

（加）英格丽·张 Ingrid Zhang著：《你的形象价值百万》，中国青年出版社，2008年版。

（美）凯利·麦格尼格尔著：《自控力》，印刷工业出版社，2013年版。

（美）大卫·阿什德著，邵志择译：《传播生态学》，华夏出版社，

2004年版。

（奥）贝塔朗菲著，林康义等译：《一般系统论的基础、发展和应用》，清华大学出版社，1987年版。

（英）齐格蒙特·鲍曼著，郭国良等译：《全球化——人类的后果》，商务印书馆，2001年版。

（加）马歇尔·麦克卢汉著，何道宽译：《理解媒介——论人的延伸》，商务印书馆，2000年版。

（美）约翰·奈斯比特等著，魏平译：《中国大趋势：新社会的八大支柱》，中华工商联合出版社，2009年版。

三、其他报刊、网站

《人民日报》、《光明日报》、《网络舆情》、《网络传播》、《互联网周刊》、《新闻战线》、《中国记者》、《新闻与写作》、人民网、新华网、中国政府网、中华传媒网。

后 记

自1999年8月以来，我一直在某省委宣传部从事新闻宣传宏观管理工作。起初七八年，主要与传统媒体打交道；最近七八年，经常与新兴媒体相往来。由于本人在新闻宣传方面有一定实践经验，加之对新闻传播学研究有较浓兴趣，且积累了一些学术成果，因而近年来不少党政部门、学术机构、企事业单位先后邀我讲授“领导干部如何与新闻媒体打交道”、“网络传播态势与网上舆论引导策略”、“舆论危机应对与领导干部形象建构”、“网站品牌建设与管理”等专题，次数超过80场。

随着网络应用日益普及及其带来的正负效应不断彰显，本人强烈地感受到领导干部对“如何识网、用网、治网”这一话题相当关注，顺势而为的“赶考”意识日渐强化，但目前图书市场上尚难找到真正兼具针对性、系统性、实用性、可读性的论著。基于对市场需要和自身历验的考虑，我决心在专题讲座内容的基础上进行加工，通过整合、梳理、丰富、提炼，捧呈一本有些分量的读物。显然，这完全是自己找累。纠结不安地折腾了三四年，不为评职称、做课题，不为评奖评优，就为了却一个简单的心愿。

在写作过程中，最大的困难是网络技术发展太快，诸多新应用、新业态、新理念让人应接不暇，总感觉眨一下眼睛，面前的风景便变了。英国学者尼尔·巴雷特曾经感叹：“预言互联网的发展，有点像用弓箭去射高速飞行的子弹。正当你用手指敲击键盘时，它又有了新的发展。”本人对此深有同感。其次是我们对互联网的认知的确是“未知远远大于已知”。——谁能料想到短短20年里，互联网对中国社会的影响会如此广泛如此深刻呢？至于未来之发展，恐怕确实也无人能够精准预知……

当然，这并不影响我们对快速行进的历史光影进行阶段性、切片式的总结。人类的许多探究，从长远意义上看或许是残缺、片面、稚嫩可笑的，可在当时却颇有价值。尽管舆论引导的手段、形式、路径、载体日新月异，然而舆论引导的基本原理和政治运作的核心理念却是一脉相传的，更何况有时看不见的东西比看得见的东西更清晰、更恒久……正是这种理解，大大增添了本人提笔述论的勇气和自信。

本书主要是写给广大领导干部看的。在世情、国情、党情发生了深刻变化，中共执政面临诸多新挑战新考验的新形势下，各级党政领导干部能否在识网、用网、治网方面做到与时俱进，顺利通过互联网这堂“考试”，无疑事关重大。坦率地说，本人对当今的现实境况仍然心存忧虑，但向前瞻望却并不悲观——一个真正有危机感、使命感和创新能力的大党，一个致力于社会和谐、国家富强、民族复兴的政府，应当有足够的智慧把握当下、面向未来。

不敢妄言本书能让读者开卷有益，因为一千个读者就有一千个哈姆雷特。扪心自问，本书确系用心锤炼之作，读者若能静心一阅，想必对提高识网用网水平、提升网媒素养定将有所助益。值得一提的是，本人在写作过程中参阅了不少二手资料，有些或许注释未全，有些负面案例可能会让当事方闻之不悦，但本人并无存心冒犯之意，如有得罪，伏望海涵。限于个人识见，本书缺陷难免，不当之处，敬请方家指正。

从因念而起，到写写停停，再到付梓出版，本书的背后站立着不少让我难忘的人和事。从某种意义上说，爱和责任是支撑本书述论的两块基石。在这里，恕我不再一一列出那些关心我、鼓励我、帮助我的领导、师友和亲人们的名字。掩卷而思，萦绕我心怀的，除了深深感恩，更多的是担当和尊严。

刘伯贤

二〇一四年十一月